Dieses Buch gehört

Am Anfang war das Wort

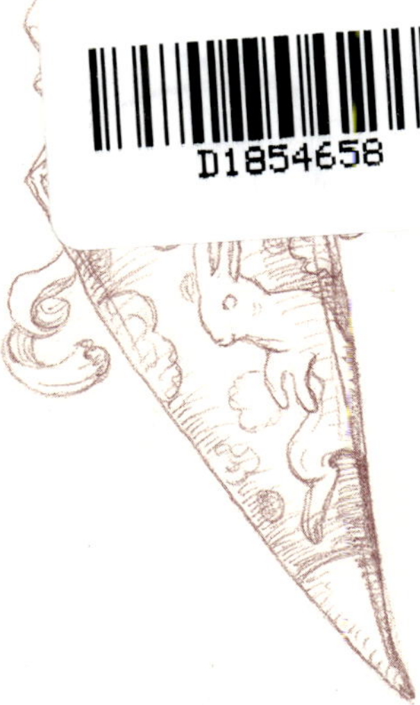

ll

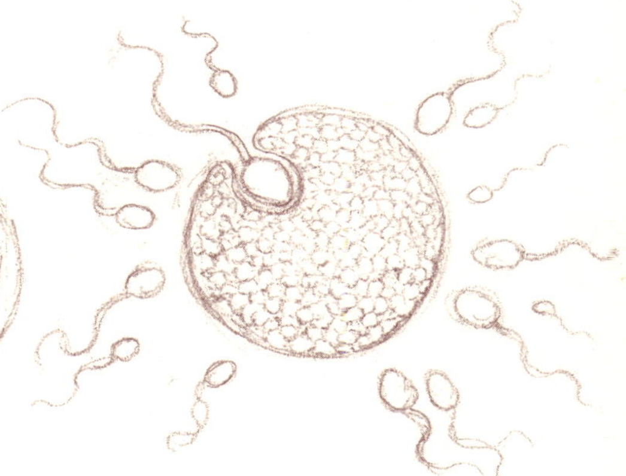

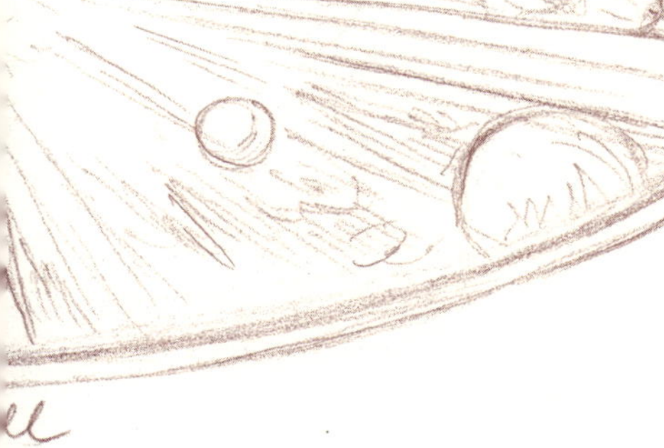

los Abflug

Es war einmal

Christian Ankowitsch

# Dr. Ankowitschs Illustriertes Hausbuch

Mitarbeit: Elisabeth Gronau

Gestaltet von Cosima Schneider

Mit Illustrationen von Chrigel Farner, Eva Marschik, Ernst Pacolt, Oliver Schmitt u.v.a.

Eichborn

Für Anton

Die Einheitlichkeit der deutschen Rechtschreibung ist in den vergangenen Jahren ohne Not zerstört worden. Dieses Buch folgt den Regeln der sprachlichen Vernunft und orientiert sich dabei überwiegend an der bis 1996 gültigen Orthographie.

1 2 3 4 08 07 06


Umschlaggestaltung: Christina Hucke unter Verwendung einer Zeichnung von Andreas Karner
Lektorat: Oliver Thomas Domzalski
Gestaltung: Cosima Schneider
Druck und Bindung: Clausen & Bosse, Leck

ISBN 10: 3-8218-4960-6
ISBN 13: 978-8218-4960-7



Verlagsverzeichnis schickt gern:
Eichborn Verlag, Kaiserstraße 66, 60329 Frankfurt am Main
www.eichborn.de

## Vorwort

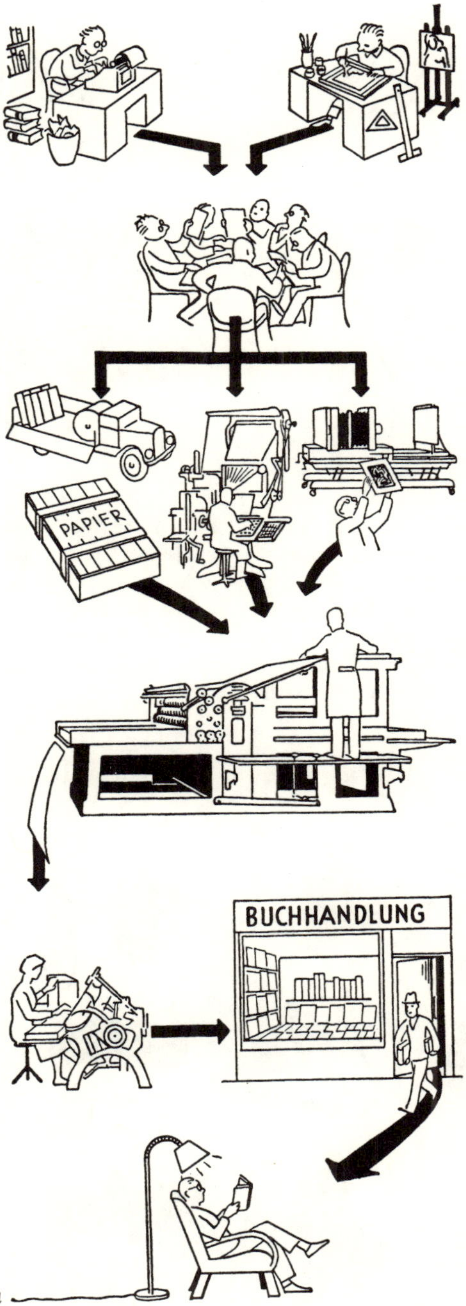


*Wie unsere Bücher entstehen*

## Wohin unser Blick läuft

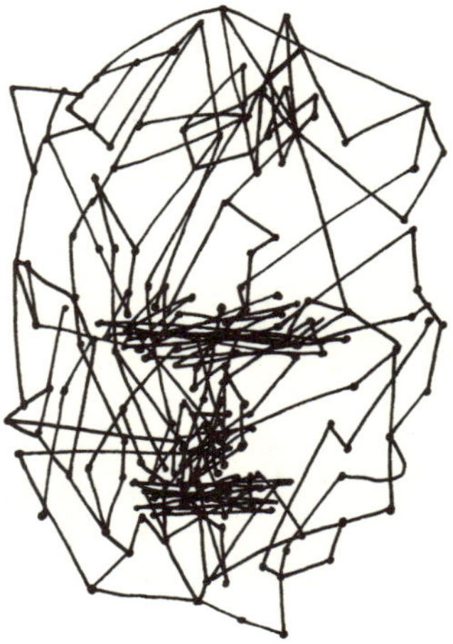

Was geschieht eigentlich, wenn wir die Welt ansehen? Wohin blicken wir, wenn wir Produktwerbung betrachten und welche Elemente einer Internet-Homepage stören mehr als daß sie hilfreich wären? Während wir nur beschränkt über einen so automatisierten Vorgang wie das Sehen Auskunft geben können, verspricht die Technik der apparativen »Blickverlaufsanalyse«, die Wege unseres Auges exakt nachzuzeichnen – und der Werbewirtschaft zu ermöglichen, uns noch gezielter zu beeinflussen. Die Analyse zeigt, wann wir eine Stelle genauer betrachten (Fixation, dargestellt durch Punkte) und über welche Stellen unser Blick hinweghuscht (Sakkade, dargestellt durch eine Linie). Sehen wir beispielsweise ein Gesicht an, so widmen wir uns bevorzugt den Augen, dem Mund und der rechten Gesichtshälfte.

## Einige Handschattenspiele

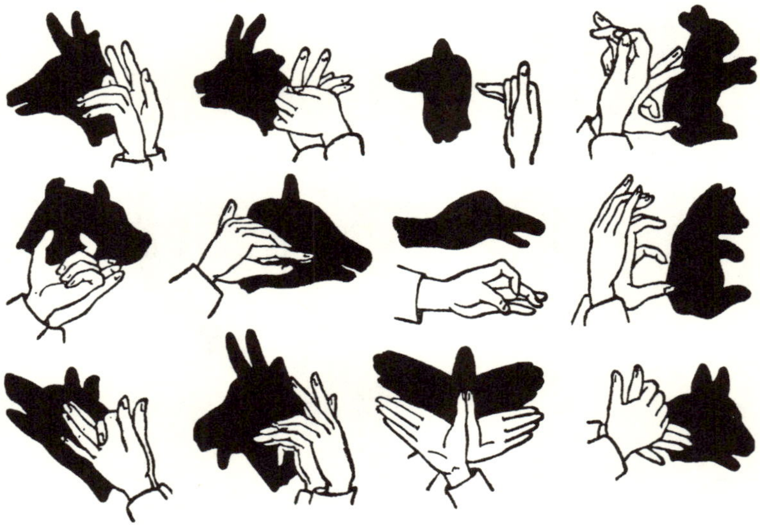

## Wittgensteins Hasente

Eine Ente? Oder doch ein Hase? Mit Hilfe seiner berühmten Zeichnung wies der Philosoph Ludwig Wittgenstein darauf hin, wie schwer Bedeutungen zu fixieren sind. Denn kaum hat man in dem Autographen zweifelsfrei einen Hasen entdeckt, kippt das Bild auch schon in unserem Kopf, und wir behaupten steif und fest, er zeige eine Ente …

## Die wahre Größe der Arche Noah

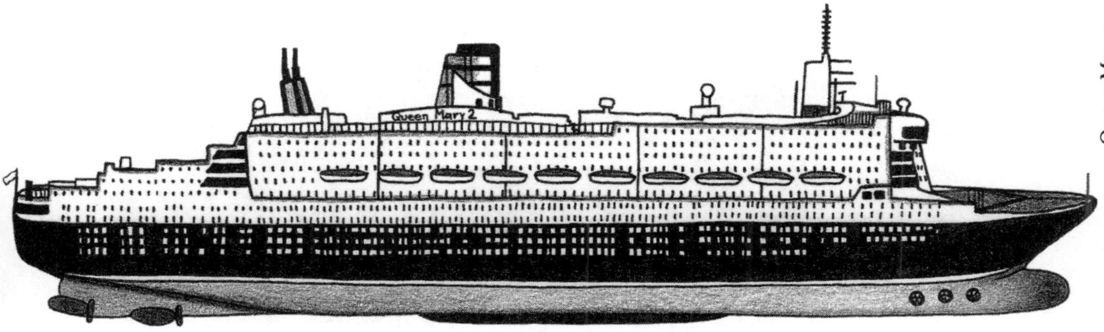


Queen Mary 2

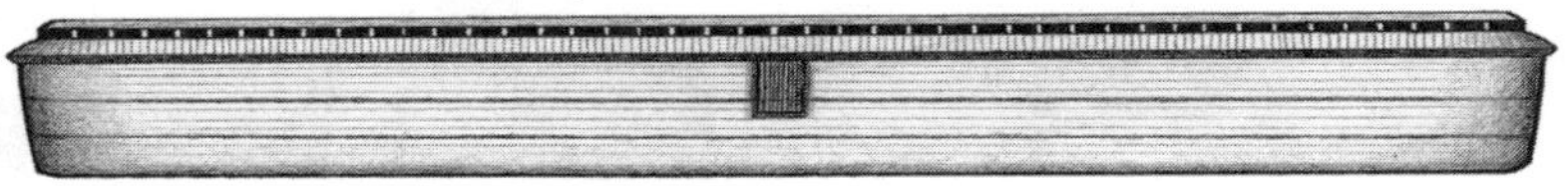

Arche Noah

Santa Maria

In der Vorstellung vieler Menschen ist die Arche Noah ein kleines Schiff, das aus allen Nähten platzt, weil es über und über mit Tieren beladen ist. Liest man hingegen die einschlägigen Bibelstellen ** Im 1. Buch Mose, Kapitel 6, heißt es: »Mache dir einen Kasten von Tannenholz und mache Kammern darin und verpiche ihn mit Pech innen und außen. Und mache ihn so: Dreihundert Ellen sei die Länge, fünfzig Ellen die Breite und dreißig Ellen die Höhe. Ein Fenster sollst du daran machen obenan, eine Elle groß. Die Tür sollst du mitten in seine Seite setzen. Und er soll drei Stockwerke haben, eines unten, das zweite in der Mitte, das dritte oben.«* nach, so stellt sich heraus, daß die Arche ein riesiges Schiff gewesen ist, das es problemlos mit dem Transatlantik-Liner »Queen Mary 2« aufnehmen kann *** Legt man den biblischen Angaben die bayerische Elle zugrunde, betrug die Länge der Arche Noah 250m, die Breite 42m und die Höhe 25m* – womit sie ca. 70% der Länge des größten Kreuzfahrtschiffs der Welt, der »Queen Mary 2«, erreichte. Die Arche hatte drei Decks und verfügte über eine Bodenfläche von ungefähr 8.900 qm.– während die »Santa Maria«, mit der Kolumbus 1492 seine erste Reise angetreten hat, im Vergleich zur Arche aussieht wie die sprichwörtliche Nußschale.

## Hot Spots

Vulkane brechen an zweierlei Orten aus: Entweder an den Rändern kontinentaler oder ozeanischer Platten, die ja ständig in Bewegung sind. Oder aber mitten drin in diesen Platten, und zwar über sogenannten Hot Spots. Diese heißen Punkte befinden sich unter dem Erdmantel und verharren – in Relation zu den beweglichen Platten – an einem Ort. Auf diese Weise hinterlassen sie auf den über sie hinwegziehenden Platten eine Kette von vulkanischen Brandlöchern.
Man nimmt an, daß unter den Hot Spots Magma aus dem Erdinnern hochsteigt, aber Einigkeit herrscht diesbezüglich nicht. Die Karte zeigt jedenfalls, daß es einige dieser Punkte erhöhten Vulkanismus gibt.

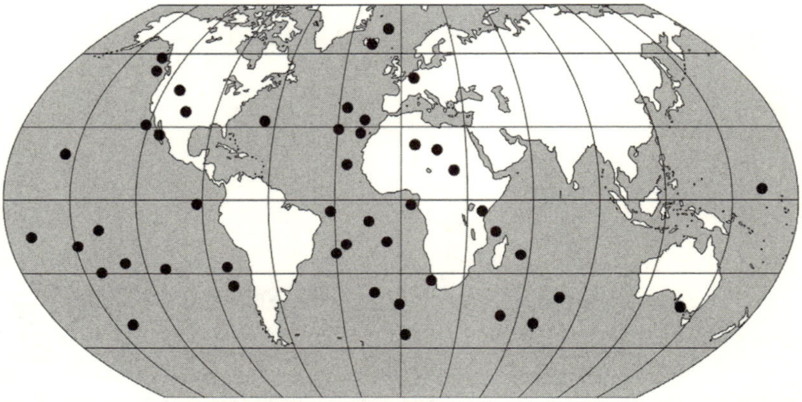

## Der tägliche Bedarf an Nahrung

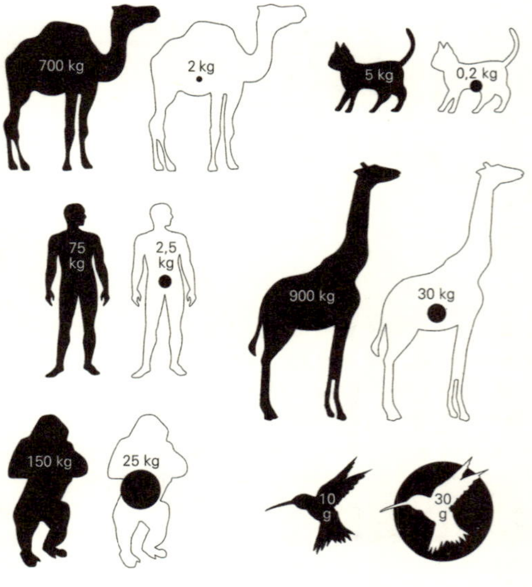


Als wahre Hungerkünstler erweisen sich Dromedare, die sich bei einem Gewicht von rund 700 kg vorübergehend mit rund zwei Kilo Nahrung begnügen – ganz im Gegensatz zum Kolibri, der täglich das Dreifache seines Körpergewichts verspeist. Eine kleine Übersicht, beinhaltend das erwähnte Dromedar, eine Katze, einen Menschen, eine Giraffe, ein Gorillamännchen und einen Kolibri.

## Simpler Vorgang - schwierige Sache

Den meisten von uns ist nicht bewußt, daß sie bei einem so einfachen Vorgang wie dem Kauf eines Buches einen komplexen juristischen Prozeß in Gang setzen, in dessen Zusammenhang das »Abstraktionsprinzip« zur Anwendung kommt, das zu den Grundsätzen des deutschen Zivilrechts gehört.
In juristischer Zeitlupe sieht die Sache so aus:

1. Der Käufer reicht der Verkäuferin das Buch; die beiden sind sich einig, daß die Dame an der Kasse Geld bekommen soll.

2. Die Verkäuferin scannt den Preis ein; die beiden sind sich einig, daß der Käufer das Buch tatsächlich bekommt.

3. & 4. Der Käufer gibt das Geld an die Kassierin, die nimmt es an; die beiden sind sich einig, daß die Kassierin das Eigentum an dem Geld in Höhe des Buchpreises bekommt.

5. & 6. Der Käufer erhält Wechselgeld samt Buch und hat nicht die geringste Ahnung, was er da eben Komplexes getan hat. Die Kassierin dito.

## Aus dem Leben der Inuits, als sie hierzulande noch Eskimos hießen

1 Umiak (Familien- bzw. Frauenboot; im Gegensatz zum Kajak, dem Jagdboot)
2 mit Speer fischender I./E.
3 Geräte aus Knochen und Walroßzahn
4 Schlitten mit Kufen aus Walrippen
5 Kratzer zum Anlocken der Seehunde
6 harpunierender I./E.
7 Schnitt durch einen Iglu
8 auf Schneeblöcken aufgebockter Kajak
9 Harpunenspitze aus Knochen
10 Iglu im Bau

11 leichter Personenhundeschlitten
12 erlegter Seehund
13 Schlittenhunde
14 I.-/E.-Frau, ihr Kind in der Kapuze tragend
15 Bogen aus Knochen
16 Harpunenpfeil
17 der Iglu, Winterquartier der E./I.
18 Harpune mit beweglicher Knochenspitze an der Leine
19 Schneeschuhe
20 Schwimmblase zur Sicherung der Harpunenleine
21 E./I. mit Bogenbohrer beim Feuermachen.

## Das Absatzzeichen

¶

*Dem Absatzzeichen (lat. Alinea) begegnet man in der Praxis eher selten, obwohl es allgegenwärtig ist. Um zu sehen, wo es sich in den mit Hilfe von Schreibprogrammen erstellten Texten verbirgt, muß man nur den entsprechenden »Einblenden«-Befehl erteilen. ¶*
*Absatzzeichen markieren das Ende von Textblöcken, die idealerweise auch eine sinnvolle Einheit bilden; anschließend beginnt mit einer neuen Zeile die nächste Passage. Im Mittelalter entfielen die Absätze; stattdessen setzten die Schreiber das Alinea als einzig sichtbare Trennung ein.*

## Diderots Traum

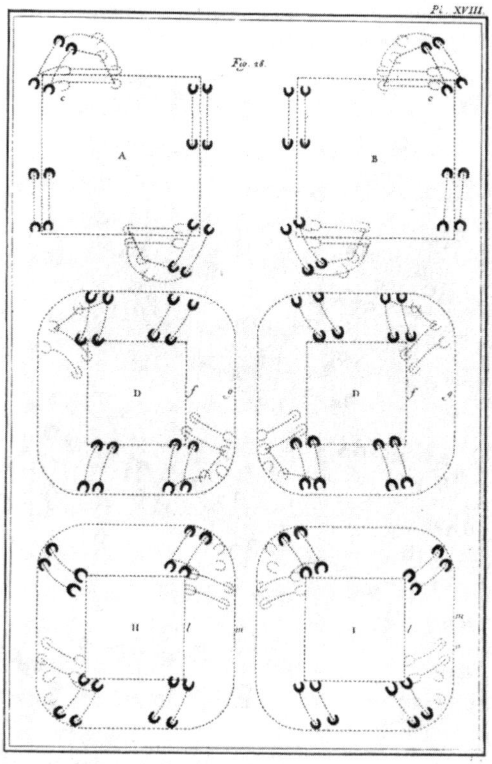


Manège, Plan de Terre des Voltes

25 Jahre lang widmete sich der französische Philosoph und Schriftsteller Denis Diderot der »Encyclopédie, ou Dictionnaire raisonné des sciences, des arts et des métiers«. Er schuf damit von 1747 an ein Werk, das sehr wichtig für den Erfolg der Aufklärung wurde. Ursprünglich als bloße Übersetzung eines zweibändigen englischen Werkes gedacht, wuchs sich die Encyclopédie zu einem 35-bändigen Werk aus, das den Stand des menschlichen Wissens erfassen und kritisch bewerten sollte. Angetrieben war das Projekt der Enzyklopädisten von der Vorstellung, den Menschen vom Irrationalismus befreien und ihn solcherart in eine aufgeklärte, glückliche Zukunft führen zu können. Eine Vorstellung, der wir bis heute anhängen, wenn auch mit der Wehmut der Vergeblichkeit. Im 11-bändigen Bildteil wurden unzählige Stiche publiziert, u. a. einer über die Hohe Schule des Reitens.

## Fleischsorten

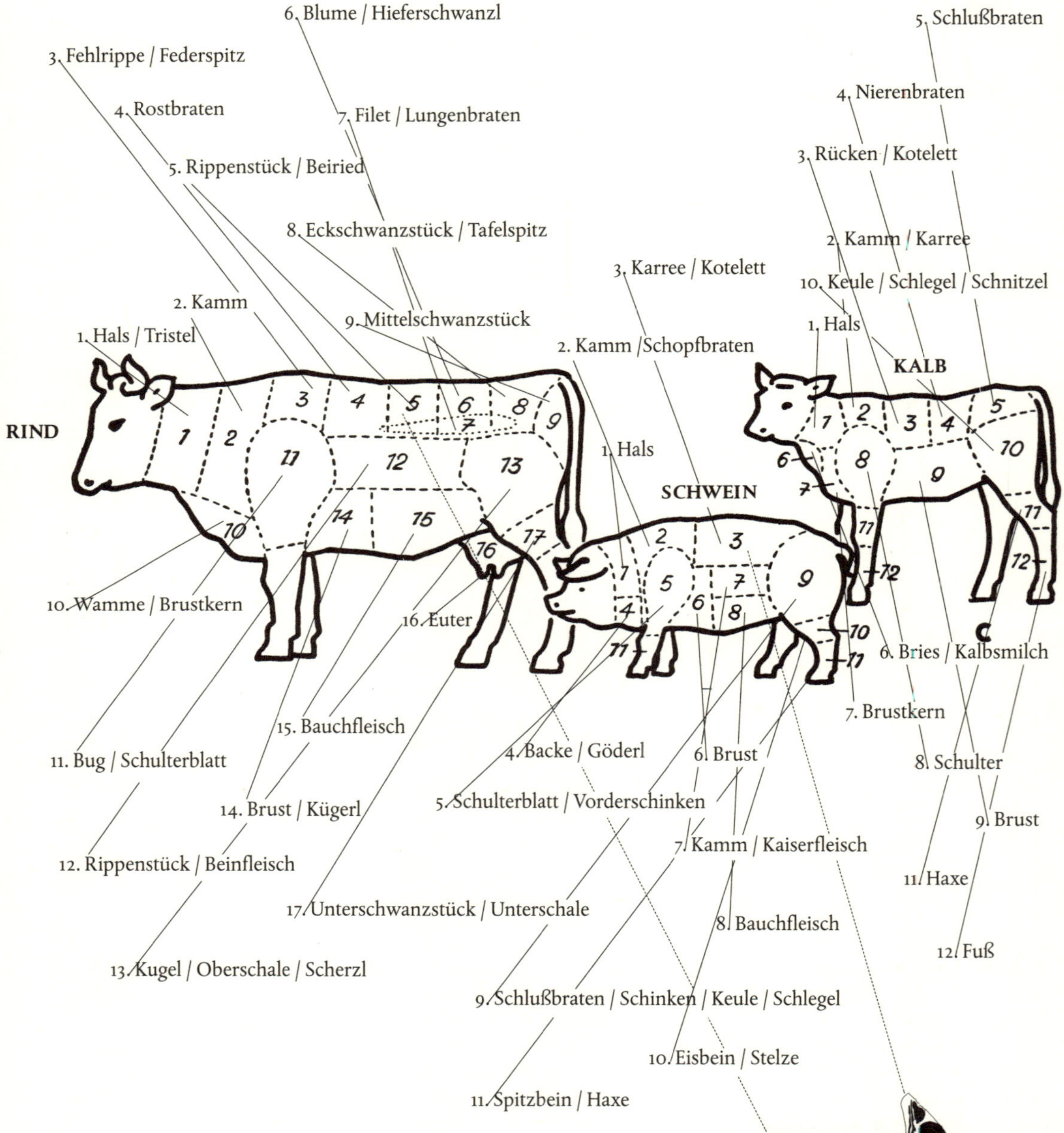


Anm. Die Bezeichnungen der Fleischsorten folgen deutsch / österreichischen Gepflogenheiten.

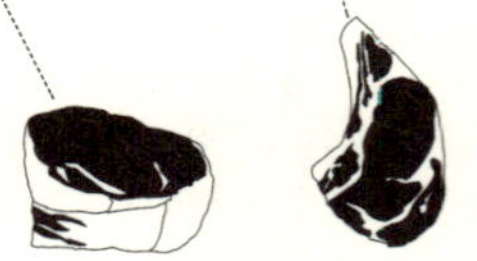

*So kaufen wir es beim Metzger*

## Links heute - rechts gestern

Natürlich ist die Datumsgrenze ein menschliches Konstrukt, ohne Auswirkung auf die Natur und den Kosmos. Und doch erfüllt uns die Vorstellung, sie zu betreten und mit einem Bein im Gestern und dem anderen im Heute zu stehen, mit dem Gefühl, über den Lauf der Zeit spielerisch verfügen zu können.

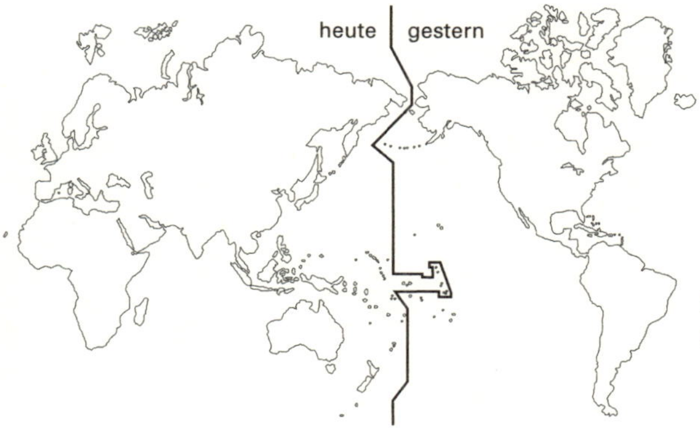


Hier eine Übersichtskarte, wo Sie die Grenze finden. Sie verläuft – bis auf einige Ausnahmen – entlang des 180. Längengrades; die Schlenker macht sie, um die Aleuten der Zeitrechnung Alaskas zuzuschlagen, die von Kiribati, Tonga und den Fiji-Inseln jener von Neuseeland und um Sibirien nicht in zwei Zeitzonen zu teilen.

## Ein idealtypisches Dorf

Sollten Sie als jemand, der in den Sechzigern des vergangenen Jhdts aufgewachsen ist, nach einem Bild suchen, das Ihren Kindern anschaulich macht, in welcher Idylle Sie gespielt haben, dann zeigen Sie ihnen diese Ansicht eines idealtypischen Dorfs. Und behaupten Sie steif und fest, daß es so etwas wirklich einmal gegeben hat. Das Schönste daran – Sie sagen nicht mal die Unwahrheit, denn in stillen Momenten fühlen Sie ihn wieder, den Sommer auf Ihrer Haut und den weiten blauen Himmel über sich.

## Zweimal die Tour de France

Die Tour de France ist nicht nur die größte Herausforderung für Radrennfahrer, sondern auch eine Demonstration männlicher Stärke (oder leistungsfördernder Zaubertränke). So bietet Asterix dem eben in Kleinbonum eingetroffenen Generalinspekteur Lucius Nichtsalsverdrus eine Wette an: Er werde trotz der eben errichteten Palisade das Dorf der Unbesiegbaren verlassen, eine Tour durch Frankreich unternehmen und ihm aus jeder Gegend eine Spezialität[1] mitbringen. Nach seiner Rückkehr werde er Nichtsalsverdrus zu einem Festessen einladen. Des Unwissenden Kommentar: »Har! Har! Gnnnihihi!« (Seite 8). Überflüssig zu sagen, daß Asterix & Obelix die Wette gewinnen und dem blasierten Römer schließlich eine Spezialität des Dorfes überreichen: »Eine Ohrfeige!« (Seite 48).
Überraschend hingegen, daß die Radtour 2006 und die Rundreise von Asterix & Obelix bisweilen parallel verlaufen.

Lutetia – Schinken
Camaracum – Backpfeifen (Pfefferminzbonbons)
Durocortorum – Wein
Lugdunum – Würste & Fleischklößchen
Nicae – Salat
Massilia – Bouillabaisse
Tolosa – Würste
Aginum – Pflaumen
Burdigala – Weißwein & Austern

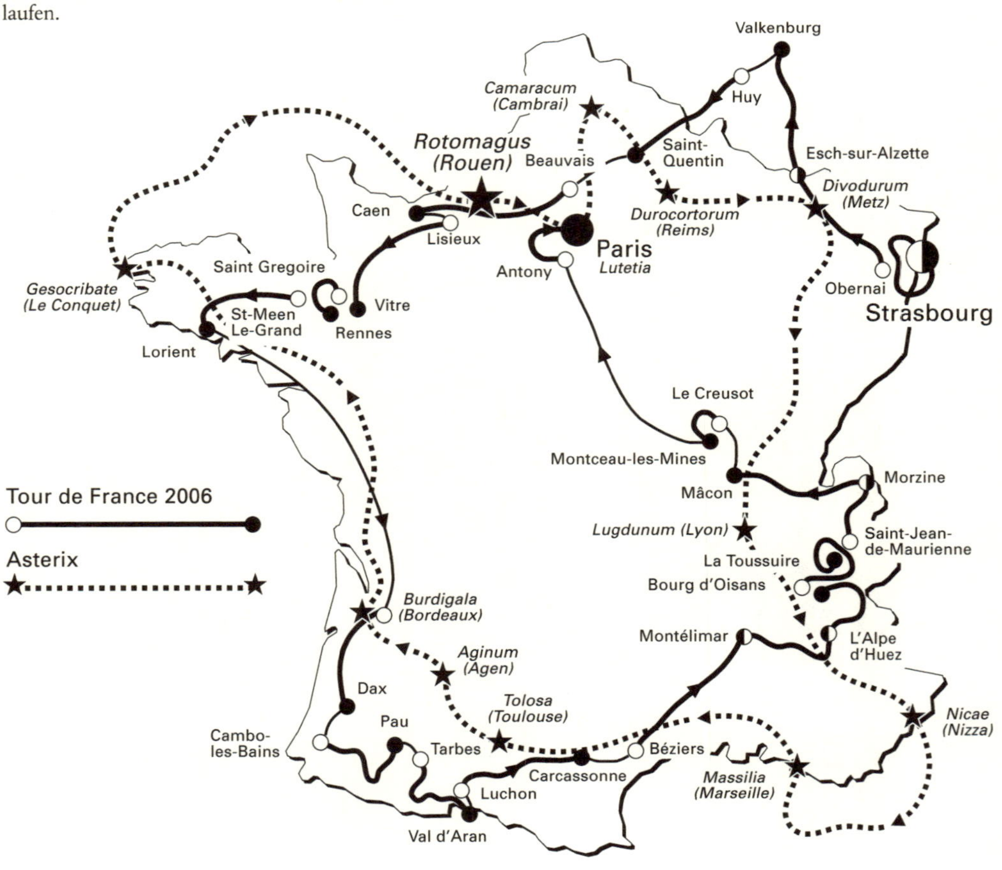

## Einige einfache Zauberkunststücke

Ein an Sensationen gewöhntes Publikum werden Sie mit diesen Zaubertricks mehr amüsieren denn faszinieren. Doch vor sorgsam ausgewählten Menschen könnten Sie reüssieren (vorausgesetzt, Sie sind nicht älter als 9 Jahre).

**1 & 2** Wie kann man einen Knoten machen, ohne die beiden Enden der Schnur loszulassen? So!

**3** Wie kann man aus einem Blatt Papier eine Brücke basteln, die ein Glas trägt? So!

**4** Wie kann man ein frisch gekochtes, geschältes Ei in eine Glasflasche zaubern? Man legt (vor der Vorstellung) Seidenpapier in die Flasche, läßt ein Streichholz hineinfallen (das Papier verbrennt, die Luft in der Flasche erwärmt sich), setzt rasch das Ei auf die Flaschenöffnung – und schon versinkt das Ei in der Flasche (weil die Luft abkühlt und Unterdruck entsteht, der das Ei ansaugt).

**5** Wie kann man das Kreuz, das auf ein Blatt Papier gezeichnet wurde, auf die eigene Handfläche transferieren? Indem man sich vor dem Kunststück heimlich ein Kreuz mit Seife auf die Handfläche malt, an der die Asche des Papiers haften bleibt.

**6** Wie kann man ein Ei im Wasser schweben lassen? Indem man vor der Vorstellung in den gläsernen Krug eine starke Salzlösung gießt und dann vor aller Augen den Krug vorsichtig mit normalem Wasser auffüllt; das Ei hineingleiten lassen – und schon schwebt es zwischen den beiden nicht vermischten Flüssigkeiten.

**7 & 8** Die Kunst der hohen Magie: Wie kann man hinter einem Zauberschal eine Schale mit Süßigkeiten hervorzaubern? Indem man die Schüssel mit einer kleinen schwarzen Samtkappe verschließt, sie in die Tasche des Zauberumhangs steckt und hinter dem sorgsam drapierten Schal hervorzieht. Vorher üben!

## Zeichnen nach Gehör – und was dabei herauskommt

In seinen Tagebüchern (Reise-Anmerkungen 47–57) aus dem Jahr 1775 hat der Naturwissenschaftler und Schriftsteller Georg Christoph Lichtenberg zwei Zeichnungen angefertigt. Die linke zeigt einen finster dreinblickenden Herrn mit langem, strähnigem Haar, die rechte einen deutlich freundlich-kindlicheren Mann.

Im ersten Fall hatte er den »Nachtwächter nach der Stimme gezeichnet«,

das andere Mal nach direktem Augenschein: »So sah er ohngefähr aus«, notierte Lichtenberg.

## Meteorologische Symbole

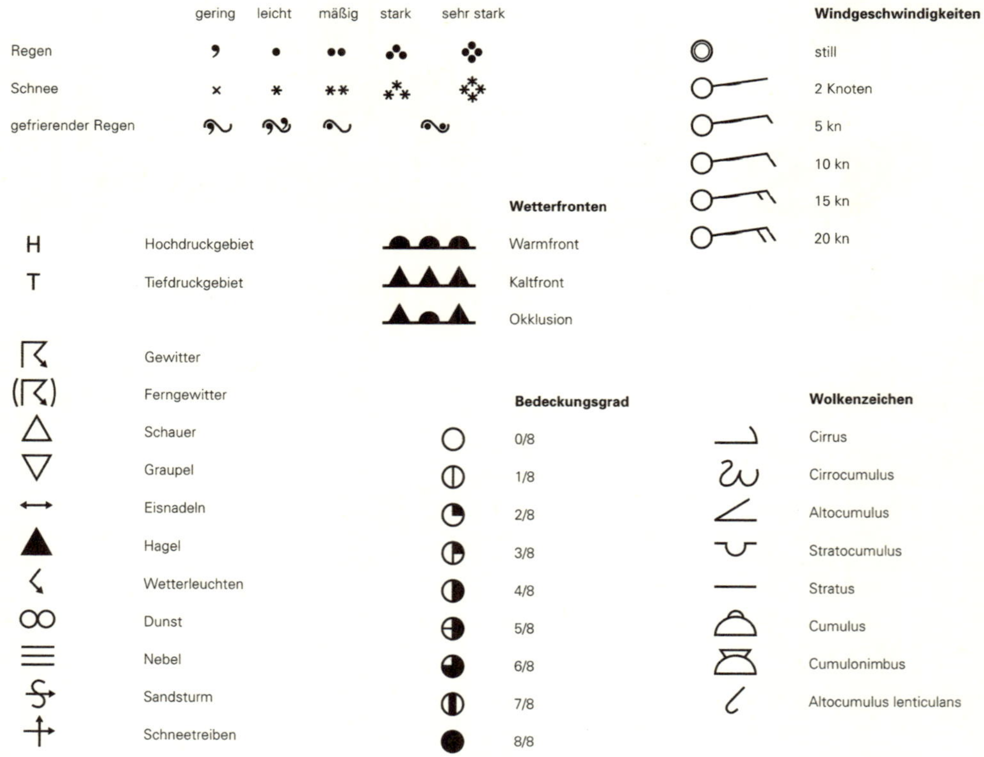

## Das populäre E

Während der Buchstabe »E« in der deutschen Sprache am häufigsten vorkommt (17%), macht sich das »Q« sehr rar (0,02 %). Auf den ersten Blick mag diese Liste wirken wie die selbstverliebte Übung von Statistikern, doch für Kryptologen hat sie besondere Wichtigkeit, lassen sich doch einfache Verschlüsselungen durch die Analyse, welches Zeichen wie oft vorkommt, leicht knacken.

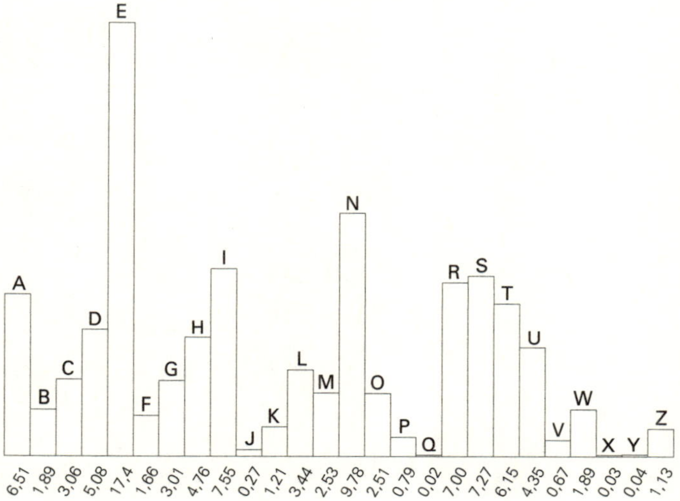


## Fünf sehr verschlafene Tiere

Klassischerweise faszinieren uns an Tieren deren außergewöhnlichen Fähigkeiten – wie beispielsweise die des Wiedehopfs, schmetterlingsartig zu fliegen.
Um dieser leistungsorientierten Sicht etwas Kontemplativeres entgegenzusetzen, hier fünf sehr verschlafene Tiere:

1. **Der Koala** *(22 Std. tägliche Schlafenszeit)*
2. **Das Faultier** *(20 Std.)*
3. **Das Gürteltier** *(19 Std.)*
4. **Das Opossum** *(19 Std.)*
5. **Der Lemur** *(16 Std.)*

4.

1.

2.

5.

3.

## Der Erfinder Amerikas

Im Jahr 1507 schuf der deutsche Kartograph *Martin Waldseemüller* eine Weltkarte, die einer Revolution gleichkam. Er zeigte die »Neue Welt« als einen eigenen Kontinent und gab ihr erstmals jenen Namen, der ihr bis heute geblieben ist: »America«. Die Bezeichnung leitete er vom Vornamen eines Reisegefährten des Christoph Kolumbus ab, Amerigo Vespucci – ohne es mit ihm abgesprochen zu haben und ohne daß dessen Verdienste die Bezeichnung gerechtfertigt hätten.

Daß sich die neue Bezeichnung so schnell durchsetzte, hatte einen einfachen Grund: Waldseemüllers Weltkarte – bestehend aus 12 Holzschnitten, insgesamt 125,6 cm hoch und 228,5 cm breit – wurde in einer für damalige Verhältnisse enormen Auflage von 1000 Stück gedruckt und fand so weite Verbreitung. Ein einziges Exemplar hat die Zeit überdauert und wurde 1901 wiederentdeckt.

## Die Eisenbahn

Dieses vorwiegend durch eisenbahnrelevante Details bestimmte Panorama ist kaum geeignet, den aktuellen Stand des schienengebundenen Verkehrs zu zeigen. Vielmehr kann es als Vorlage für eine elaborierte Modelleisenbahnanlage dienen. Diesen Zweck erfüllt es freilich mit Bravour.

*1. Motortriebwagen auf einer Nebenstrecke, 2. Bahnhof, 3. Personenzug, von einer Diesellokomotive gezogen, 4. elektrische Lastzuglokomotive, 5. gedeckter Güterwagen, 6. offener Güterwagen, 7. Behälterwagen für Zement, 8. Langholzwagen, 9. Kesselwagen, Zisternenwagen, 10. Kohlenwagen, 11. Bahnwärterhäuschen, 12. Lokalbahnzug, 13. Personenzug, wartend vor einem Signalmast, 14. Bahnsteig mit haltendem Schnelltriebwagen, 15. Stellwerk, 16. Schnellzug, 17. Güterverladerampe mit Lagerhaus, 18. Lokomotivbahnhof mit Kohlenlager und Drehscheibe, 19. Lokomotivhalle, 20. Tiefladewagen*

## So putzen Sie streifenfrei Fenster

Mit der richtigen Methode ist streifenfreies Fensterputzen kein Problem.

Zuerst das Fensterglas sorgfältig mit einer leichten **Lauge** waschen. 1

Danach sehr sparsam **Fensterputzmittel** auf das Glas sprühen. 2

Mit einer **Küchenrolle** rasch nachwischen, und zwar erst in senkrechter Richtung von oben nach unten, zum Schluß in einem »Bogen« die Ecken säubern. 3

## TV-Testbild

Früher, als das Fernsehprogramm noch schwarzweiß war, am frühen Nachmittag begann und um Mitternacht ein Ende fand, erschien in den sendungsfreien Zeiten ein Testbild, das es TV-Technikern möglich machen sollte, die Bildqualität optimal einzustellen.

Dieses Testbild aus den 50er Jahren stammt von der ARD; das des ORF sah ebenso aus.

**(Die Abbildung des Testbilds erfolgt mit freundlicher Genehmigung des Historischen Archivs des Hessischen Rundfunks, Frankfurt.)**

## Die Sprache der Affen und Delphine

Menschenaffen und Delphine können sprechen – zwar nicht so artikuliert wie die meisten Menschen, weil ihnen die körperlichen Voraussetzungen dafür fehlen, aber mit Hilfe von Gesten und Symbolen. Bis zu 200 Begriffe umfaßt im besten Falle ihr Wortschatz. So konnte die Schimpansin Sarah einen ganzen Satz bilden. Er lautet (im Original sind die Symbole farbig):

Wollen Sie ihn entschlüsseln, bedienen Sie sich bitte des folgenden Wörterbuchs:

1 Sarah
2 Mary
3 Eimer
4 Schüssel
5 Banane
6 Aprikose
7 Apfel
8 Schokolade
9 ist
10 nehmen
11 gleich
12 verschieden
13 rot
14 geben
15 hineintun
16 Farbe von
17 wenn – dann
18 nein / nicht
19 braun

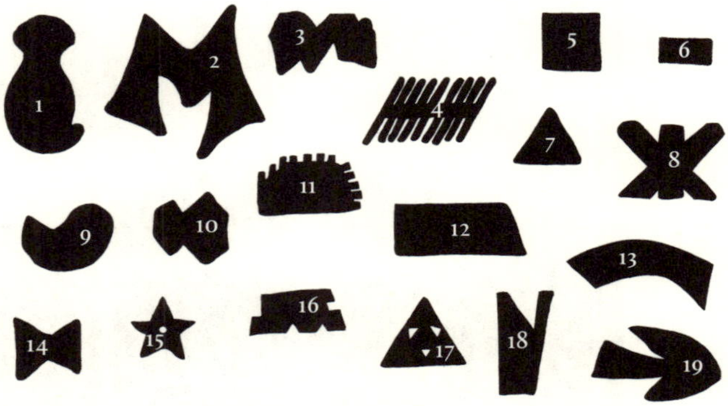


Sehr verdient gemacht um die Erforschung des Sprachvermögens von Schimpansen haben sich der amerikanische Psychologe und Verhaltensforscher David Premack sowie seine Kollegin und Frau Ann James Premack. Von ihnen stammen auch die Symbole und der Versuch mit Schimpansin Sarah.

## Die algebraische Schachnotation

Um den Verlauf von Schachpartien festzuhalten, bedient sich der Fachmann meist der algebraischen Notation. Sie definiert die 64 Felder des Spielbretts durch eine Kombination aus einem Kleinbuchstaben und einer Zahl. Davor werden die Kürzel der Figuren gestellt (im Deutschen: T = Turm; S = Springer; L = Läufer; D = Dame; K = König). Wo dieses Kürzel fehlt, handelt es sich um einen Bauern.

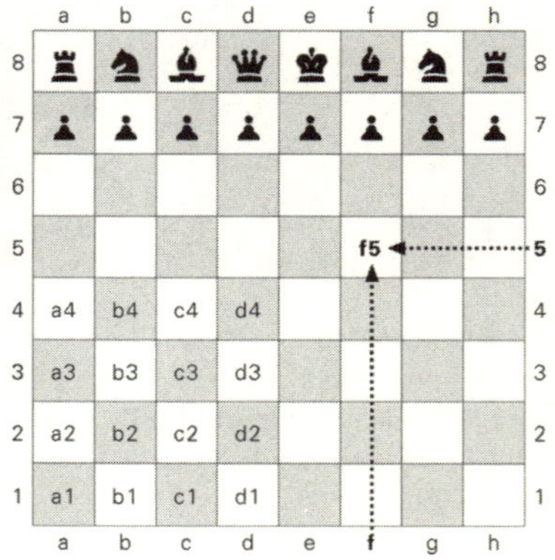

## Mythische Strecke – reale Strapazen

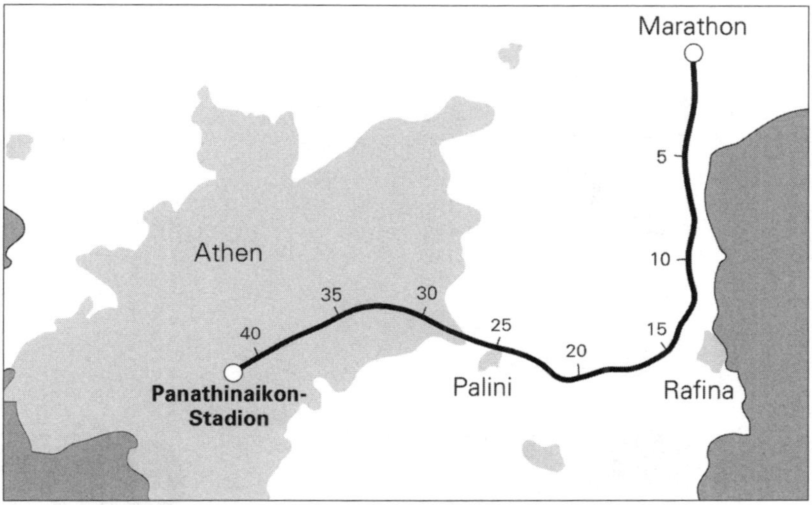


Als im Jahr 1896 die ersten Olympischen Spiele der Neuzeit veranstaltet wurden, stand auch der Marathonlauf auf dem Programm – und folgte einer berühmten Strecke, die es nur dem Mythos nach gab. Er besagt bekanntlich, der Läufer Pheidippides sei von Marathon nach Athen gelaufen, um die Nachricht vom Sieg der Griechen über die Perser zu überbringen, und dann tot zusammengebrochen. Pierre de Coubertin, der Neugründer der Spiele, ließ den Marathonlauf real werden und austragen. Der erste Sieger hieß Spiridon Louis (Siegerzeit 2:58:50), von Beruf war er Hirte, aber so genau weiß man das nicht. Sicher ist jedoch, daß er als griechischer Nationalheld gilt.

## Autobahnkreuze

*Das Kleeblatt*

*Die Windmühle*

*Das Malteserkreuz*

Treffen zwei Autobahnen aufeinander, stellt sich die alles entscheidende Frage: Wie verknotet man sie möglichst effektiv miteinander, auf daß der Verkehr reibungslos fließe? Ohne nun zu sehr ins Detail zu gehen und die Eigenarten von Verbindungsrampen und Verteilerfahrbahnen zu erörtern, läßt sich sagen, daß jede Kreuzart ihre Vor- und Nachteile hat.
Das hierzulande am weitesten verbreitete Kreuz hat die Form eines *Kleeblatts* (Vorteile: geringerer Platzbedarf, nur eine Brücke, Umkehrmöglichkeit – aber begrenztes Fassungsvermögen).
Zwei weitere klassische Formen sind die *Windmühle* (Vorteile: höhere Durchfahrgeschwindigkeit, wenige Brücken) und das *Malteserkreuz* (Vorteile: geringer Platzbedarf, hohe Durchfahrgeschwindigkeit – aber aufwendige Brücken im Kreuzinneren).

## Die Schöpfung nach Gudehus

Die Bibel wurde schon auf unzählige Arten neu erzählt. Einen der originellsten zeitgenössischen Wege fand die deutsche Graphikerin **Juli Gudehus** im Jahr 1993. Sie übersetzte den Text des ersten Buchs Mose, der Genesis, mit Hilfe von Piktogrammen und den Logos bekannter Marken in eine ungewohnte Sprache. Ein Unterfangen, das breite Aufmerksamkeit erregte.

Die Schöpfung

Am Anfang schuf Gott Himmel und Erde.

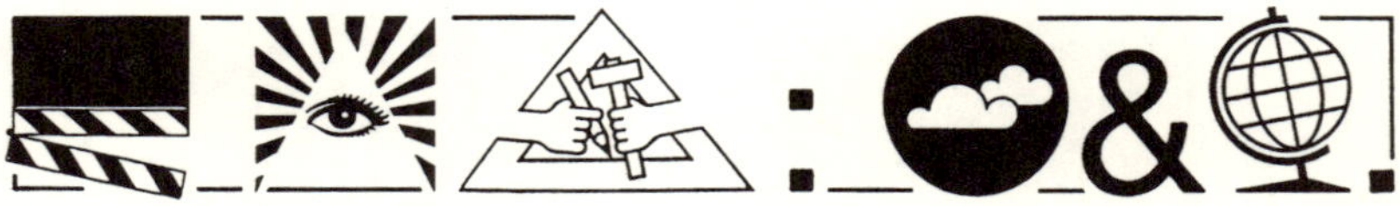

Und die Erde war wüst und leer,

und es war finster in der Tiefe,

und der Geist Gottes schwebte auf dem Wasser.

Und Gott sprach: »Es werde Licht.«

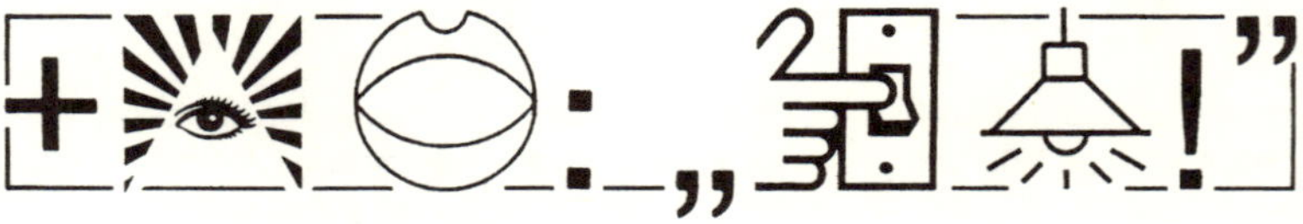

Und es ward Licht.

Und Gott sprach:
»Seid fruchtbar,

und mehret euch!«

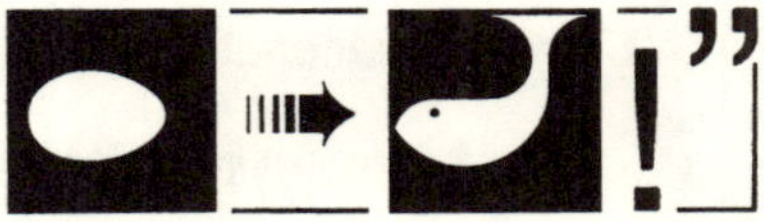

Da ward aus Abend und
Morgen der fünfte Tag.

Und Gott sprach:
»Die Erde bringe hervor
lebendiges Getier.«

Und es geschah so.

Und Gott machte die Tiere
des Feldes

und das Vieh und alles
Gewürm, ein jedes nach
seiner Art.

Und Gott sah, daß es gut
war.

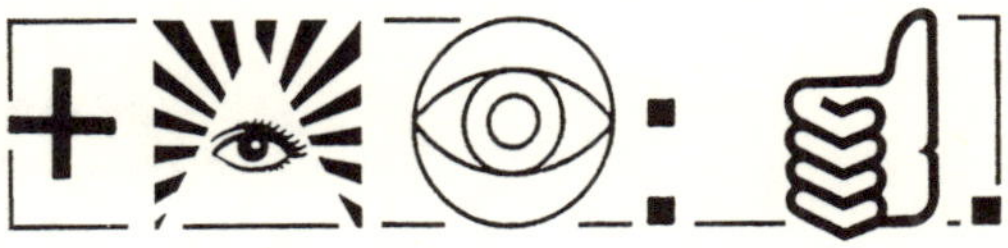

## Ein ausgestorbenes technisches Gerät

In Prä-Handy-Zeiten standen auf den Straßen kleine Häuser, in denen Apparate mit Wählscheiben hingen, die durch den Einwurf von 10-Pfennig-Münzen (in Österreich: 1-Schilling-Münzen) in Gang gesetzt werden konnten. Anschließend war man in der Lage, mit weit entfernten Menschen zu sprechen, die über einen ähnlichen Apparat verfügten.

1 Geldeinwurf

2 Wählscheibe

3 Druckknopf zur Herstellung der Verbindung

4 Geldrückgabefach

## 19 Kreuzformen und ein Dreieck

Von links oben nach rechts unten:

1. Radkreuz
2. Griechisches Kreuz
3. Lateinisches Kreuz
4. Andreaskreuz, Schrägkreuz
5. Tau-Kreuz, Antoniuskreuz
6. Gabelkreuz, Schächerkreuz
7. Henkelkreuz, Ägyptisches Kreuz, Koptisches Kreuz
8. Kreuz der orthodoxen Kirche
9. Ankerkreuz
10. Kleeblattkreuz
11. Krückenkreuz
12. Jerusalemer Kreuz
13. Swastika, Hakenkreuz
14. Johanniterkreuz
15. Kardinalskreuz
16. Christusmonogramm
17. Hl. Dreifaltigkeit*
18. Gemmenkreuz
19. Kolbenkreuz, Apfelkreuz
20. Kugelkreuz

* Diese Dreieckform gehört hier streng genommen nicht dazu, erfüllt jedoch als Ausnahme der Regel die entsprechende wichtige Funktion.

## Wale

Zur Ordnung der Wale (lat. Cetacea) gehören nicht nur die eindrucksvollen Riesen, die Blauwale, sondern auch die Delphine. Hier eine kleine Übersicht verschiedener Wale, aufgezeichnet im richtigen Größenverhältnis.

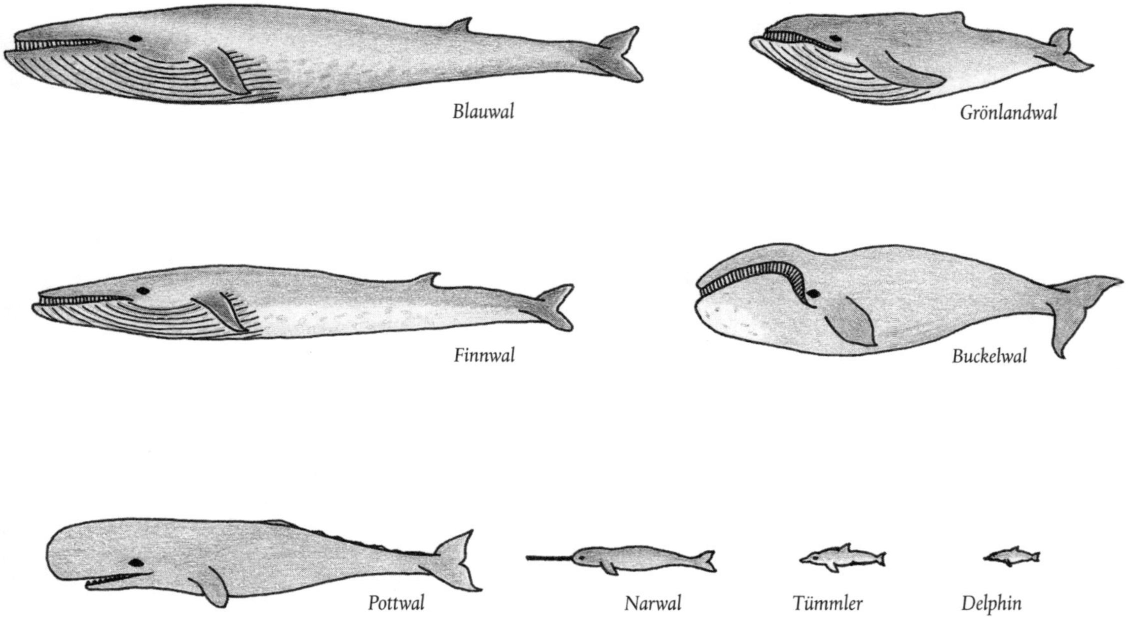


## Diverse Striche, manche Anführungszeichen darstellend

Wenn es eine typographische Frage gibt, die unter schreibenden Menschen für das fröhlichste Durcheinander sorgt, dann die nach den korrekten Anführungszeichen. Eine kleine Differenzierungstabelle[1].

1 Der Mustersatz stammt übrigens aus Friedrich Torbergs »Tante Jolesch«.

| | | |
|---|---|---|
| „Das könnte dir so passen“, sagte er. | „ “ | deutsche Anführungszeichen* |
| «Das könnte dir so passen», sagte er. | « » | Schweizer Anführungszeichen |
| »Das könnte dir so passen«, sagte er. | » « | französische Anführungszeichen (Guillemets)* |
| “Das könnte dir so passen”, sagte er. | “ ” | englische Anführungszeichen |
| "Das könnte dir so passen", sagte er. | " " | Zoll- bzw. Inchzeichen |
| ``Das könnte dir so passen´´, sagte er. | `` ´´ | erst doppelter franz. »accent grave« – dann doppelter »accent aigu« |

* hierzulande verwendbar

## Der klassische Hamburger

## Die 1 gewinnt

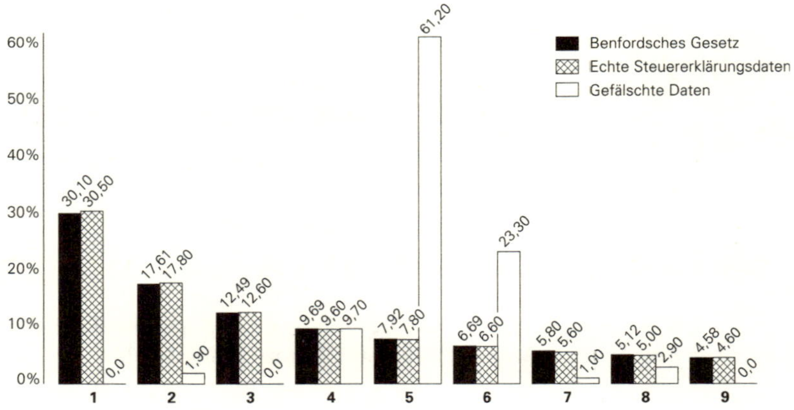


Bitte nehmen Sie eine sehr lange Liste von Zahlen (z.B. alle, die in einem Jahrgang einer bestimmten Zeitung vorkommen, oder Sterbetafeln) und notieren Sie jeweils deren Anfangsziffern. Nun die Preisfrage: Gibt es eine Ziffer, die häufiger vorkommt als andere, oder werden alle gleich oft auftauchen? Es wird sich zeigen, daß stets die 1 am häufigsten ist (30,10%), gefolgt von der 2 (17,61); auf dem letzten Platz die 9 (4,58%).

Entdeckt wurde dieses statistische Gesetz in zwei Etappen: erst vom US-Astronomen Simon Newcomb (1881), dessen Entdeckung wieder vergessen wurde, und dann vom Physiker George Benford (1938), der endlich die allgemeine Aufmerksamkeit auf dieses eigenartige Faktum richten konnte, weshalb man bald vom »Benfordschen Gesetz« sprach. Lange Zeit wußte niemand so recht, was man mit dieser Erkenntnis anfangen sollte, bis schließlich Steuerbeamte erkannten, daß sich mit Hilfe des Gesetzes rasch erkennen läßt, ob eine Steuererklärung gefälscht ist oder nicht. Fälscher verwenden nämlich viel zu viele Zahlen, die z. B. mit Fünfen und Sechsen beginnen.

Das Zahlenmaterial des abgedruckten Charts stammt übrigens aus dem *American Scientist* 86 (1998), »The First Digit Phenomenon«.

## Die glorreichen Zwölf

Vieles bleibt von der 18. Fußball-WM in Deutschland: die Erinnerung an den Sieg Deutschlands über Polen (1:0 in der Nachspielzeit), an das Viertelfinale gegen Argentinien (Elfmeterheld Jens Lehmann), an die Niederlage gegen Italien (das 0:1 in der vorletzten Minute der Verlängerung), an den Kopfstoß von Zinedine Zidane im Finale. Vor allem aber bleiben die zwölf Orte, an denen all das stattgefunden hat. Als kleine Handreichung für das gelegentliche Schwelgen in Erinnerungen hier die Portraits der deutschen WM-Stadien, mit offizieller FIFA-Bezeichnung und Fassungsvermögen.

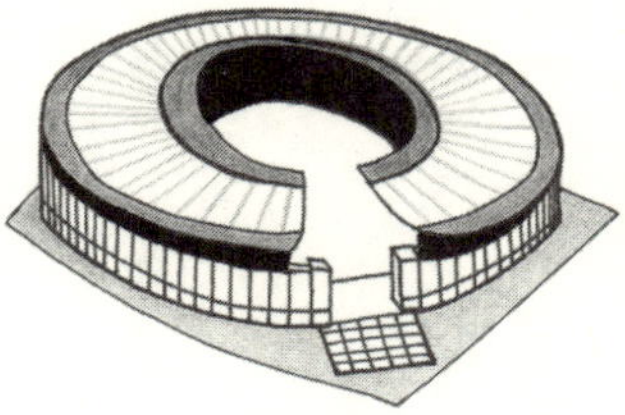

BERLIN
*(Olympistadion, 74.000)*

DORTMUND
*(Westfalenstadion, 67.000)*

FRANKFURT
*(Waldstadion, 48.000)*

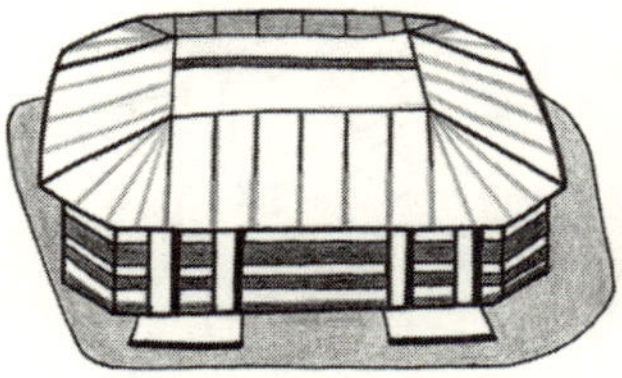

GELSENKIRCHEN
*(Arena AufSchalke, 51.000)*

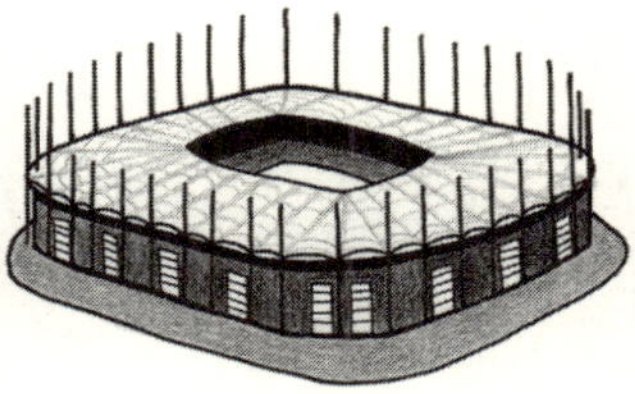

HAMBURG
*(WM-Stadion, 50.000)*

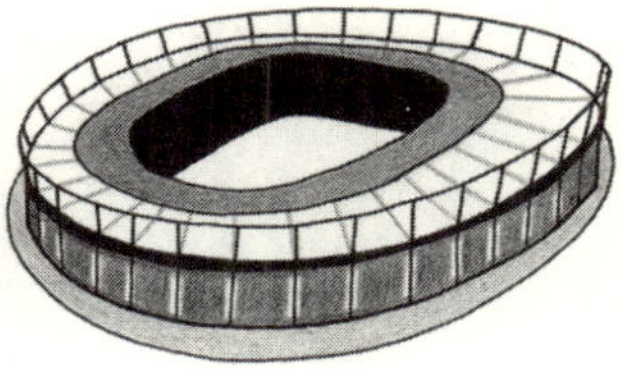

HANNOVER
*(WM-Stadion, 45.000)*

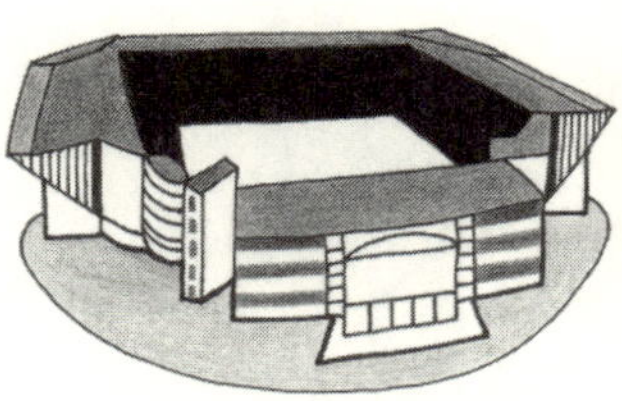

KAISERSLAUTERN
*(Fritz-Walter-Stadion, 48.000)*

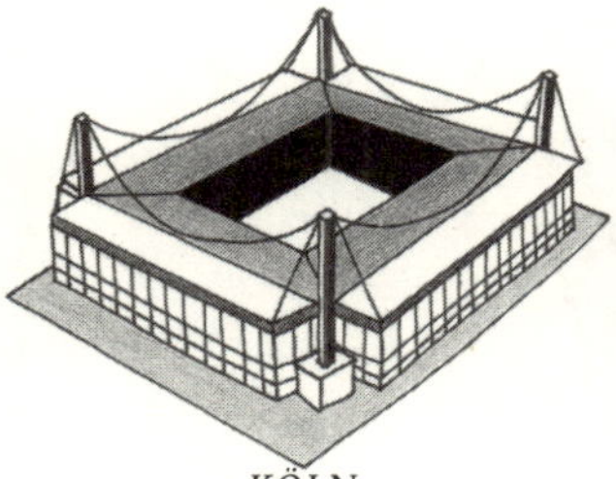

KÖLN
*(WM-Stadion, 45.000)*

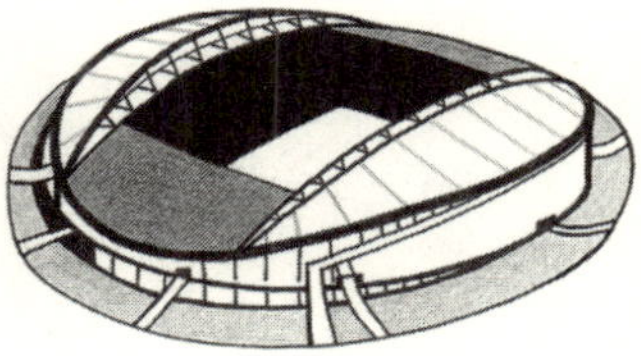

LEIPZIG
*(Zentralstadion, 44.000)*

MÜNCHEN
*(WM-Stadion, 66.000)*

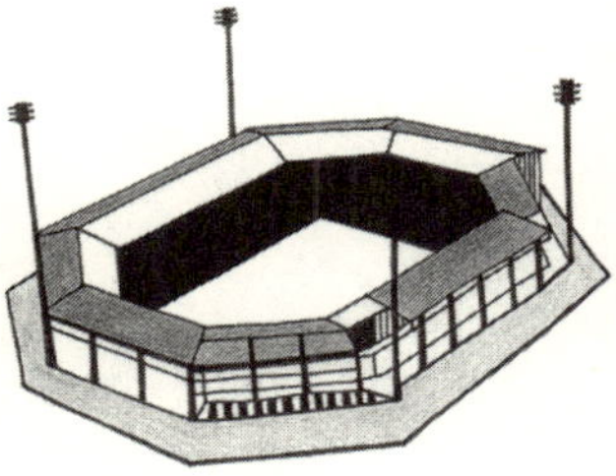

NÜRNBERG
*(Franken-Stadion, 45.000)*

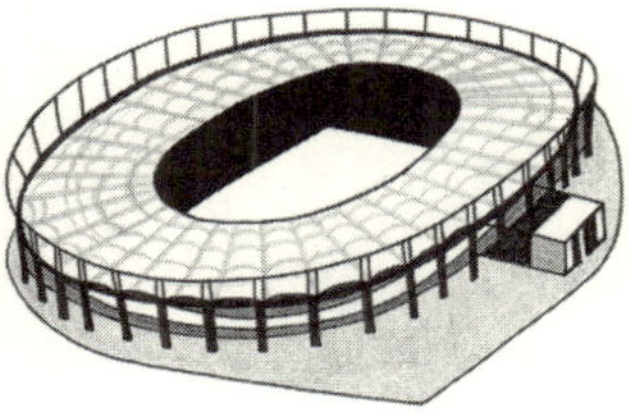

STUTTGART
*(Gottlieb-Daimler-Stadion, 54.000)*

## Gefühle streifenweise

Unsere Haut läßt sich in Streifen, sogenannte Dermatome, einteilen; jeder einzelne ist einem bestimmten Rükkenmarksegment und den dazugehörigen Spinalnerven zugeordnet. Diese Nerven sorgen dafür, daß wir im entsprechenden Hautstreifen etwas fühlen. Gibt es Probleme mit einem Rückenmarksegment, spüren wir das im entsprechenden Dermatom. Zu streng darf man sich diese Querverbindungen nicht vorstellen, überlappen sich doch die Zuständigkeiten.

Die Kürzel lassen erkennen, welcher Teil der Wirbelsäule für die entsprechenden Hautstreifen zuständig ist:

C = Halswirbelsäule *(cervicalis)*
T = Brustwirbelsäule *(thoracicus)*
L = Lendenwirbelsäule *(lumbalis)*
S = Kreuzbein *(sacralis)*

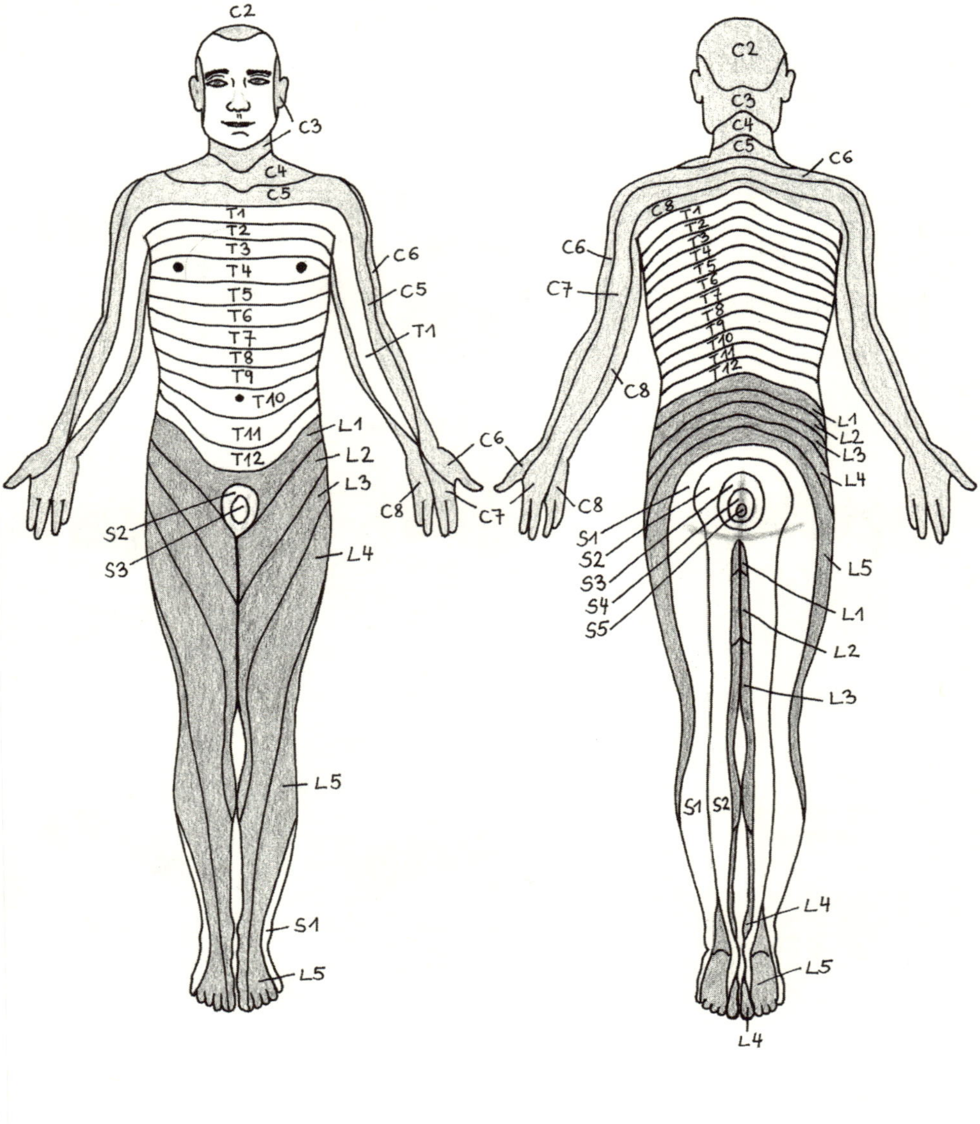

## Einige Ligaturen

Wenn Sie sich das nächste Mal mit der Lektüre eines Textes ein wenig langweilen und nach einer kleinen Ablenkung suchen, können Sie die im selben Text finden. Versuchen Sie einfach herauszufinden, ob die Gestalter des Buches Ligaturen verwendet haben oder nicht. Unter einer Ligatur versteht man die Verbindung zweier oder gar dreier Buchstaben zu einem Zeichen (und im Bleisatz zu einem Schriftkegel). So können aus typographischen Gründen ff, fi, ffi, fl, ffl, ft, st, tt und st zusammengezogen werden.

ff fi fl ffi ffl

ﬀ ﬁ ﬂ ﬃ ﬄ

## Wer mit wem?

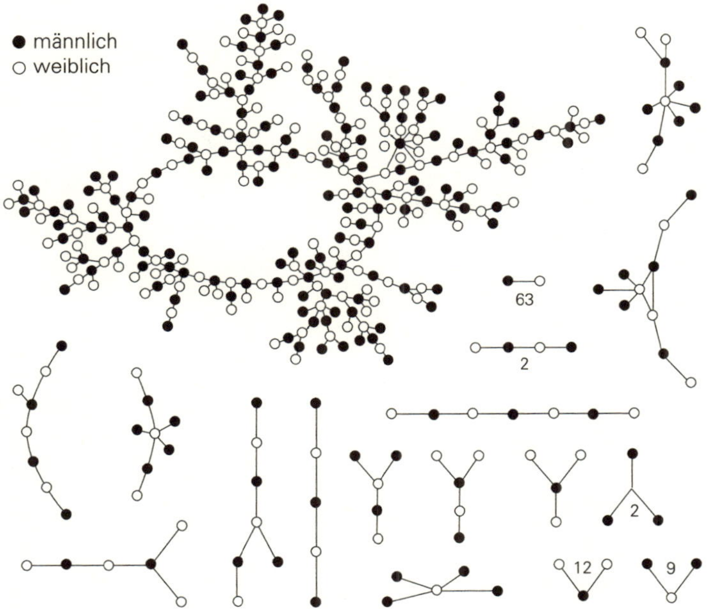


Um herauszufinden, wie sich die intimen Beziehungen von Jugendlichen gestalten, starteten die Soziologen *Peter S. Bearman, James Moody* und *Katherine Stovel* eine Studie zum Thema »Chains of Affection: The Structure of Adolescent Romantic and Sexual Networks«. Ihre überraschende Erkenntnis: Beziehungen innerhalb jugendlicher Gruppen bilden völlig andere Strukturen aus als jene unter Erwachsenen. Während sich unter letzteren einzelne, unverbundene Beziehungsknoten um sexuell besonders aktive Individuen bildeten, entstanden unter Jugendlichen lange Ketten; so zeigt die Graphik beispielsweise eine große ringförmige Struktur (oben), gebildet von 288 eng miteinander verbundenen Jugendlichen. Zusammengetragen wurde das empirische Material an einer durchschnittlichen Highschool; die Wissenschaftler interviewten 832 Jugendliche und publizierten die Ergebnisse im Juli 2004 im »American Journal of Sociology«. Die Studie sollte helfen, bessere Präventionsstrategien gegen sexuell übertragbare Krankheiten unter Teenagern zu entwickeln.

## Einige Möglichkeiten sportlicher Betätigung

Im Leben eines jeden Jugendlichen kommt der Moment, da er sich die Frage beantworten muß: Will ich die nächsten Jahre verschwitzt im Zweikampf auf der Matte liegen, im Rudel einem Ball nachlaufen oder alleine vor aller Augen vom Zehner springen? Um die Auswahlmöglichkeiten etwas zu vergrößern, hier eine Liste möglicher sportlicher Betätigungen. Mehrfachnennungen möglich.

Turnen:

1. Überschlag auf dem Pferd

Wassersport I:

6. Kraulen
7. Kunstspringen (Salto vorwärts)
8. Wasserball

Leichtathletik:

2. Diskuswerfen
3. Stabhochspringen
4. Kurzstreckenlauf
5. Hürdenlauf

Ballspiele:

13. Basketball
14. Fußball
15. Handball
16. Hockey
17. Faustball
18. Tennis
19. Golf
20. Tischtennis

Schwerathletik:

9. einarmiges Reißen
10. Ringen
11. Boxen
12. Judo

Wassersport II:

29. Kajak
30. Segeln
31. Wasserski

Fechten:

28. Florett

Wintersport:

21. Eiskunstlauf
22. Eisschnellauf
23. Eishockey
24. Rodeln
25. Zweierbob
26. Skeleton
27. Eisschießen

Pferdesport:

32. Galopprennen
33. Trabfahren
34. Jagdspringen

Fliegen:

37. Segelfliegen

Radfahren:

35. Straßenradrennfahren
36. Bahnrennen hinter Motorrad

Motorsport:

38. Motorradstraßenrennen mit Seitenwagen
39. Sandbahnrennen
40. Oldtimer-Rennen

1
2
3
4
5
6
7
8
9
10
11
12
13
14
15
16
17
18
19
20
21
22
23
24
25
26
27
28
29
30
31
32
33
34
35
36
37
38
39
40

## Der Sitzplan der Wiener Staatsoper

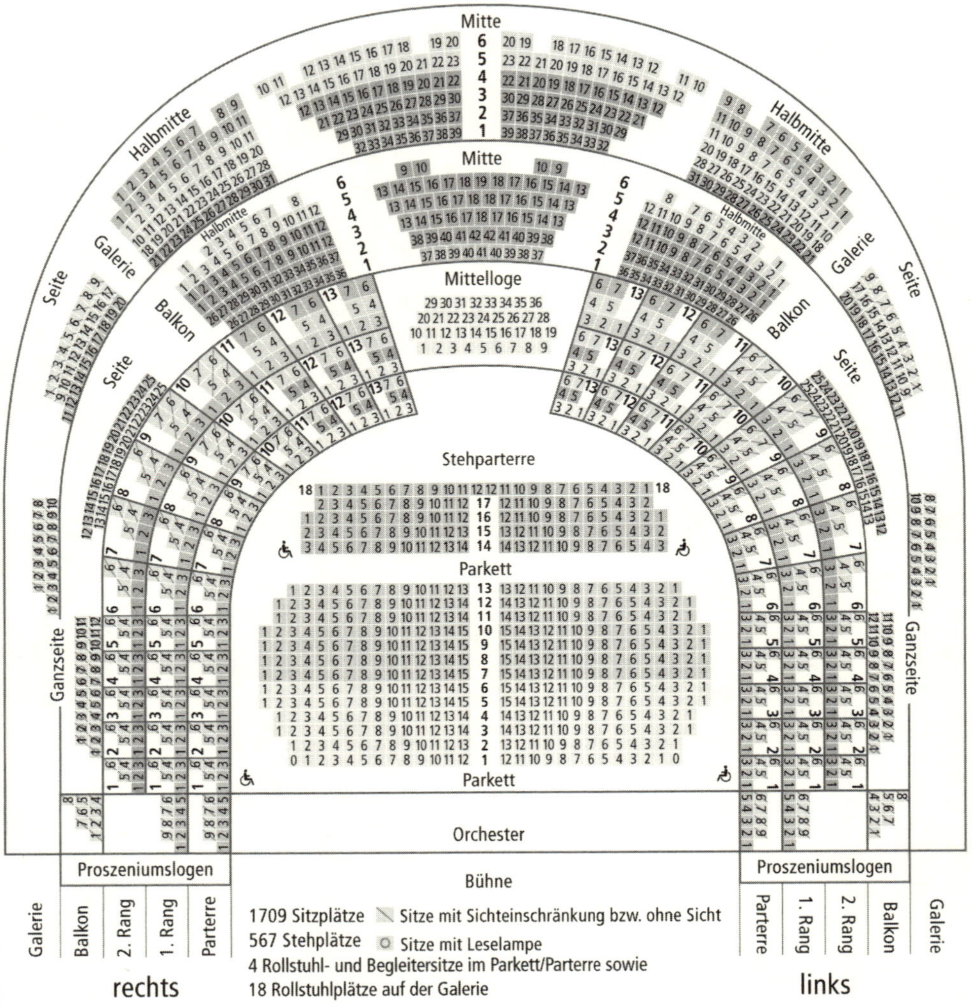


## Ein existentielles Verkehrsschild

Dieses Verkehrsschild ist bei San Diego, nahe der mexikanischen Grenze, zu finden. Es zeigt eine rennende Kleinfamilie. Wie anderswo vor Wild oder Elchen gewarnt wird, warnen die amerikanischen Schilder vor illegalen Immigranten, die die Straße überqueren könnten.

## Daran erkennen Sie einen Superhelden

(1)

(2)

(3)

(4)

Mal abgesehen von der Fähigkeit zu fliegen bzw. Kampfdroiden zu zerschmettern bzw. Wände hochzuklettern bzw. mit Röntgen-Augen durch Wände zu spähen, gibt es auch entsprechende Embleme, die Batman (1), Die Unglaublichen (2), Spiderman (3) und Superman (4) als Superhelden ausweisen.

## Albrecht Dürers Rhinocerus

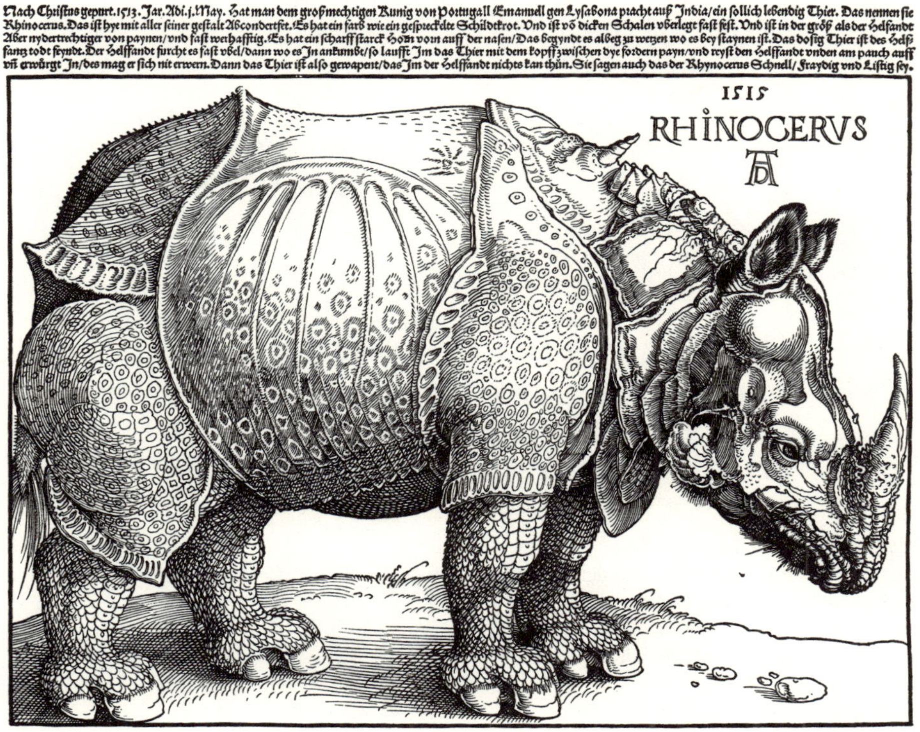


Das Besondere an Albrecht Dürers »Rhinocerus« aus dem Jahre 1515 ist – neben seiner künstlerischen Qualität – die Entstehungsgeschichte des Holzschnitts.
Das Tier war ein Geschenk des portugiesischen Vizekönigs in Ostindien, Afonso de Albuquerque, an seinen König Emanuel.
Als Dürer über portugiesische Freunde von der Ankunft des Tieres erfuhr, setzte er sich hin und portraitierte es – allein auf der Basis der Schilderungen seiner Freunde. Er hatte nie ein Exemplar zu Gesicht bekommen. Weitere Details entnehmen Sie bitte Dürers Notizen am oberen Rand des Holzschnitts.

## Zwei Antworten auf wichtige Fragen

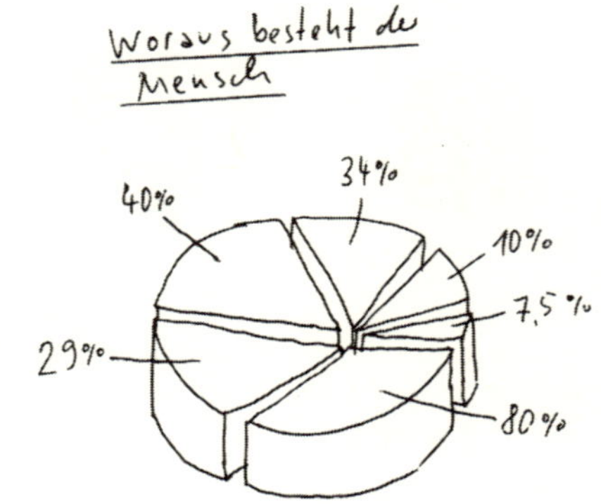


Zu den zentralen Fragen der Menschheit gehören zweifellos: »Wer sind wir?«, »Woher kommen wir?« und »Woraus bestehen wir?« Eine Antwort darauf versucht der Zeichner Tex Rubinowitz. Und weil er gerade dabei war, beleuchtete er auch gleich alle eulenrelevanten Aspekte des Problems.
Diese Zeichnung ist dem vergriffenen Buch »Die sexuellen Phantasien der Kohlmeisen« (KiWi, 1996) entnommen, das Rubinowitz gemeinsam mit Jörg Metes verfaßt hat und das neu aufzulegen deren Verleger Helge Malchow sich leider hartnäckig weigert.

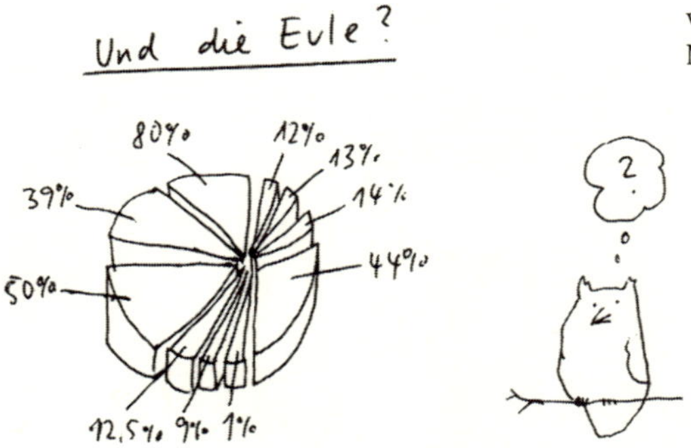


## Müll im Weltraum

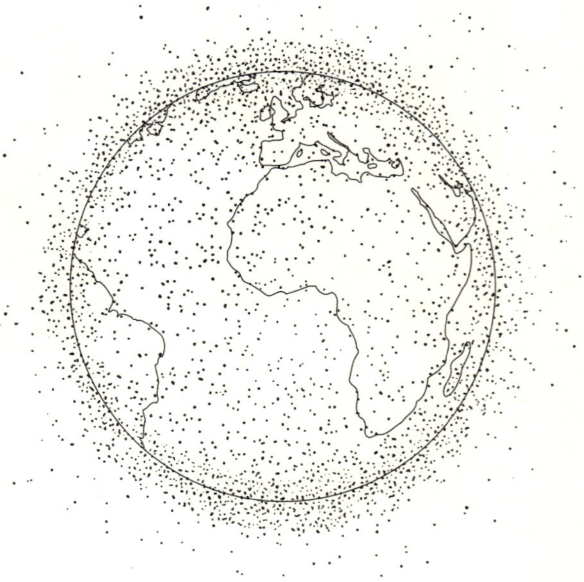

Nicht genug damit, daß wir die Erde mit den Abfallprodukten unserer Gesellschaften zeichnen – auch der Weltraum bleibt von uns nicht verschont. So kreisen mittlerweile rund 330 Millionen Objekte um die Erde – erfaßt wurde »Space Debris«, der größer ist als 1 mm (10.000 Objekte sind größer als 10 cm).

Dahinter steckt keine Pedanterie, sondern die schlichte Tatsache, daß jedes einzelne dieser Objekte gefährlich wird, wenn es mit einem Satelliten kollidiert (ein 1-cm-Ding z.B. entfaltet die Wirkung einer Handgranate).
Der Müll besteht u.a. aus alten Satelliten und all dem Zeug, das während ihrer Missionen anfällt (von der Schutzkappe bis zum Werkzeug).

## Schlechte und gute Umgangsformen

Es gibt einige gute Gründe, das längere Zeit wenig attraktive Thema »Umgangsformen« zu rehabilitieren. Der beste Grund ist wohl, daß gute Umgangsformen das Zusammenleben von Menschen mit der emotionalen Grundbefindlichkeit der gegenseitigen Achtung unterlegen. Die Türe aufzuhalten, einen Sitzplatz anzubieten, bei Mißgeschicken behilflich zu sein oder freundlich zu grüßen, ist zwar im Sinne einer auf Effektivität gepolten Gesellschaft Zeitverschwendung, verbreitet aber eine lebensfroh stimmende Atmosphäre der Kultiviertheit.

## Typisch weiblich, typisch männlich

Was unterscheidet eigentlich Frauen und Männer? Eine Möglichkeit, gewisse – wenn auch nicht letzte – Klarheit zu gewinnen, besteht darin, einen nackten Menschen auf seine sekundären Geschlechtsmerkmale*, also dessen Erscheinungsbild hin zu betrachten. So fallen z.B. den Männern die Haare in anderer Form aus als den Frauen. Weitere Unterschiede zeigen sich

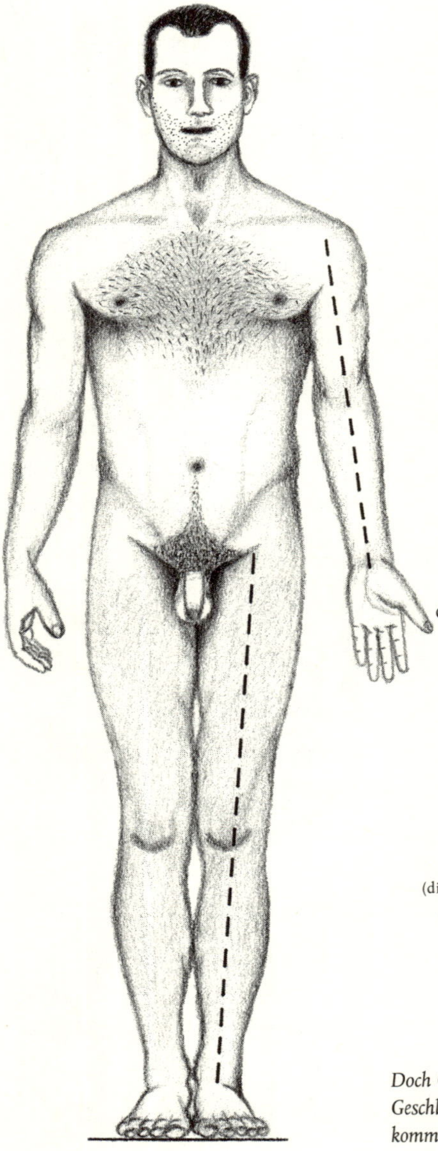

im Gesicht
(Proportionen)

am Hals
(Länge, Kehlkopf)

an den Schultern
(Verhältnis zur Hüfte)

an der Brust
(Form, Wachstum)

an der Form des Körpers
(kantig vs rund)

an den Hüften
(Verhältnis zu Schultern)

der Behaarung
der Scham und des Körpers
(Form, Stärke, Verteilung)

an der Muskulatur
(Form, Verteilung)

am Fettgewebe
(Form, Verteilung)

an den Gliedmaßen
(die gestrichelten Linien zeigen deren unterschiedlichen Streckachsen)

an Händen und Füßen
(Größe)

*Doch Obacht: Typische Merkmale des einen Geschlechts können auch beim anderen vorkommen.*

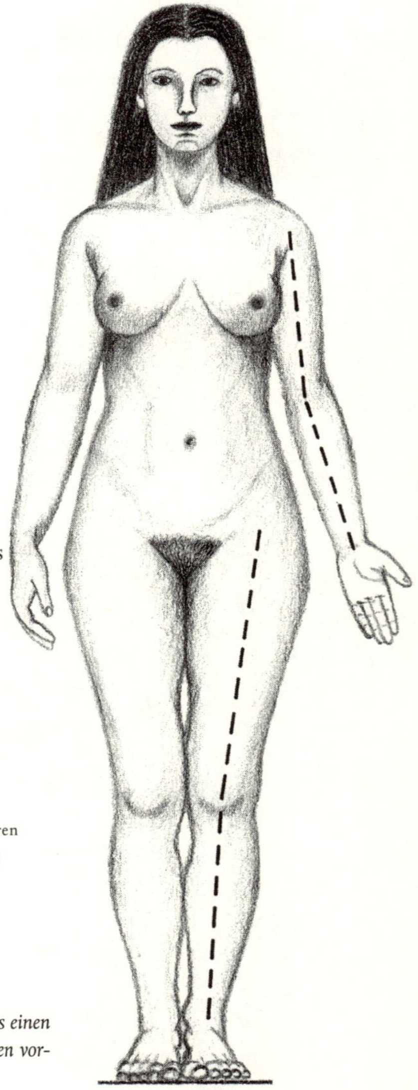

* Unter primären G. versteht man alle Drüsen und Sexualorgane, die unser Geschlecht festlegen. Die tertiären G. schließlich sind sozial

## Die Röntgenbrille

Eines der großen Versprechen in Jugendtagen wurde uns auf den Rückseiten von Groschenromanen gemacht: Dort bot man in gezeichneten Anzeigen Röntgenbrillen an, mit deren Hilfe man bekleidete Menschen – bevorzugt Frauen – nackt sehen könne. Mit der Zeit änderte sich der Text der Anzeigen dahingehend, es verstehe sich zwar von selbst, daß solche Röntgenbrillen nicht funktionierten, doch weil die anderen immer noch daran glaubten, sei für Unterhaltung auf Parties gesorgt. Bis diese Anzeigen eines Tages sang- und klanglos verschwanden. Wieder einmal hatte die Aufklärung gezeigt, daß sie sich letztlich durchsetzt.

## Wir Frühfrühstücker

Deutschland ist nicht nur ein Land der Frühaufsteher, sondern auch eines der Frühfrühstücker und Frühabendesser. Was sich sonst noch tut im Bereich **»Wer ißt wann?«**, zeigt diese Graphik auf einen Blick.

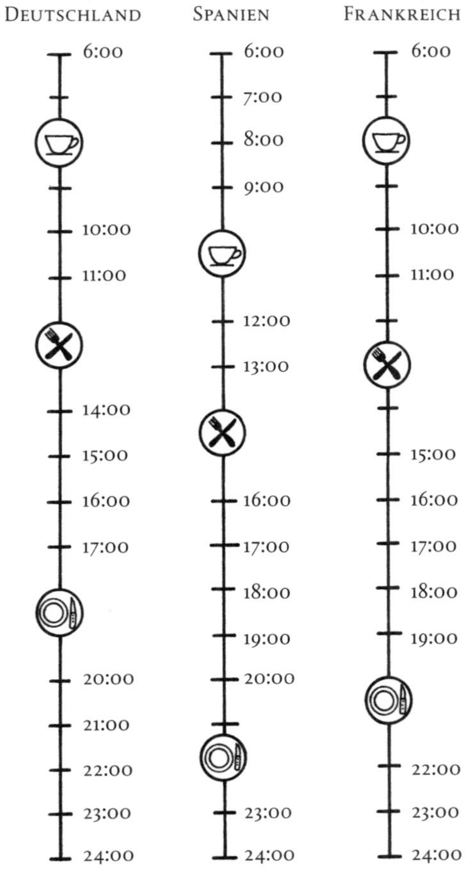

## Wichtige botanische Symbole

| | | |
|---|---|---|
| Einjährige Pflanze | Topfpflanze | Schnittpflanze |
| Zweijährige Pflanze | Einfassung | Sonne |
| Staude | Polsterpflanze | Halbschatten |
| Halbstrauch | Δ Steingarten | Schatten |
| Strauch | Ufer- und Sumpfpflanze | D Duftpflanze |
| Baum | Wasserpflanze | Bie Bienenweide |
| Hängepflanze | Winterschutz erforderlich | Lie Liebhaberpflanze |
| Kletterpflanze | Giftpflanze | i Immergrün |
| Kriechpflanze | Fruchtschmuck | (N) Nutzpflanze |

## Die jährliche Eierproduktion einiger Tiere

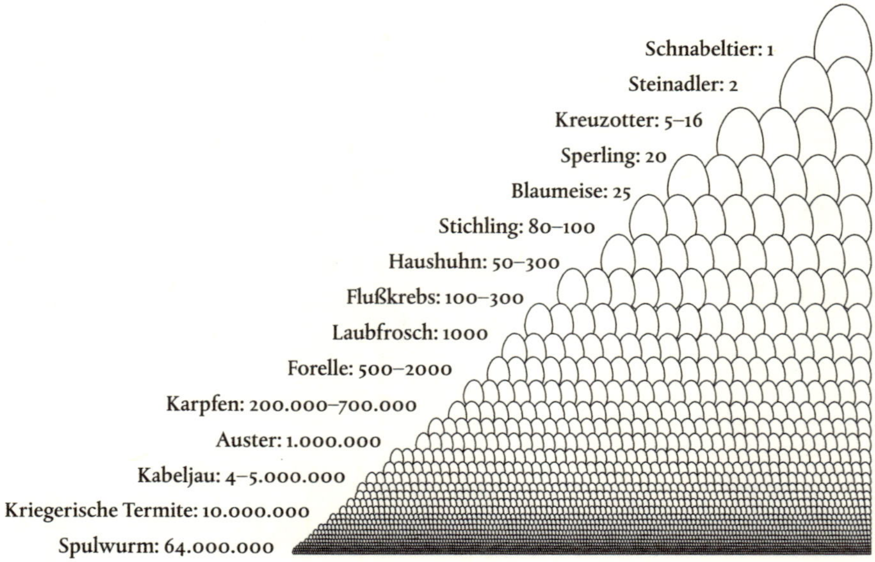

## Die Gelehrtenrepublik

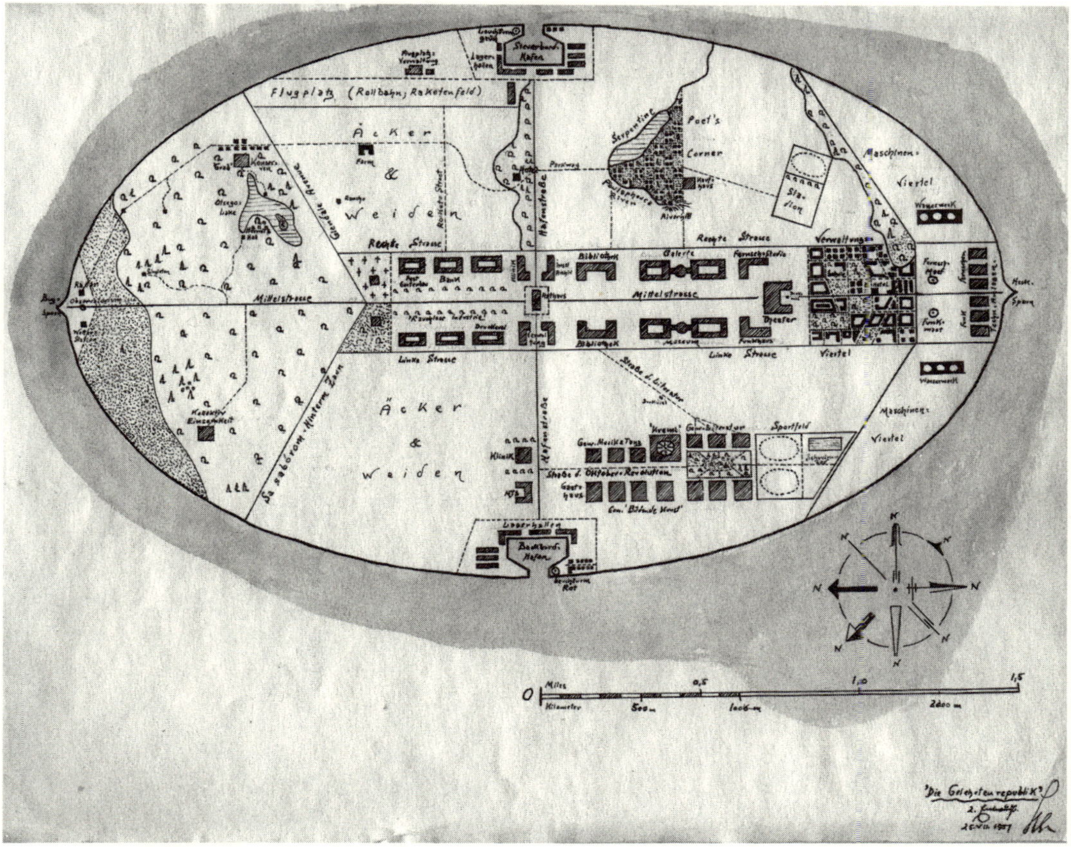


In seinem »Kurzroman aus den Roßbreiten« mit dem Titel »Die Gelehrtenrepublik« (1957) entwirft ARNO SCHMIDT die Vision einer nach einem atomaren Weltkrieg beinahe vollständig zerstörten Welt. Der Roman spielt im Jahre 2008, als ein Reporter die »International Republic for Artists and Scientists« besuchen darf. Die kurz IRAS genannte Republik liegt auf einer Art Insel-Schiff, das in den windarmen Gegenden des subtropischen Hochdruckgürtels treibt. Sie wurde als neutrale Zone gegründet, um die wichtigsten Kunstwerke und Künstler vor der weiteren Zerstörungswut der Menschen zu retten. Doch die Gelehrten haben auf ihrer Insel nichts Besseres zu tun, als das Schema des Kalten Kriegs aufrechtzuerhalten, anstatt die Welt zum Besseren zu verändern. Die Graphik zeigt Arno Schmidts Grundriß der IRAS.

## Sechs fleischfressende Pflanzen

*Fleischfressende Pflanzen (Carnivoren) bessern ihren kargen Speiseplan auf, indem sie mit Hilfe eines Arsenals heimtückischer Methoden wehrlose Insekten (z.B. Fliegen, lat. Brachycera) fangen. Carnivoren wachsen nämlich meist in Mooren und auf Sandböden. Hier sechs der raren, zum Teil vom Aussterben bedrohten Gewächse:*

1. *Pinguicula* (Fettkraut); Fangmethode: Klebefalle; Standort: Mitteleuropa

2. *Nepenthes* (Kannenpflanze); Grubenfalle; Südostasien

3. *Dionaea* (Venusfliegenfalle); Klappfalle; USA; der Star unter den Carnivoren

4a. *Utricularia vulgaris* (Gewöhnlicher Wasserschlauch); Saugfalle; Europa

4b. Blase der *Utricularia vulgaris,* aufgeschnitten

5. *Drosera* (Sonnentau); Klebefalle; weltweit

6. *Sarracenia* (Schlauchpflanze); Grubenfalle; USA, Kanada, Europa (eingeschleppt)

Wer sich intensiver mit dem Thema beschäftigen will, ist bei der »Gesellschaft für Fleischfressende Pflanzen«, kurz G.F.P.-e.V., gut aufgehoben (www.carnivoren.org).

## Die Bedeutung der allgegenwärtigen Striche

9 783821 849607

Am häufigsten begegnen uns Barcodes als Handelsstrichcodes; sie haben 8 bzw. 13 Stellen und sind auf Zeitschriften und Büchern ebenso zu finden wie auf Wurst und Schokolade. Diese zur Klasse der 1-D-Codes gehörenden Produktkennzeichnungen sind sog. European Article Numbers (EAN), bestehen aus verschieden dicken Streifen und verursachen das Piepsen an den Kassen der Supermärkte und Buchhandlungen. Die Streifen stehen für die Ziffern der Produktnummer.

Sie enthalten Informationen über das Produkt (und oft auch dessen Preis). Im vorliegenden Fall – dem EAN-Code des vorliegenden Buchs – ist der EAN-Code Übersetzung der ISBN (Internationale Standard-Buchnummer) in Streifen. Links außen, in der Mitte und rechts außen sieht man die etwas längeren Begrenzungs- und Unterteilungsstriche.

Die eigentlichen Streifen (mehrere Streifen = eine Ziffer) bedeuten – von links nach rechts – in unserem Falle das Folgende:

9 78 = *Land* (Deutschland)
3 = *Sprache* (Deutsch)
8218 = *Verlag* (Eichborn)
4960 = *Titelnummer* (Ankowitsch, Hausbuch)
7 = *Prüfziffer*, wird in einer mathematischen Operation aus dem Rest der ISBN errechnet und dient zum Ausschließen von Zahlendrehern und Fehlern.

Andere Produkte haben teilweise abweichende Systematiken, so steht oft eine Zahl zwischen 40 und 43 oder zwischen 400 und 440 am Anfang für »Deutschland«.

## Eine unverwechselbare Silhouette

Wenn man nach Klassikern des Produktdesigns sucht, dann landet man sehr schnell bei der Coca-Cola-Flasche. In den Anfängen füllten die Produzenten die Cola in selbstgestaltete Flaschen; um die amerikaweite Vermarktung zu ermöglichen, gaben die Manager des Unternehmens das Design einer Einheitsflasche in Auftrag, die – so will es das moderne Märchen – selbst im Dunkeln erkennbar sein sollte. Im Jahr 1916 war sie dann fertig, die Flasche mit der fließenden Kontur, entwickelt von zwei Mitarbeitern der Root Glass Company, Earl Dean und Alexander Samuelson. Angeblich – Märchen Nr. 2 – soll eine Tiffany-Vase als Vorbild gedient haben. Faktum jedenfalls ist, daß sich die Erscheinung der Flasche seit damals nur in Nuancen verändert hat und mittlerweile tatsächlich im Dunklen wiederzuerkennen ist.

## Die Zeichen an der Wand

Immer mehr Menschen betreiben ein WLAN (Wireless Local Area Network), ein kleines Funknetzwerk, das ihren Computer mit dem Internet verbindet. Dabei ist ihnen oft nicht bewußt, daß ihr Funknetzwerk nicht nur in der eigenen Wohnung erreichbar ist – sondern auch draußen auf der Straße.

Offenes WLAN | Geschlossenes WLAN | Verschlüsseltes WLAN

Es war also nur eine Frage der Zeit, bis findige Menschen das entdeckten – und einander bisweilen durch Kreidezeichen auf Häuserwänden signalisierten, wo es WLANs gibt und ob man sie (unbefugt) nutzen kann.

## Nudelformen

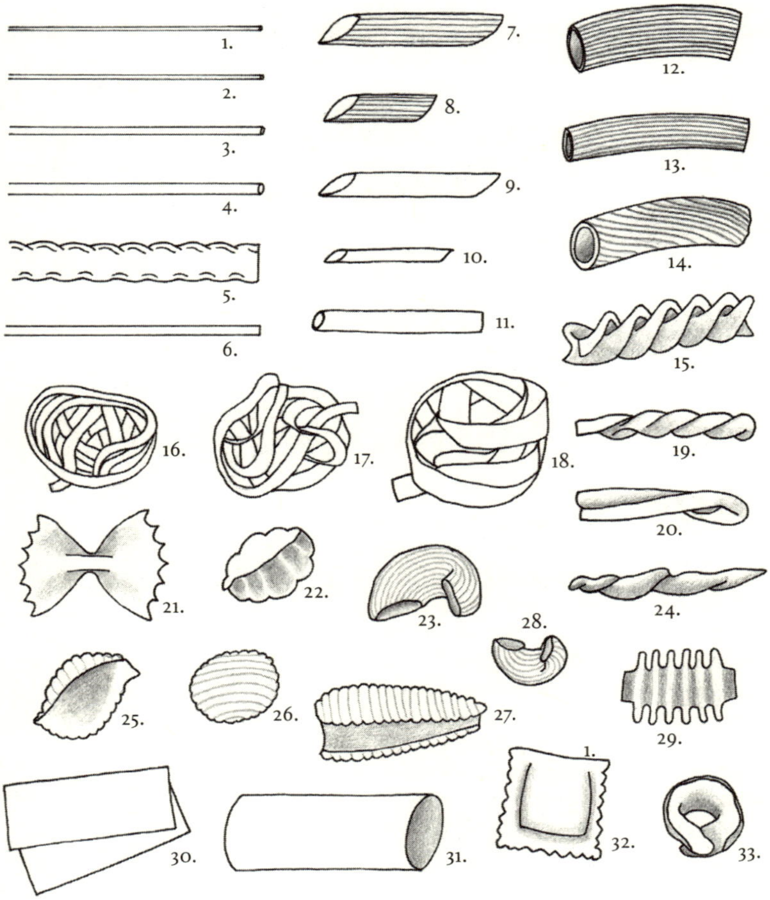

1. Capelli d'Angelo, Capellini
2. Spaghettini
3. Spaghetti
4. Bucatini
5. Mafaldine
6. Linguine
7. Penne rigate
8. Mezze penne rigate
9. Penne lisce
10. Pennette lisce
11. Maccheroni
12. Rigatoni
13. Sedani rigati
14. Tortiglioni
15. Fusilli
16. Fettucine
17. Tagliatelle
18. Pappardelle
19. Gemelli
20. Caserecce
21. Farfalle
22. Gnocchi
23. Pipe rigate
24. Trofiette
25. Conchiglie rigate
26. Orecchiette
27. Castellane
28. Pipette rigate
29. Radiatori
30. Lasagne
31. Cannelloni
32. Ravioli
33. Tortellini

## Ein leichtgewichtiger Schwerarbeiter

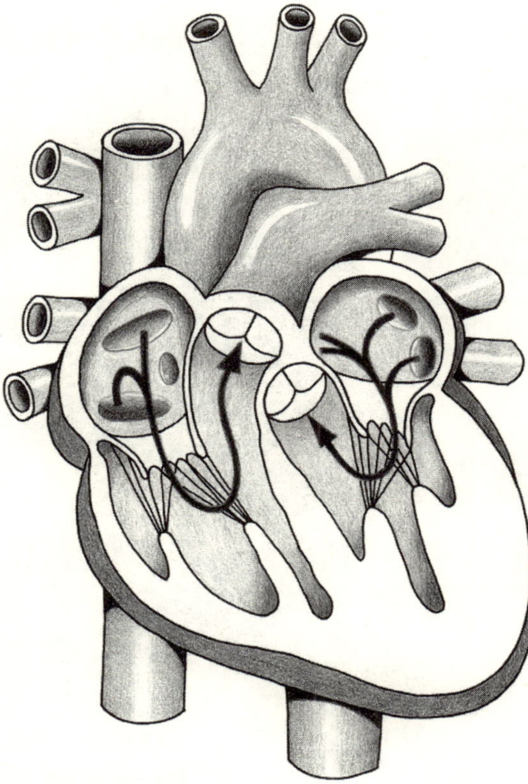

Sobald wir uns vergegenwärtigen, welche titanische Aufgabe unser Herz (lat. Cor bzw. Cardia) während eines Lebens bewältigt, stellt sich ein Gefühl der Ehrfurcht ein – aber auch eine gewisse Angst, es könnte uns eines Tages seinen Dienst versagen.
Schlägt doch das Herz eines Erwachsenen pro Minute 60 bis 70 Mal. Das bedeutet, daß es das (bei angenommenen 65 Schlägen) pro Tag 93.600 Mal tut, pro Jahr rund 34 Millionen Mal und während eines 75jährigen Lebens 2,5 Milliarden Mal.
Ein Herzschlag dauert nicht einmal eine Sekunde, wobei während 0,3 sec Blut gepumpt wird (Systole) und der Muskel 0,5 sec lang erschlafft (Diastole).
Grund genug, einen Blick ins Innere unseres faustgroßen, nur 300 Gramm schweren, aus zwei Hälften bestehenden Schwerarbeiters zu tun.

## Bis zehn zählen auf arabisch

| ١ | ٢ | ٣ | ٤ | ٥ | ٦ | ٧ | ٨ | ٩ | ١٠ |
|---|---|---|---|---|---|---|---|---|---|
| 1 | 2 | 3 | 4 | 5 | 6 | 7 | 8 | 9 | 10 |

## So trauern Sie Ihrem verlorenen Koffer nach

Wer sein Gepäck verloren hat, ist in der Regel so aufgebracht, daß er Schwierigkeiten hat, sich sachlich zu äußern. Zudem fehlt selbst entspannten Menschen die Fähigkeit, so etwas Triviales wie einen schwarzen Koffer »mit so eigenartigen Rillen da außen« detailliert zu beschreiben. Dazu gesellen sich im Ausland Probleme

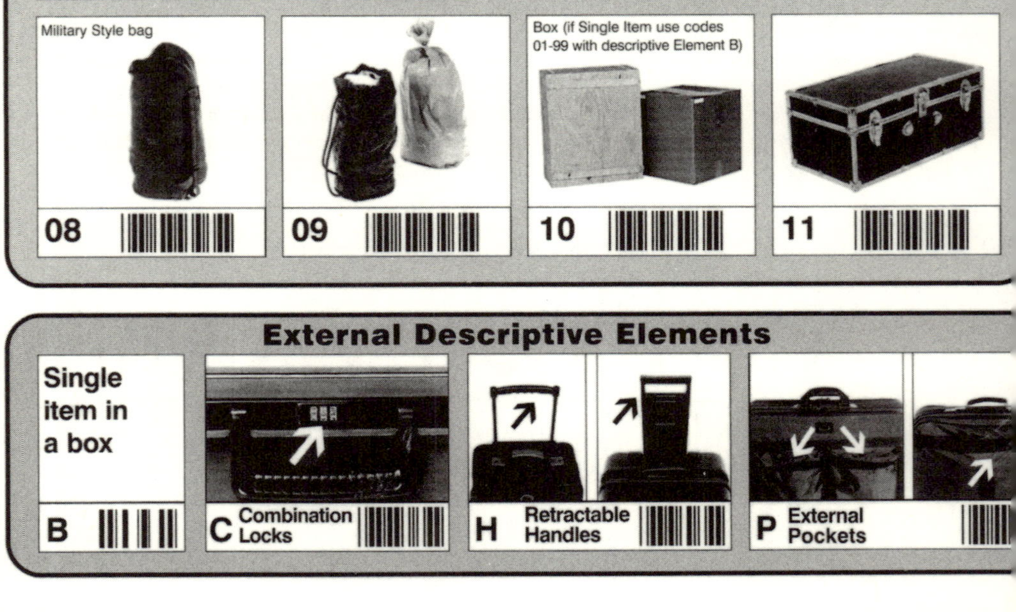

mit den korrekten Begriffen. Aus all diesen Gründen hat die IATA, die International Air Transport Association, eine »Airline Baggage Identification Chart« aufgelegt. Sie zeigt alle klassischen Arten von Gepäck und ermöglicht es jedem, ohne ein Wort zu sagen, seinem verschwundenen Koffer hinterherzutrauern.

## Fünfzehn Mann auf des toten Mannes Kiste

Das Urbild der Piraten, die mittlerweile den Indianern den Rang als beliebteste kindliche Identifikationsfiguren abgelaufen haben, stammt von Robert Louis Stevenson. Er veröffentlichte 1883 den Roman »Treasure Island«, zu deutsch »Die Schatzinsel«; er erzählt von der abenteuerlichen Suche nach dem Schatz des Captain Flint – mitten drin ein kleiner Schiffsjunge. Zusätzliche Bekanntheit erlangte der Roman durch seine vierteilige Verfilmung mit dem jungen Michael Ande als Jim Hawkins (1966). Das Faksimile zeigt die von Stevenson eigenhändig angefertigte Karte der Schatzinsel und versetzt jeden in die Lage, sich auf die Spuren des berüchtigten Captain Flint zu begeben.

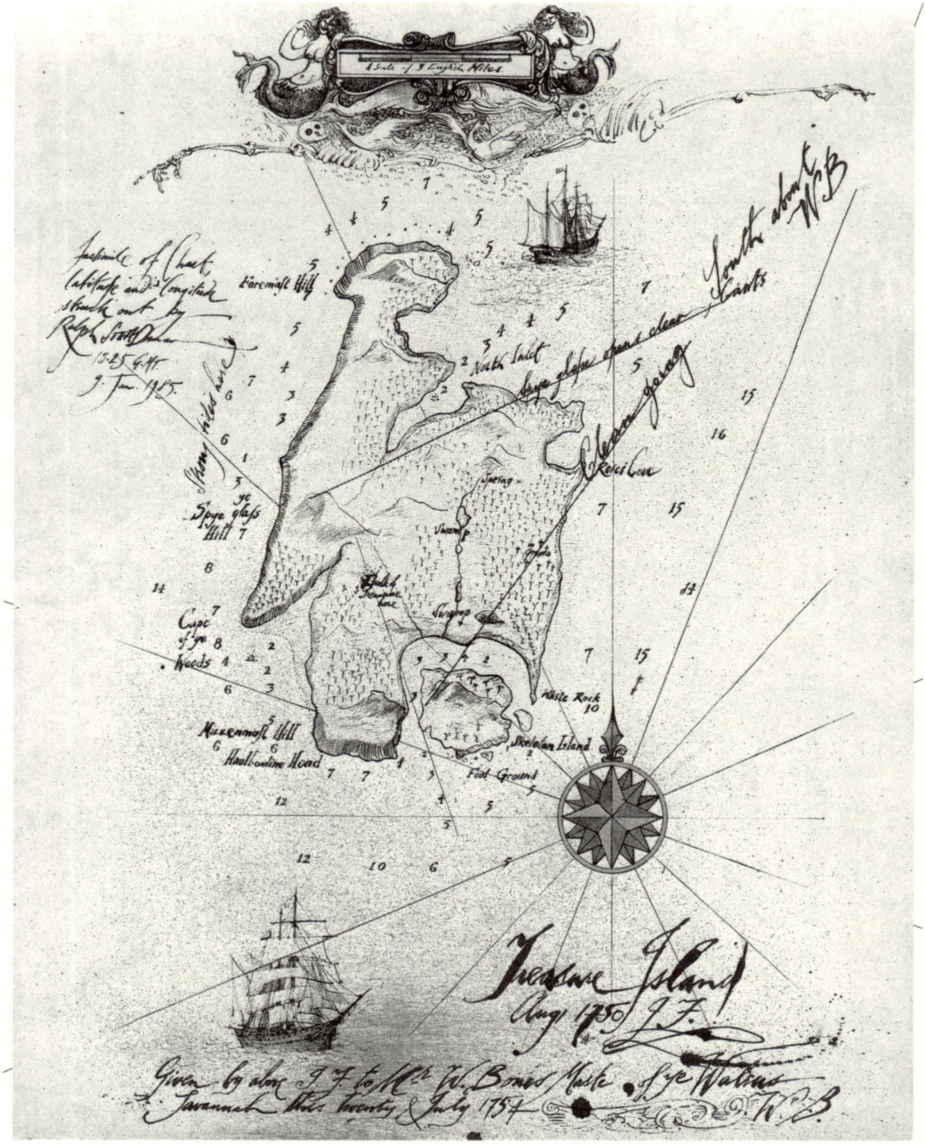

## Werden wir immer größer?

Zumindest seit 130 Jahren werden die deutschen Männer (belegt anhand regelmäßiger Untersuchung von Wehrpflichtigen) immer größer; punktuelle Erhebungen belegen dasselbe für Frauen.
Ein Ende ist freilich absehbar. Anthropologen gehen davon aus, daß die durchschnittliche Größe nicht mehr zunehmen wird. Und das aus einem einfachen Grund: Das Größenwachstum wird genetisch bestimmt und stößt an physiologische Grenzen. Wahrscheinlicher ist vielmehr, daß wir mittelfristig wieder zu schrumpfen beginnen.

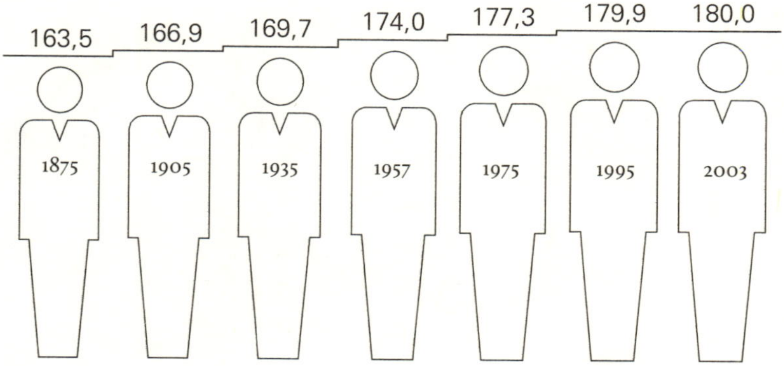


## Sieben Details in Sachen Baum

Bisweilen ist man um die einfachsten Antworten verlegen. Wie z.B. heißt der höchste Punkt eines Baums? Schnell! Damit Sie das nächste Mal Rede und Antwort stehen können, hier sieben Details:

1 Wipfel

2 Krone

3 Zweig

4 Ast

5 Blatt

6 Stamm

7 Wurzel

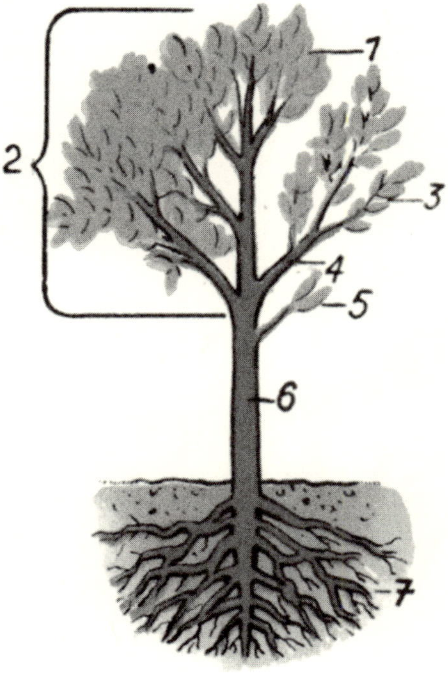

## Töpffers wunderbare Bilderromane

»Geistreich«, meinte Goethe, und »durch und durch original«. Er bezog sich damit auf die komischen Bilderromane des französischsprachigen Schweizers *Rodolphe Töpffer,* die erst Jahre nach deren Entstehen publiziert wurden (von 1833 an). In der »Geschichte des Monsieur Pencil«, der dieser kleine Ausschnitt entnommen ist (u. a. nachgedruckt vom Insel Verlag), geht es darum, daß ein Gelehrter angesichts eines eifersüchtigen Ehemanns namens Schönholz eine Denkschrift zum Thema »Psychioten« schreibt, um sie anschließend – gemeinsam mit dem in eine Kiste gepackten Schönholz – an die königliche Akademie zu senden; auf der Reise macht sich der in der Kiste steckende Schönholz jedoch selbständig.

## Die schrecklichen Augen

Was uns dazu bringt, entzückt innezuhalten, versetzt hungrige Vögel in Schrecken. Wie Forscher der Universität Stockholm 2005 nachweisen konnten, empfinden z.B. Meisen den Anblick der vier großen Augen auf den Flügeln des Tagpfauenauges (lat. Nymphalis io) als so bedrohlich, daß sie von dem Vorhaben ablassen, den Schmetterling aufzufressen, und lieber die Flucht ergreifen.

## Der klassische Leitfaden der Liebe

Das im 4. Jhdt. von dem Brahmanen MALLANGA VATSYAYANA verfaßte »Kamasutra« versteht sich als Anleitung für die Kunst des Lebens und besonders der Liebeskunst. Es schildert detailliert eine Reihe von Stellungen beim Geschlechtsverkehr und gibt darüber hinaus wichtige Hinweise für eine ethische Lebensführung. Die Zeichnungen sind altindischen Darstellungen nachempfunden. Die Stellungen empfehlen sich nur bedingt zur Nachahmung, aber das muß jeder letztlich für sich entscheiden.

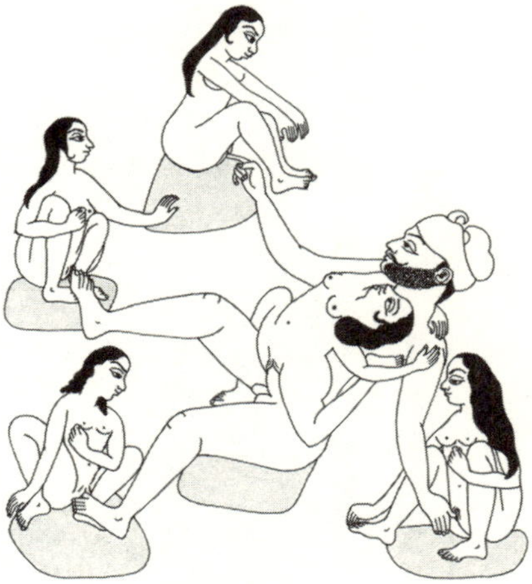

## Eine Metapher mit Tiefgang

Das Faszinierende an Eisbergen ist jener Teil, den man nicht sehen kann – es ist bekanntlich der größere: Rund neun Zehntel der aus Süßwasser bestehenden Eisklötze, die vorwiegend um Grönland und in der Antarktis anzutreffen sind, bleiben unter Wasser. Eisberge entstehen, wenn Stücke von Gletschern bzw. des Schelfeises abbrechen und ins Meer stürzen. Sie sind unterschiedlich groß – es gibt Exemplare von der Größe eines Pianos, aber auch Monster von 11 Kilometern Länge und knapp 6 Kilometern Breite, wie es im Jahr 1882 in der Nähe der Baffin-Insel gesichtet wurde. Ihre geheimnisvolle Anmutung prädestiniert Eisberge dafür, als Metapher für all jene Phänomene verwendet zu werden, bei denen man nichts Genaues weiß (wie z.B. in Sachen Psyche, Korruption und Geheimdienste).

## Vergessen Sie Ihr Geburtsdatum

Wenn es darum geht, ein unbekanntes Terrain zu erobern, greifen wir gerne auf bewährte Mittel zurück. So auch bei dem Versuch, unter den knapp 14 MILLIONEN MÖGLICHKEITEN jene sechs Zahlen zu finden, die bei der nächsten Lottoziehung die richtigen sind. So ist es nicht weiter verwunderlich, daß die meistgetippte Zahl die **19** ist, kommt sie doch in den meisten Geburtsdaten vor; gefolgt wird sie von der **9**. Geringerer Beliebtheit erfreuen sich höhere Zahlen, am unbeliebtesten ist die **36**. Wer also vermeiden will, im unwahrscheinlichen Fall einer korrekten Vorhersage den Jackpot mit vielen teilen zu müssen, sollte sich aus dem Fundus **49**, **14**, **15**, **22**, **47**, **42**, **44**, **29**, **35**, **43** und **36** bedienen. Mehr bleibt beim besten Willen nicht zu tun.

*Die beliebtesten Zahlen unter den Lottospielern sind:*

19
9
7
17
10
11
18
25
3
32
12

*Die unbeliebtesten Zahlen unter den Lottospielern sind:*

49
14
15
22
47
42
44
29
35
43
36

## Zwei lebensrettende Handgriffe

In Notsituationen kommt es oft darauf an, daß wir wissen, wo und wie wir Unfallopfer bergen und lagern können, bis professionelle Hilfe eintrifft.
Um einen Bewegungsunfähigen aus der Gefahrenzone zu manövrieren, nehmen Sie ihn am besten im »Rautek-Griff« und ziehen ihn nach hinten gehend weg.

Einen Ohnmächtigen, der aus eigener Kraft atmet, legen Sie am besten in die stabile Seitenlage, damit seine Atemwege frei bleiben und z.B. Blut oder Erbrochenes problemlos abfließen kann. Um einen schweren Menschen mühelos auf die Seite drehen zu können, folgen Sie bitte untenstehenden Anweisungen.

Rautek-Griff

1.

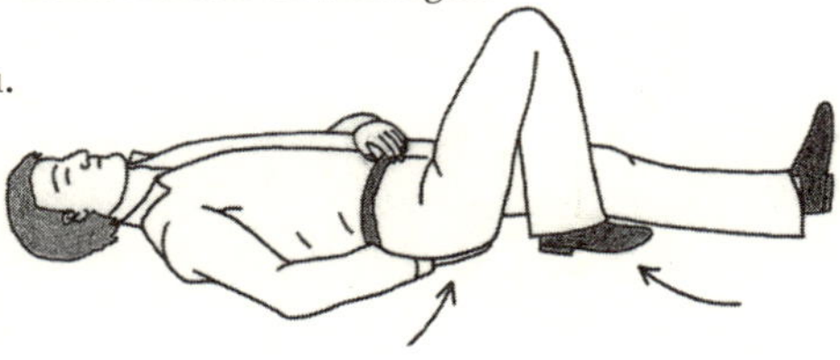

2.

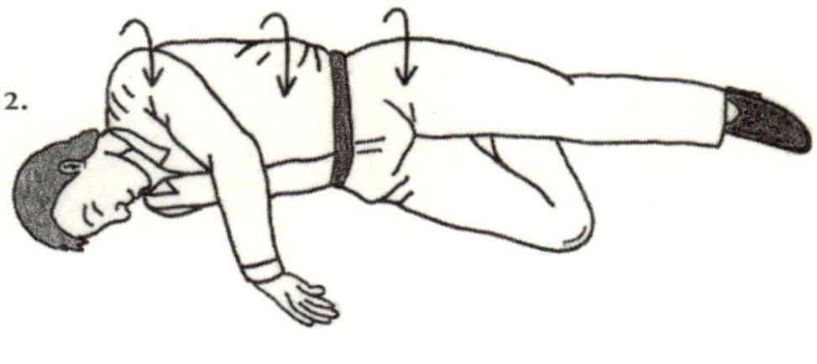

3.

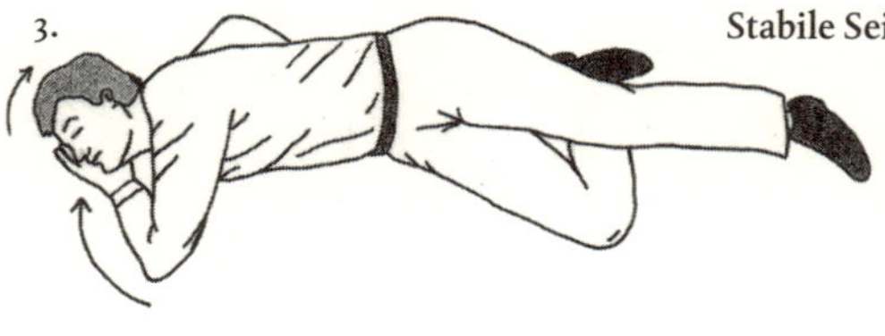

Stabile Seitenlage

## Peugeot zeichnen

Um die reale Macht großer internationaler Marken zu testen, bat die österreichische Künstlergruppe »monochrom« 25 Menschen, aus dem Gedächtnis ein bestimmtes Logo nachzuzeichnen. Die Ergebnisse sind unterschiedlich, unterhaltsam – und tröstlich. Letzteres deshalb, weil der kleine Versuch des Kunstkollektivs, das seinen Hauptsitz im Wiener Museumsquartier hat, zeigt, daß sich unser Gedächtnis einen sehr eigenen und kreativen Reim auf die allgegenwärten Symbole des Konsums macht.

*Das Original*

## Der Flugplan der Apollo 11

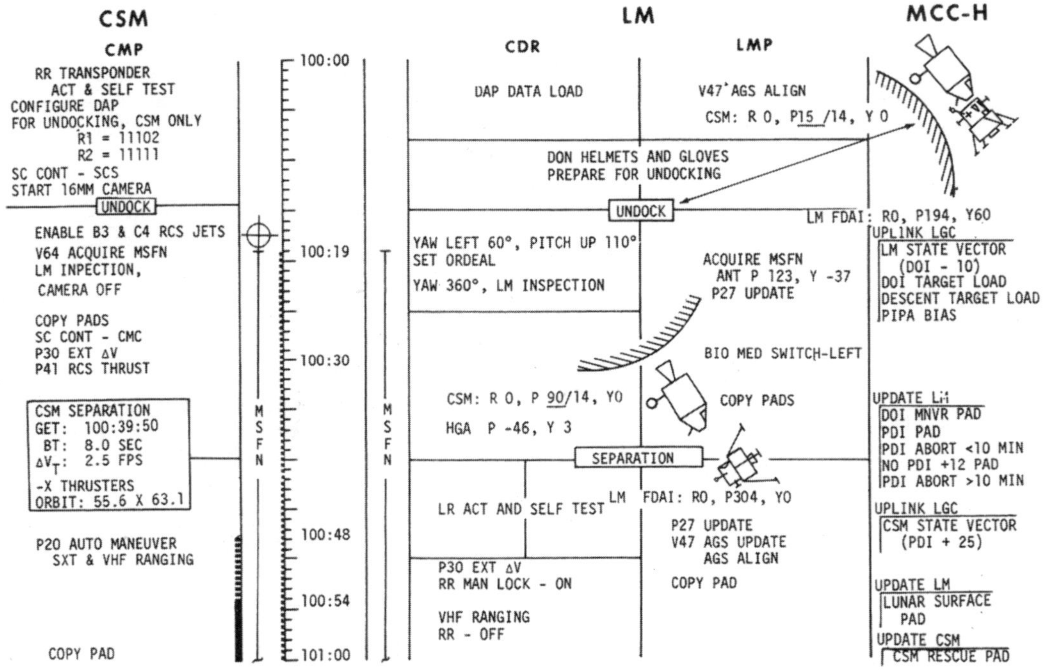


WAS GING EIGENTLICH 1969 HINTER DEN TECHNISCHEN KULISSEN VOR, ALS SICH APOLLO 11 MIT *NEIL ARMSTRONG, MICHAEL COLLINS* UND *EDWIN ALDRIN* AUF DEN WEG MACHTE, UM AM 20. JULI AUF DEM ERDTRABANTEN ZU LANDEN?
EINEN FLÜCHTIGEN EINDRUCK VERMITTELT DIESER FLUGPLAN-AUSSCHNITT, DER ANHAND EINER ZEITLINIE FESTLEGTE, WELCHE DINGE WANN GEMACHT WERDEN SOLLTEN.
WIRKLICH GENAUES LÄSST SICH FÜR LAIEN NICHT ERKENNEN – AUSSER DASS ZWISCHENZEITLICH IRGENDWER IRGENDWO EINE KAMERA AN- (»START 16MM CAMERA«) UND WIEDER AUSMACHEN SOLLTE (»CAMERA OFF«).

## Was tun, wenn man seinen Namen nicht mehr liebt?

Am besten machen Sie es in diesem Falle wie der Popmusiker Prince – und wählen einen neuen Namen, den man nur aufzeichnen, keinesfalls aber aussprechen kann, weil es sich um ein Symbol handelt. Nachdem der erfolgreiche Künstler im Jahr 1992 einen Vertrag mit seiner Plattenfirma Warner abgeschlossen hat, der ihm für die nächsten sechs Alben 100 Millionen Dollar garantiert, ändert er plötzlich seinen Namen in das hier abgebildete Symbol. In der Folge kommt es zum Konflikt mit Warner, und Journalisten nennen ihn statt Prince zumeist TAFKAP, »The Artist Formerly Known As Prince« – bis der Musiker im Jahre 2000 zu seinem alten Namen zurückkehrt.

## Lassen Sie sich täuschen

Wie schlecht es um unsere Fähigkeit steht, die Welt so wahrzunehmen, wie sie wirklich ist, zeigt diese kleine Sammlung optischer Täuschungen. Anstatt zu erkennen, daß z.B. alle drei Säulen gleich hoch sind (Abb. 2), lassen wir uns durch die Verhältnisse irreführen.

Der Grund für optische Täuschungen liegt darin, daß unser Gehirn Wahrnehmungen nicht nur ermöglicht, sondern auch interpretiert – in irritierend vielen Fällen nach eigenen Gesetzen, die sich im Widerspruch zur Realität befinden. Doch seien Sie beruhigt: Unser Hirn meint es in der Regel gut mit uns.

Die POGGENDORFF-TÄUSCHUNG: Die konzentrischen Kreise lassen die Seiten des Quadrats konkav erscheinen. (1)

Die PERSPEKTIVISCHE TÄUSCHUNG: Die drei Säulen erscheinen unterschiedlich groß. (2)

Das HERMANN-GITTER: An den Kreuzungspunkten der weißen Bahnen erscheinen graue Kreise. (3)

Die HERING-TÄUSCHUNG: Die beiden Parallelen scheinen konkav gekrümmt. (4)

Die TICHENER-TÄUSCHUNG: Die beiden Kreise im Zentrum scheinen unterschiedlich groß. (5)

Die MÜLLER-LYERSCHE-TÄUSCHUNG: Die beiden Linien scheinen unterschiedlich lang. (6)

Die ZÖLLNER-TÄUSCHUNG: Die parallelen Linien scheinen versetzt. (7)

Die PONZO-TÄUSCHUNG: Die beiden Waagerechten scheinen unterschiedlich lang. (8)

Die BEWEGUNGS-TÄUSCHUNG: Die drei nebeneinanderliegenden, aus Ovalen gebildeten Rollen scheinen sich zu bewegen. (9)

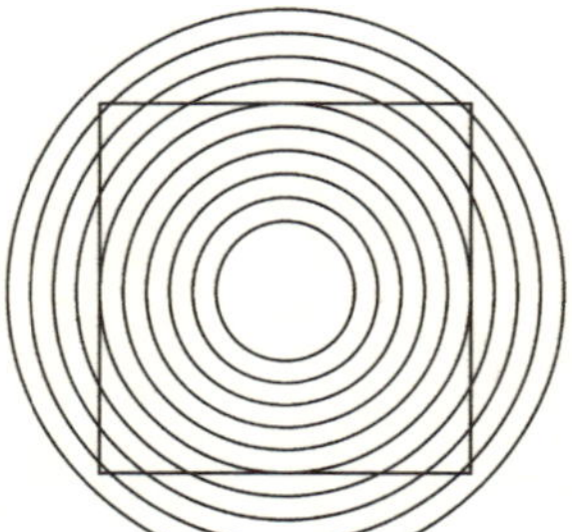

1

2

3

4

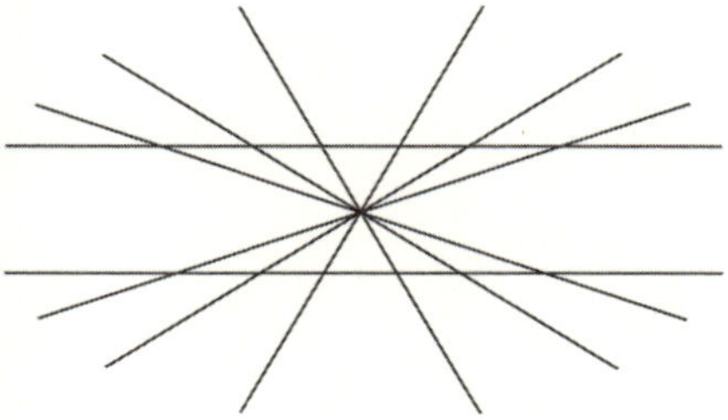

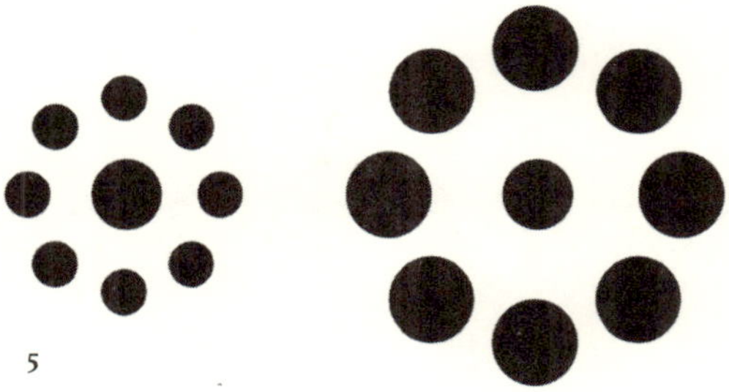

5

6

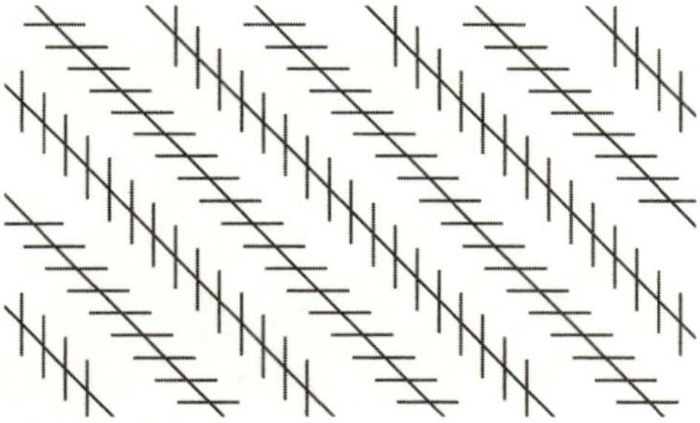

7

8

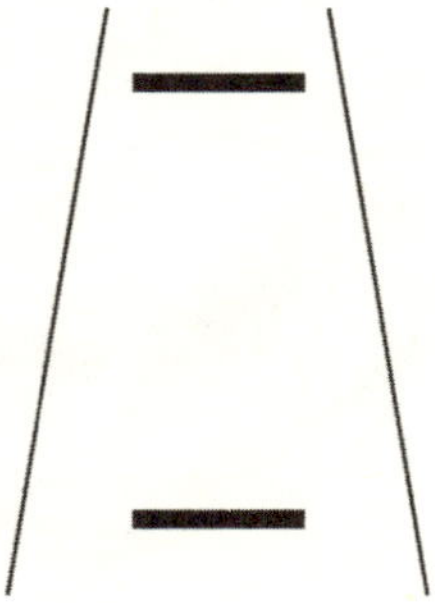

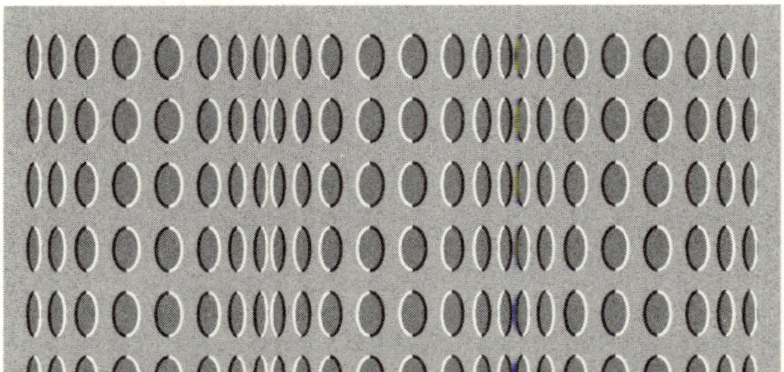

9

## Der Verlust eines Tages

Um sich zu vergegenwärtigen, wie viele Haare jeder gesunde Mensch maximal am Tag verliert, genügt ein Blick auf diese Informationsgraphik. Die Haare wurden zu Zehnergruppen geordnet.

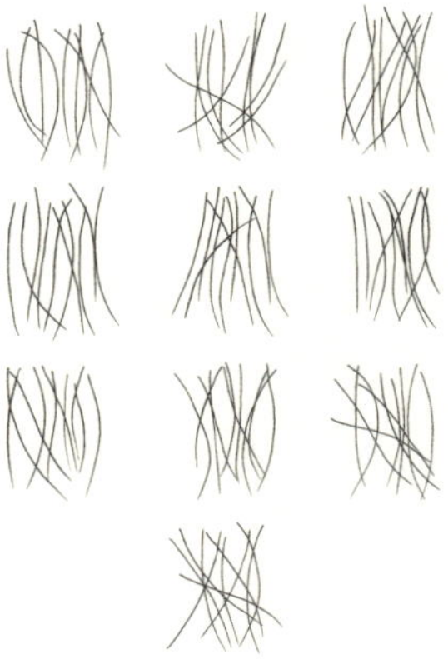

## Unarten von Radfahrern

Aufgrund seiner Unterlegenheit dem Autofahrer gegenüber neigt der städtische Fahrradfahrer zu Gesetz- und Rücksichtslosigkeit. Regeln sind dazu gemacht, von ihm ignoriert, Fußgänger dazu, schlecht behandelt zu werden. Hier eine kleine Liste von Unarten, die man mitunter beobachten kann.

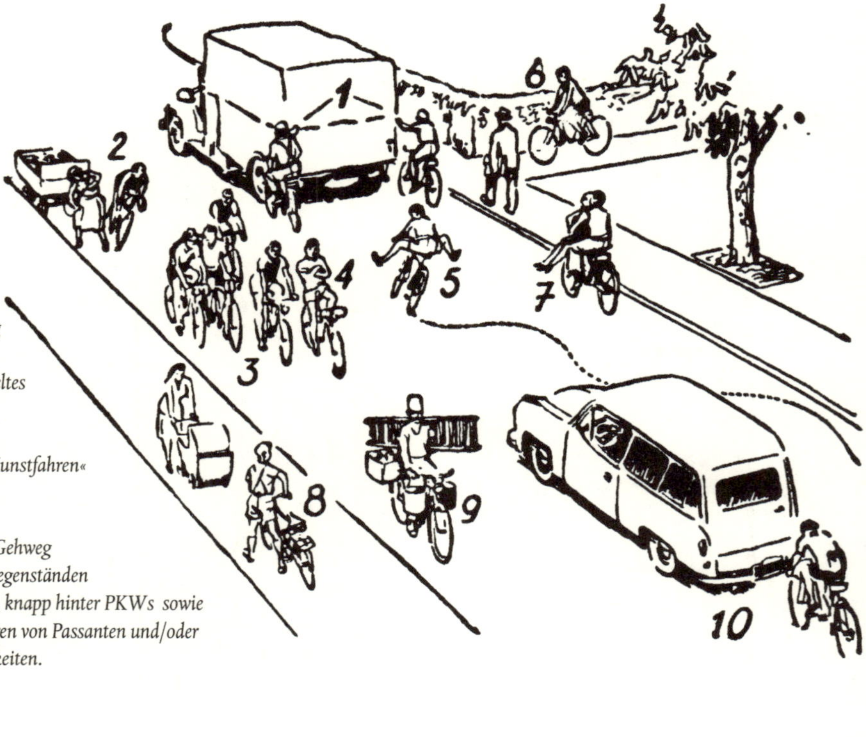


1. *Anhängen an ein Fahrzeug*
2. *knappes Vorbeifahren*
3. *gruppenweises und gestaffeltes Nebeneinanderherfahren*
4. *Freihändigfahren*
5. *»Schlangenbogen-« und »Kunstfahren«*
6. *Befahren von Gehwegen*
7. *Mitnehmen von Personen*
8. *Fahrradschieben auf dem Gehweg*
9. *Transport von sperrigen Gegenständen*
10. *Fahren im Windschatten, knapp hinter PKWs sowie*
11. *(nicht im Bild) Niederfahren von Passanten und/oder Äußerung von Unhöflichkeiten.*

## Die vier Temperamente

Beim Versuch, in der Vielgestaltigkeit des menschlichen Wesens so etwas wie eine Ordnung zu entdecken, haben Psychologen, Naturwissenschaftler und Ideologen unzählige Modelle entwickelt. Eines davon gibt es seit der Antike; es spricht davon, daß es grundsätzlich vier verschiedene menschliche Temperamente gebe, einem neige jeder Mensch zu. Zugeschrieben wird die »Temperamentenlehre« dem griechischen Arzt Hippokrates, der um 460 v. Chr. auf Kos geboren wurde. Die Lehre hat sich bis in unsere Tage gehalten, jedoch als überholt erwiesen. Die vier Temperamente heißen (v. l. o. n. r. u.):

* Sanguiniker (fröhlich, leichtsinnig)
* Melancholiker (nachdenklich, schwermütig)
* Choleriker (spontan, aufbrausend)
* Phlegmatiker (beharrlich, gleichgültig)

## Drei Wege, einen Schal zu binden

Wie Sie es machen, bleibt Ihrer persönlichen Vorliebe überlassen, wenn auch Variante III (der »Schlaufenknoten«) die zeitgenössischste zu sein scheint. Variante I heißt »einfacher Knoten«, Variante II »Wikkelknoten«.

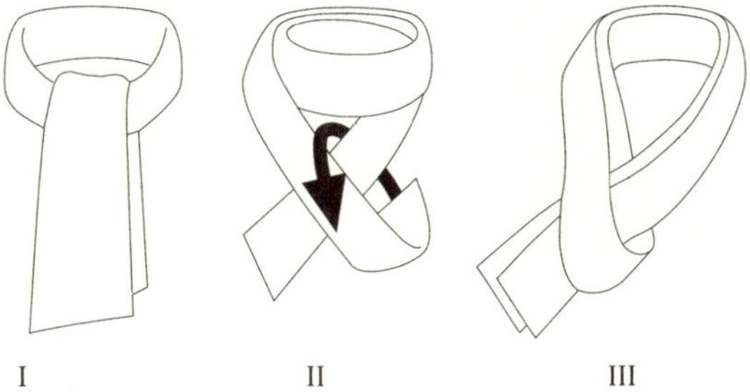

## Die Einstellung entscheidet …

… und zwar darüber, was wir in einer Filmszene von den handelnden Personen sehen (oder nicht). Welche grundsätzlichen Möglichkeiten ein Regisseur hat, uns den mit Tomahawk und Gewehr bewaffneten Herrn zu zeigen, beschreiben die sogenannten Kameraeinstellungen:

1. Weit
2. Totale
3. Halbtotale
4. Nah
5. Groß
6. Detail

1.

2.

3.

4.

5.

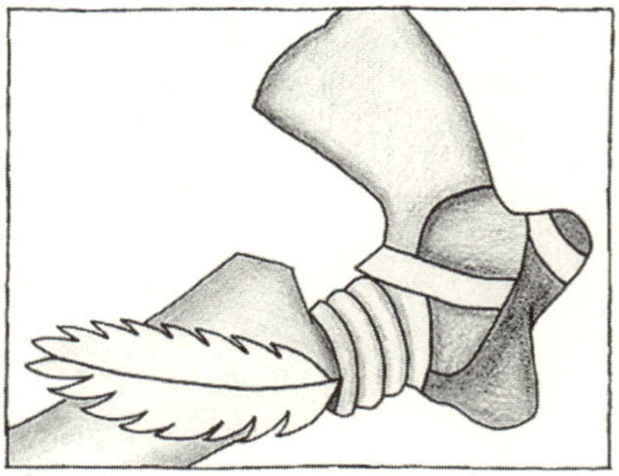

6.

## Kleine Geschichte des Automobils, endend in den 60ern

1. Marcus Wagen (1870)
2. Benz Motorwagen (1886)
3. Ford T (1908)
4. Ford T Sedan (1915)
5. BMW 502 V8 (1954)
6. DKW Schnellaster F89L (50er)
7. Opel Olympia Rekord (1955)
8. Fiat Nuova 500 (1957)
9. Porsche 356 (50er)
10. Chevrolet Bel Air (1953)
11. Ford Atmos, Zukunftsstudie (1954)
12. Mercedes Benz W 196 R (1954)
13. Opel Blitz (1952)
14. Kipper unbekannter Herkunft
15. Lloyd Alexander (1957)
16. Mercedes Benz 0321H Bus (60er)
17. Tankwagen unbekannter Herkunft

## Sehen Sie die Welt mit neuen Augen

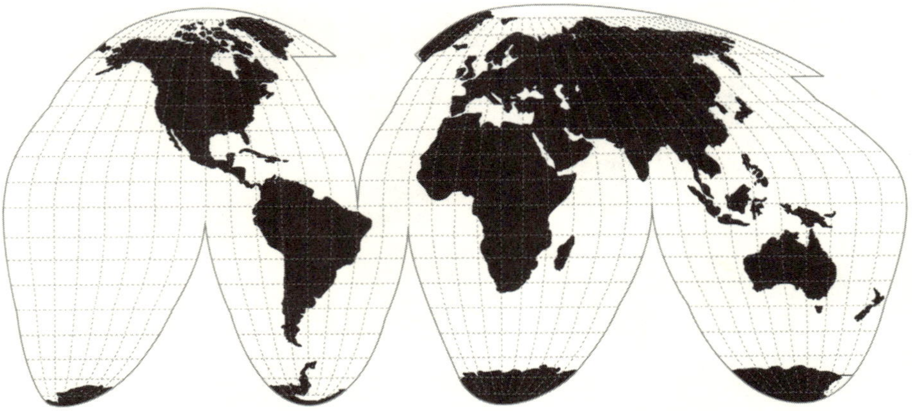

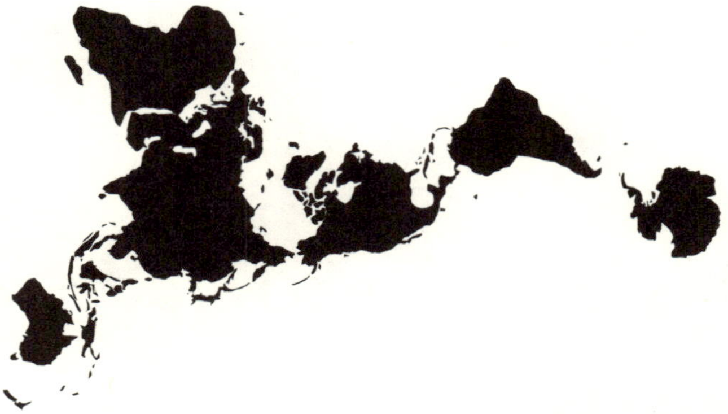

Der 1895 geborene amerikanische Architekt RICHARD BUCKMINSTER FULLER beschäftigte sich nicht nur mit seiner visionären Architektur – bekanntestes Beispiel ist seine Kuppel für den US-Pavillon auf der Expo 1967 in Montreal –, er plädierte auch schon früh für Synergien und eine globale Sicht der Dinge. Ein Beispiel dieses Bewußtseins für Zusammenhänge ist Fullers zweidimensionale Weltkarte namens »Dymaxion Air-Ocean World«, die er 1954 publizierte. Sie zeigt unsere Erde aus völlig neuem Blickwinkel: Nicht mehr als getrennt nebeneinanderliegende Kontinente (oben), sondern als »One World Island«, das von einem Meer umgeben wird (unten) – unabdingbare Voraussetzung dafür, daß wir uns unserer Gemeinsamkeiten bewußt werden.

## Es muß nciht aells peertkft sein

Ob man scih vsertädlinch meahcn knan oedr nchit, hngät nchit dvaon ab, wie man senie Geendkan niehserdcebrit, sernodn dvoan, wie kulg man arigeuntrmet.

Wenn Forschungsberichte mit dem Titel »Raeding Wrods With Jubmled Lettres« überschrieben sind wie der vom März 2006, handelt es sich entweder um eine Karnevalsausgabe – oder um die Ergebnisse einer Studie, die untersuchte, ob man den Sinn von Wörtern auch dann noch versteht, wenn deren Buchstaben verdreht sind. Das Ergebnis: Man kann. Wenn man auch zum Lesen ein wenig länger braucht. Wie lange, hängt davon ab, wie radikal die Buchstaben vertauscht wurden; sind selbst Anfangs- und Endbuchstabe nicht am richtigen Platz, wird es kryptisch. Solange freilich diese Sicherheit gegeben ist, haben wir Chancen, uns zurechtzufinden, berichtet der Psychologe Keith Rayner in »Psychological Science«. In jedem Wort gebe es Schlüsselbuchstaben, die dessen Verständnis ermöglichten – egal, wo sie stünden.

## Klassische, wenngleich nicht unbedingt bewährte Mittel gegen Schluckauf

Wer unter Schluckauf (lat. singultus) leidet, wird kurze Zeit später von einer Unzahl angeblich todsicherer Tips erdrückt, mit denen man die krampfhafte Kontraktion des Zwerchfells beenden könne. Hier vier Klassiker:

3

4

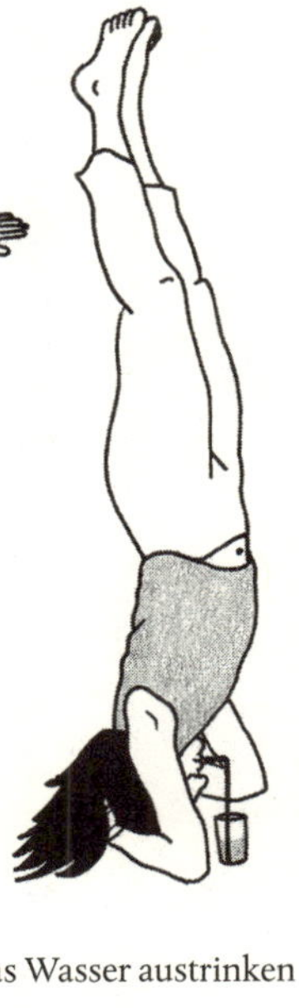

1

2

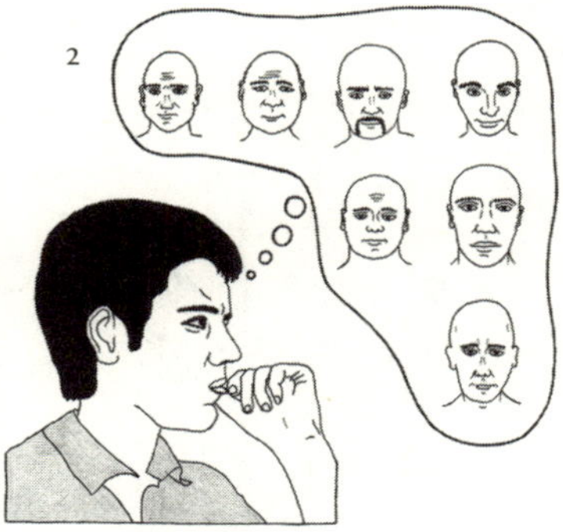

1 auf dem Kopf stehend ein Glas Wasser austrinken
2 an sieben Glatzköpfe denken
3 die Luft anhalten und dreimal schlucken
4 auf einem Bein balancieren

## Die Kunst, angemessen Ruhe zu finden

Darüber, wie komfortabel wir schlafen, entscheidet nicht nur das Bett, dessen klassische Maße zwischen 90 x 190 cm (eine Person) und 160 x 200 cm (zwei Personen) liegen. Weitere Kriterien sind die Ausrichtung des Bettes (Kopf tunlichst im Norden, Blick auf die Tür) sowie die Positionierung des Bettes im Raum. Menschen mit hohem Sicherheitsbedürfnis haben die Wahl zwischen der Ecke des Raums (1), dessen Ende (2), einer Nische (3) oder einer Schranknische (4).

Ebenfalls von Belang ist, wie zwei Betten in einem Raum angeordnet werden. Das sieht je nach Konstellation anders aus: Freunde (5), Schwestern (6), Brüder (7) Gäste (8) und Kinder (12) haben je andere Bedürfnisse.

Auch bei Ehepaaren gibt es unterschiedliche Optionen: Sie changieren zwischen einem Zweischläferbett (9), einem Doppelbett (10) sowie nebeneinanderstehenden Betten mit gegengleicher Ausrichtung (11).

Diese kleine Bettenkunde zitiert das Basiswerk für Architekten von Ernst Neufert mit dem Titel »Bauentwurfslehre« (Vieweg, 2000), das in keinem Haushalt fehlen darf.

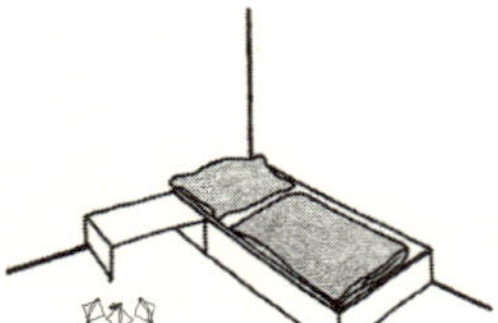
(1)

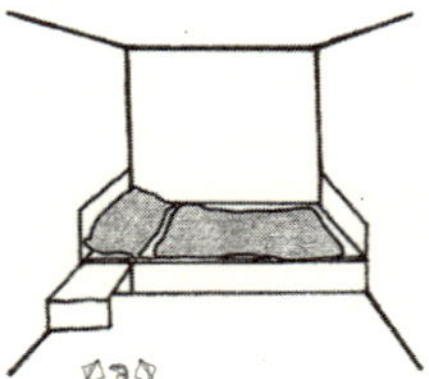
(2)

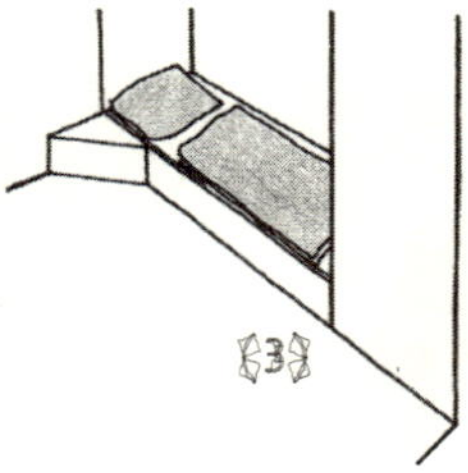
(3)

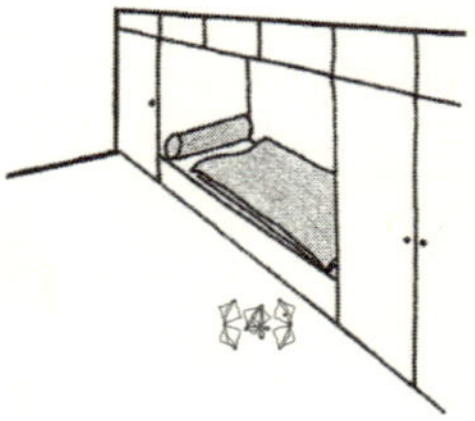
(4)

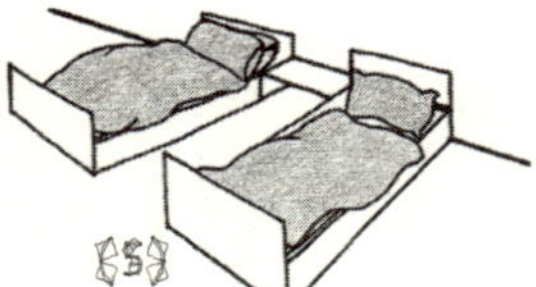
(5)

(6)

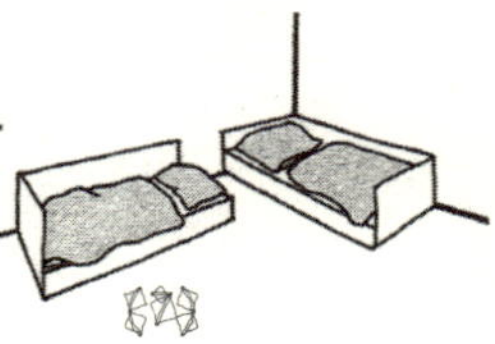
(7)

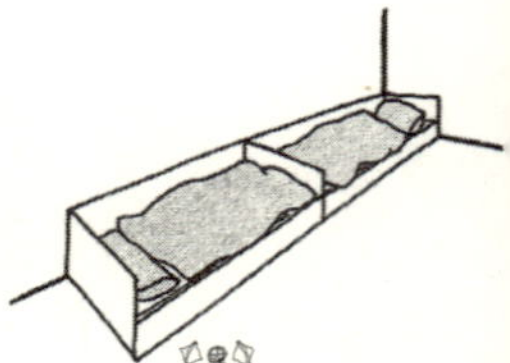
(8)

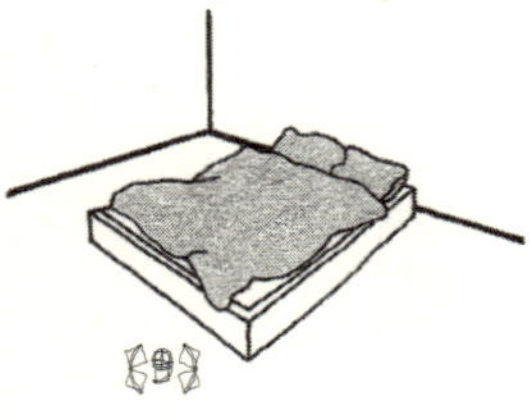
(9)

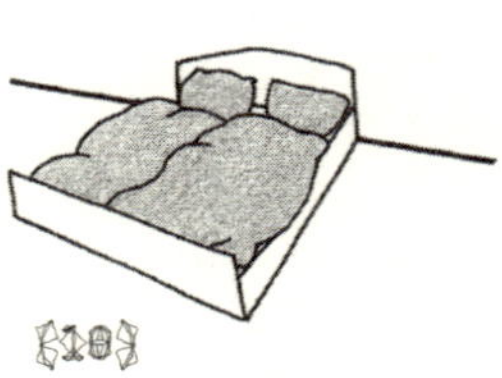
(10)

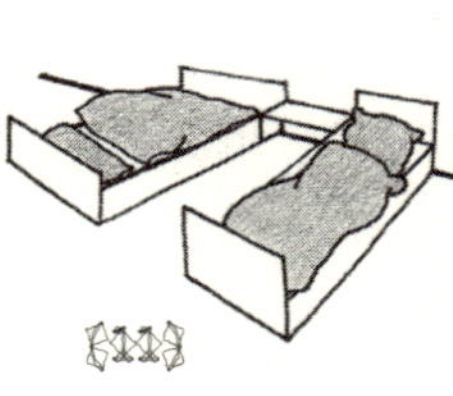
(11)

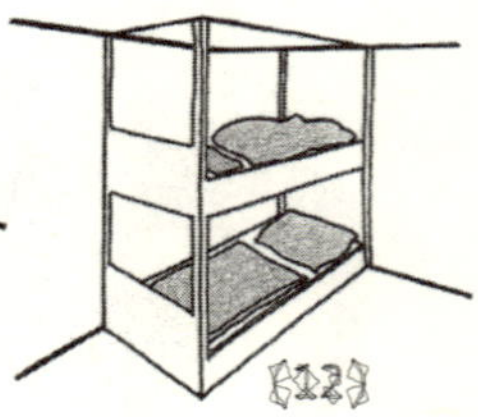
(12)

## Zwölf Hunderassen

1. *Bernhardiner* (FCI* Nr.** 61), 2. *Barsoi* (193), 3. *Foxterrier* (169), 4. *Chow-Chow* (205), 5. *Zwergspitz* (97), 6. *Dt. Dogge* (235), 7. *Pudel* (172), 8. *Boxer* (144), 9. *Dt. Drahthaar* (98), 10. *Dt. Schäferhund* (166), 11. *Dackel* (148), 12. *Welsh Springer Spaniel* (126)

* Fédération Cynologique Internationale, der größte internationale Hundefachverband; die FCI erkennt Hunderassen an und dokumentiert das in Form von Nummern**, die sie vergibt.

## Aus dem Leben der Bakterie

Wirkung ist keine Frage von Größe. Am besten läßt sich das an den Bakterien zeigen – jenen einzelligen Lebewesen, die für menschliche Katastrophen ebenso zuständig sind (Hirnhautentzündung, Cholera) wie für das Funktionieren unserer Verdauung (mehrere Milliarden von ihnen bevölkern nämlich unseren Darm).

Das Größenverhältnis einer Bakterie zum Menschen entspricht jenem des Menschen zur Erde – ein Vergleich, den wir dem Institut für Siedlungswasserbau, Wassergüte- und Abfallwirtschaft der Universität Stuttgart verdanken.

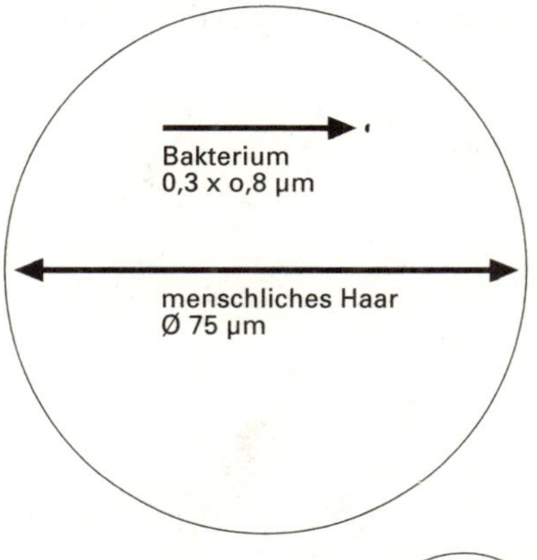


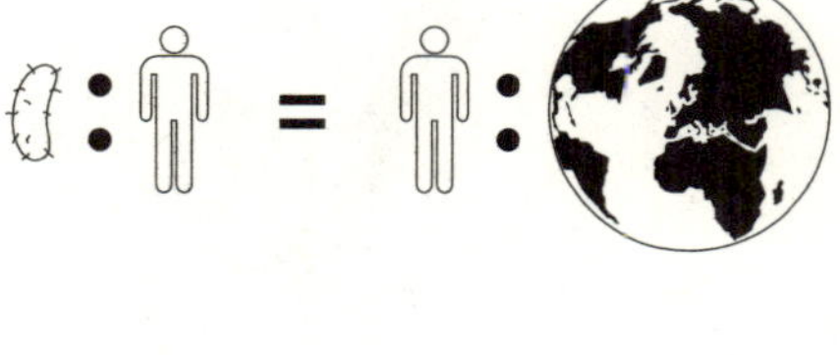

## Stoßtechniken beim Billard

**Stoß:** bewegt die weiße Kugel ohne zusätzlichen Effet (Drall).

**Nachläufer:** Die weiße Kugel läuft nach dem Treffen der anderen Kugel weiter.

**Rückläufer:** Die weiße Kugel läuft nach dem Treffen der anderen Kugel zurück.

**seitlicher Effet:** Nach dem Treffen der anderen Kugel bzw. der Bande ändert sich die Abprallrichtung der weißen Kugel.

**Kopfstoß:** Die weiße Kugel läuft kurvenförmig; wird angewandt, um ein Hindernis zu umspielen.

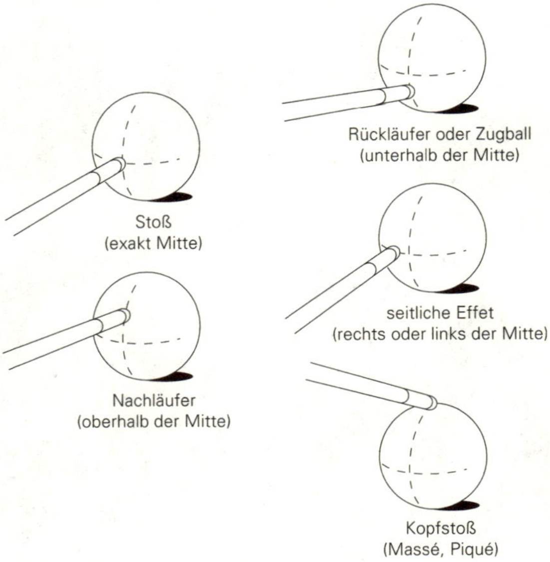


## Ein geschichtsträchtiges Erdloch

In diesem Erdloch, gelegen auf einem Bauernhof südlich der irakischen Stadt Tikrit, wurde Saddam Hussein nach achtmonatiger Flucht von US-Truppen gefunden, und zwar am Samstag, dem 13.12.2003. Er trug eine Pistole bei sich, machte aber keinen Gebrauch davon. Das Erdloch war so groß, daß ein Mensch bequem darin Platz finden konnte. Saddam hielt sich nicht ständig in seinem Erdloch auf, sondern benutzte den gesamten Bauernhof als Versteck.

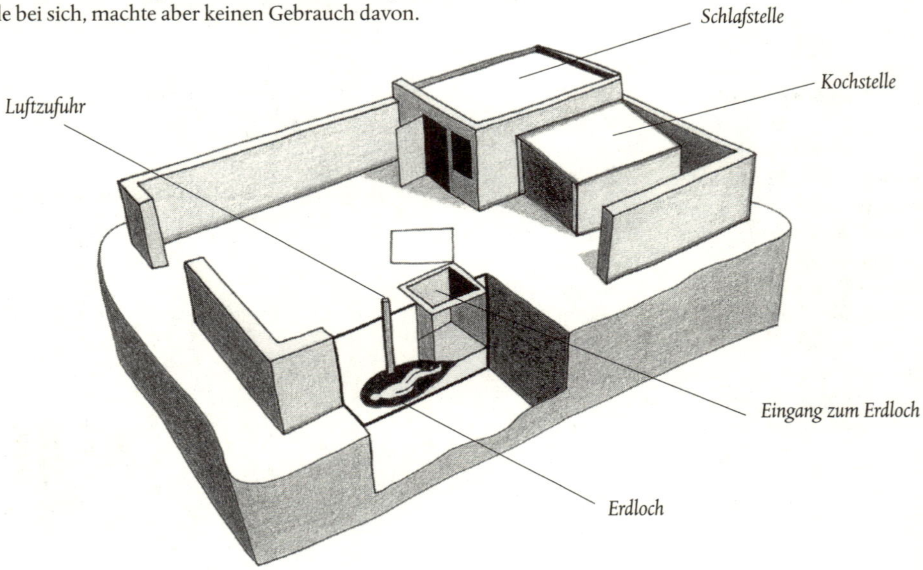

## Temperaturenvergleich

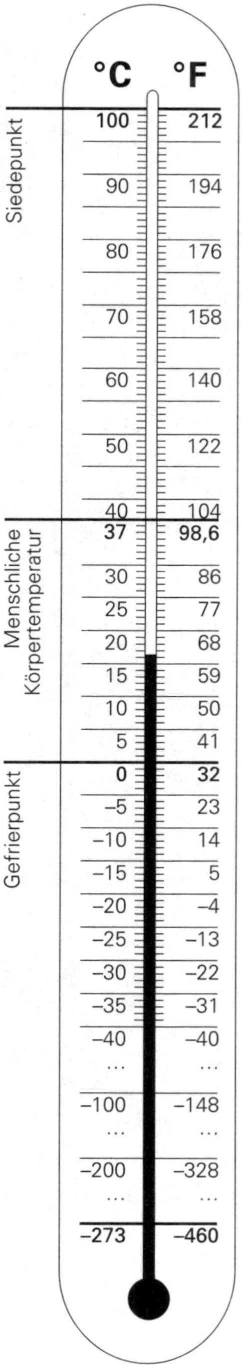


Dieses Thermometer setzt Sie jederzeit in die Lage, bei etwaigen europäisch-amerikanischen Verständigungsproblemen zu intervenieren, denn es zeigt Ihnen, wieviel Grad Celsius wievielen Grad Fahrenheit entsprechen (0°F = -17,8 °C) – und selbstverständlich auch umgekehrt (37 °C = 98,6 °F).

Die Bezeichnung »Fahrenheit« geht übrigens auf den deutschen Physiker und Instrumentenbauer *Daniel Gabriel Fahrenheit* zurück, der 1686 in Danzig geboren wurde*. Unsere Celsius wiederum verdanken wir dem schwedischen Astronomen *Anders Celsius* (*1701). So viel zum Thema Globalisierung.

* Die Festlegung des Nullpunktes verdanken wir übrigens dem besonders strengen Winter 1708/09 in Fahrenheits Geburtsort: Es war die tiefste Temperatur, die er messen konnte.

## Der Bauernhof

Längst schon sehen Bauernhöfe anders aus als dieser. Wer mäht schon aus romantischen Gefühlen das Gras mit der Sense und fährt mit dem Pferdegespann aufs Feld? Und doch bestimmen Bilder wie diese unsere Vorstellung davon, wie es auf dem unversehrten Lande zugeht – zugehen sollte.

*1. Wohnhaus, 2. Stall, 3. Scheune, 4. Geräteschuppen mit Sämaschine, Dreschmaschine, Pflug, 5. Garage, 6. Ställe für Schweine, Hühner, Gänse, Enten, 7. Futterspeicher (Silo), 8. Hofbrunnen, 9. Traktor mit Anhänger, 10. Hofhund an der Laufleine, 11. Misthaufen, 12. Pferdegespann mit Rechen, 13. Kühe auf der Weide, 14. Obstgarten, 15. Gemüsegarten*

## Nordeuropas Heizung

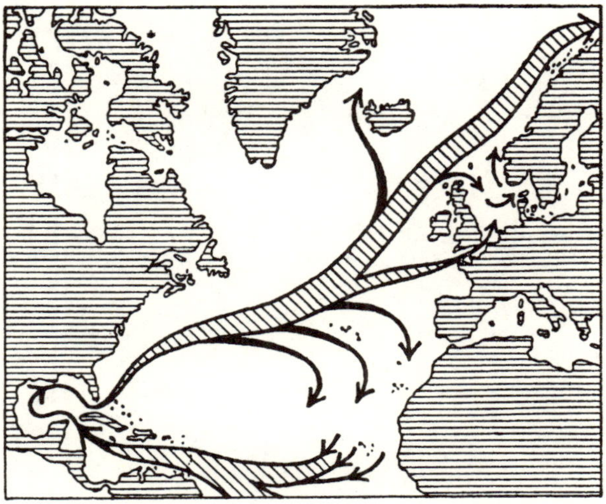

Der Golfstrom ist die Heizung von West- und Nordeuropa. Er befördert nämlich warmes Meereswasser aus dem Golf von Mexiko an die Ufer von Skandinavien, Großbritannien und Irland und verändert damit nachhaltig das Klima dieser Länder. Die schnelle Meeresströmung entsteht aus mehreren Gründen – u.a. durch die Drehung der Erde (und die daraus resultierende Coriolis-Kraft) und durch die beiden engen Stellen zwischen Kuba und Yukatán bzw. Kuba und Florida; beide Meerengen wirken wie Düsen und beschleunigen den Fluß des Meerwassers, das sich im Golf von Mexiko erwärmt.

## Der schnellste Weg zum Ertrinkenden

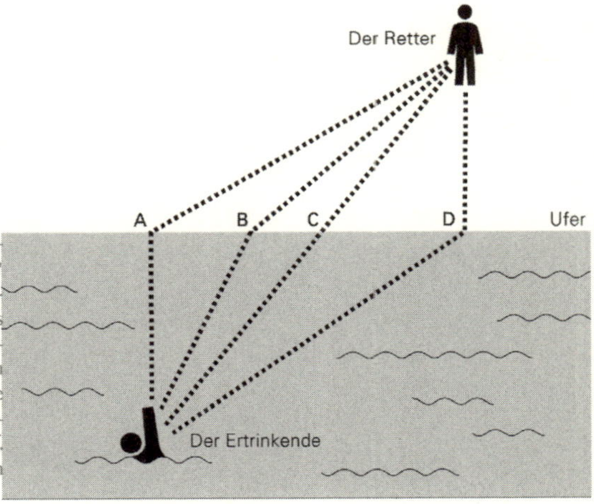


Einmal angenommen, wir befinden uns am Strand und sehen einen Ertrinkenden. Auf welchem Weg eilen wir ihm am schnellsten zu Hilfe? Der erste Impuls der meisten wird lauten: »Auf dem Weg C, er beschreibt doch die direkte Linie!« Nach einem Moment des Innehaltens wird uns freilich bewußt werden, daß wir am Strand deutlich schneller vorankommen als im Wasser, wir uns also mit Variante C einen ziemlich langen Wasserweg einhandeln; noch schlimmer ist nur die Strecke D. Plausibler erscheint da schon A, aber um dorthin zu gelangen, nehmen wir einen besonders langen Weg über den Strand in Kauf. Die Lösung liegt wie so oft in einem Kompromiß, in unserem Falle in jenem von A und C – nämlich B.

## Wie das Geld, so die Krankheitserreger

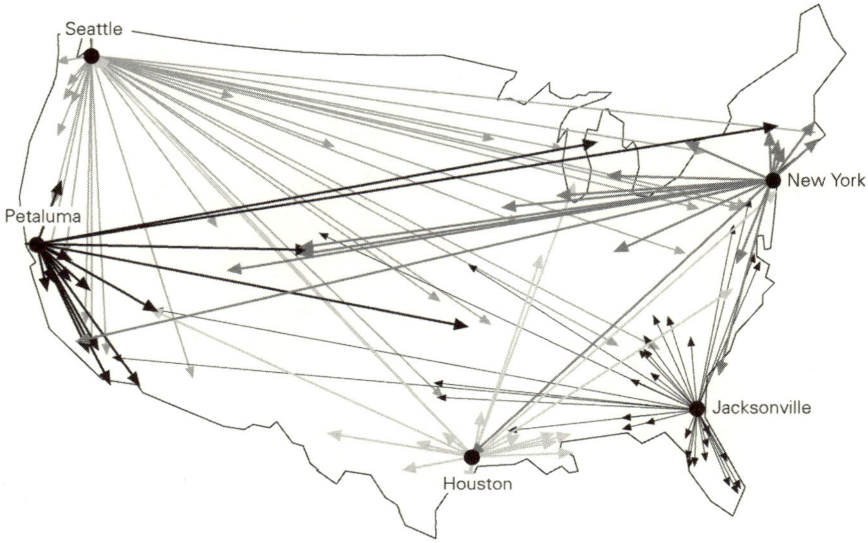


Wie kann man die Gesetze erforschen, nach denen sich Menschen durch ihr Land oder gar die Welt bewegen? Eine Frage, auf die wegen der zunehmenden Mobilität und der Gefahr von Epidemien eine Antwort gefunden werden muß. Doch bislang haben Wissenschaftler keine statistischen Ergebnisse liefern können – auf zu unterschiedliche Weise bewegen sich die Menschen. Dabei war die Antwort denkbar einfach zu finden. Forscher u.a. vom Max-Planck-Institut in Göttingen haben einfach die Daten einer Homepage ausgewertet, auf der Menschen nichts anderes tun, als die Wege von registrierten und markierten Geldscheinen durch die USA zu dokumentieren (**www.wheresgeorge.com**). Mittlerweile sind rund 50 Millionen Geldscheine erfaßt; erhält jemand eine markierte Dollarnote, gibt er auf der Homepage einfach seinen aktuellen Aufenthaltsort ein. Die Analogie von Krankheiten und Geldscheinen liegt auf der Hand: Beide werden von Menschen verbreitet.

Das Ergebnis der Auswertung: Die Reisebewegungen folgen »universellen Skalierungsgesetzen«; die mathematische Theorie der Wissenschaftler erlaubt es nun, Reisebewegungen ungleich genauer als bisher vorherzusagen.

## Der einfache Salto vorwärts

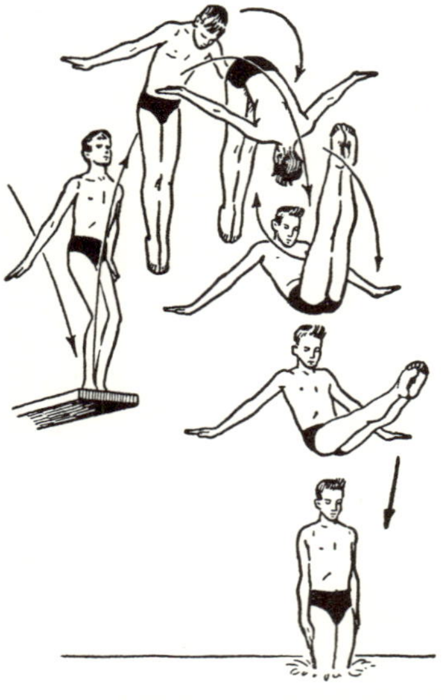

## Die Logos einiger größerer und nicht ganz so großer Zeitungen

Während in dem einen Logo ein Greifvogel mit geöffneten Krallen nach seiner Beute jagt, fährt im anderen ein vierspänniger Wagen auf den Leser zu bzw. umklammern zwei stoische Löwen ein bekröntes Wappen mit Schlüssel. Auf vielen Titelseiten von Zeitungen sind Logos zu finden, in deren Motiven sich die Medien selbst inszenieren – wenn auch nicht immer auf verständliche Weise. Eine kleine Revue der Sinnbilder.

1. Berliner Zeitung
2. Wirtschaftswoche
3. Sunday Times
4. International Herald Tribune
5. Tiroler Tageszeitung
6. Playboy
7. stern
8. Tagesanzeiger (Zürich)
9. Die Zeit

## Die Geschmacksempfindungen der Zunge

Die menschliche Zunge (lat. Lingua, Glossa) ist nicht nur ein hoch beweglicher Muskelkörper, der von Schleimhaut überzogen ist, sondern auch jener Teil des menschlichen Körpers, der über das feinste Tastempfinden verfügt. Zudem liefern uns die nebenstehend angezeigten vier Regionen* der Zunge Geschmacksempfindungen, deren Raffinesse erst durch den Geruchssinn entsteht.

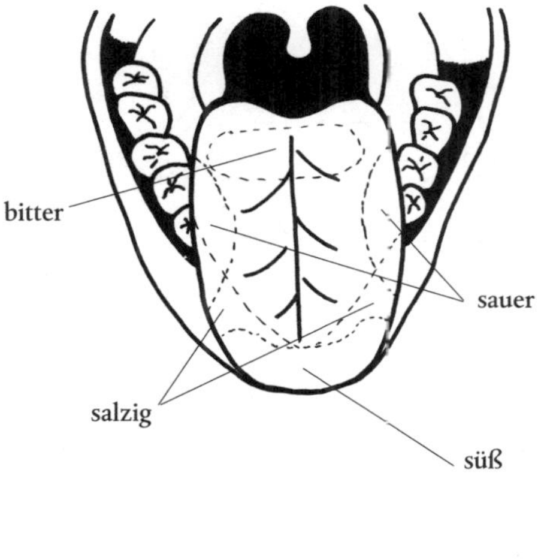


* In Asien kennt man noch einen fünften Grundgeschmack namens »umami«, was soviel bedeutet wie »wohlschmeckend«; er reagiert auf den Geschmacksverstärker Natriumglutamat. Weil uns nicht vertraut, wird er hierzulande nicht als Grundgeschmack anerkannt.

## Sechs unmögliche Figuren

## Bauformen Ägyptens und Babyloniens

Ägypten

A. Papyrussäule, B. Hathorkapitell, C. Schnitt durch die Cheops-Pyramide *(1. Königskammer; 2. Königinkammer; 3. Große Halle; 4. nördlicher; 5. südlicher Luftschacht; 6. unterirdische Kammer; 7. Schacht; 8. Eingang)*, D. Palmenkapitell, E. Fassade des Horus-Tempels von Edfu, F. Kolossalstatue Ramses II. vor dem Felsentempel von Abu Simbel, G. Lotosbündelsäule mit Knospenkapitell, H. Obelisk, I. Große Sphinx von Gizeh, J. Rekonstruktion der Säulenhalle des Tempels von Karnak

Babylonien

K. Rekonstruktion des Palasts von König Sargons II. in Khorsabad, L. Portalrelief von Khorsabad

## Der Vorläufer der E-Mail

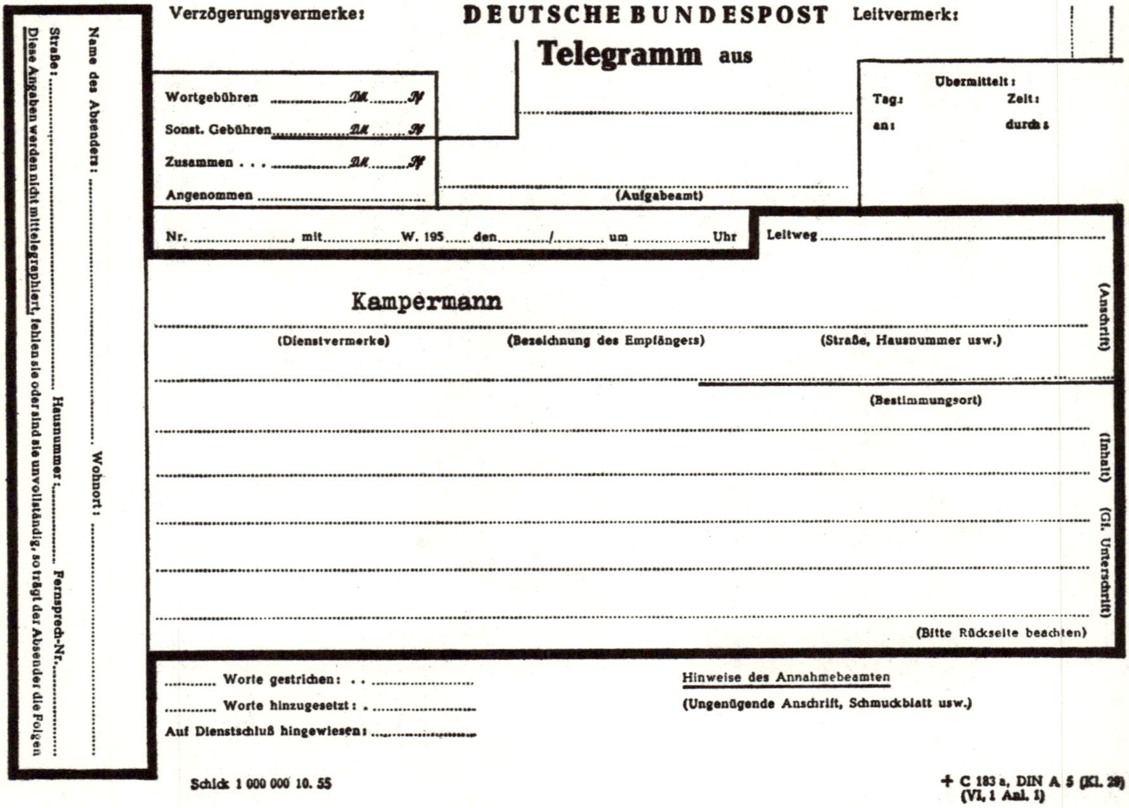

Verzögerungsvermerke:

DEUTSCHE BUNDESPOST

Telegramm aus

Leitvermerk:

Wortgebühren ............ DM ....... Pf

Sonst. Gebühren ............ DM ....... Pf

Zusammen . . . ............ DM ....... Pf

Angenommen ............................

(Aufgabeamt)

Übermittelt:

Tag: Zeit:

an: durch:

Nr. .................. mit .............. W. 195 ...... den ........./......... um .............. Uhr

Leitweg ..........................................

Kampermann

(Dienstvermerke) (Bezeichnung des Empfängers) (Straße, Hausnummer usw.)

(Anschrift)

(Bestimmungsort)

(Inhalt)

(Gl. Unterschrift)

(Bitte Rückseite beachten)

.......... Worte gestrichen: . . ......................

.......... Worte hinzugesetzt: . ......................

Auf Dienstschluß hingewiesen: ......................

Hinweise des Annahmebeamten

(Ungenügende Anschrift, Schmuckblatt usw.)

Name des Absenders: .................................... Wohnort: ......................

Straße: .................................... Hausnummer: .................. Fernsprech-Nr. ..................

Diese Angaben werden nicht mittelegraphiert, fehlen sie oder sind sie unvollständig, so trägt der Absender die Folgen

Schick 1 000 000 10. 55

+ C 183 a, DIN A 5 (Kl. 29)
(VI, 1 Anl. 1)

Nachdem es bereits Menschen jüngeren Alters gibt, die interessiert nachfragen, wie man denn früher recherchiert habe, als es Google noch nicht gab, scheint es angebracht, ein Formular in Erinnerung zu rufen, mit dessen Hilfe man so etwas Ähnliches wie E-Mails verschicken konnte. Dazu begab man sich auf die Post, füllte einen Vordruck dieser Art aus und gab ihn bei einem Schalterbeamten ab. Anschließend wurde die Nachricht per Fernschreiber an das dem Empfänger nächstgelegene Postamt übermittelt, das wiederum einen Boten losschickte, der den Ausdruck des Fernschreibens persönlich zustellte.

Mit dem Telegramm wird wohl auch der dazugehörige T.-stil verschwinden, was angesichts der Beredtsamkeit vieler E-Mail-Versender durchaus zu bedauern ist.

Wer sich nostalgisch exponieren will, kann das unter der von der Post angebotenen Webadresse www.telegramm.de tun.

## Die drei Grundtypen von Bevölkerungspyramiden

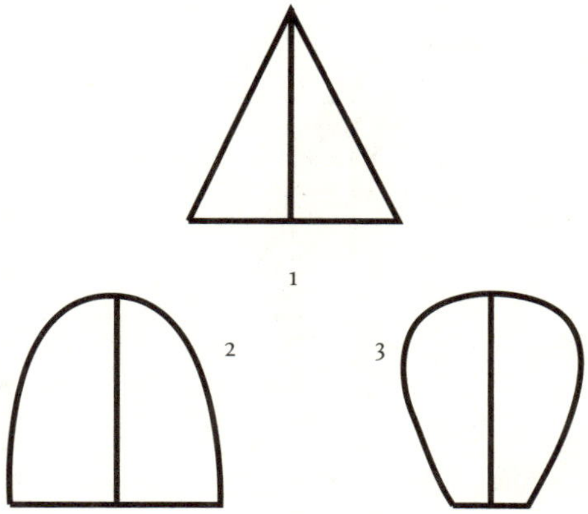


Angesichts des ständigen medialen Raunens, die Gesellschaft werde immer älter, erscheint es sinnvoll, Bevölkerungspyramiden entschlüsseln zu können. Hier die drei Grundtypen.

**1. Pyramiden- bzw. Dreieckform.**
Typisch für Entwicklungsländer: Die Bevölkerung ist jung und wächst rasch, es überwiegen die Geburten.

**2. Glockenform.**
Typisch für stabile Bevölkerungen: Geburten- und Sterbezahlen sind ausgeglichen.

**3. Urnen- bzw. Pilzform.**
Typisch für viele Industrieländer: Die Geburtenzahlen nehmen ab bzw. viele junge Menschen wandern aus und der Anteil älterer Menschen nimmt deutlich zu.

## Jahresbilanz

Klassische Unternehmensbilanzen sind ein Wust aus Zahlen, deren Sinnlichkeit sich nur jenen erschließt, die sie zu lesen und zu fühlen verstehen. Einen Rückblick ganz anderer Art unternahm der Berliner Designer Pit Stenkhoff für sein Büro und verwandelte Zahlen und Daten über

* die Temperatur am Bürostandort Berlin
* den Mineralwasserverbrauch und
* den Kaffeeverbrauch pro Mitarbeiter am Tag
* die Kontakte des Büros mit Kurierdiensten pro Tag
* die in Arbeit befindlichen Projekte

und

* die anwesenden Mitarbeiter

in eine ästhetisch ansprechende Graphik. Es ist der Kreativität jedes einzelnen überlassen, etwaige Korrelationen in dieser Bilanz des Jahres 2005 zu entdecken.

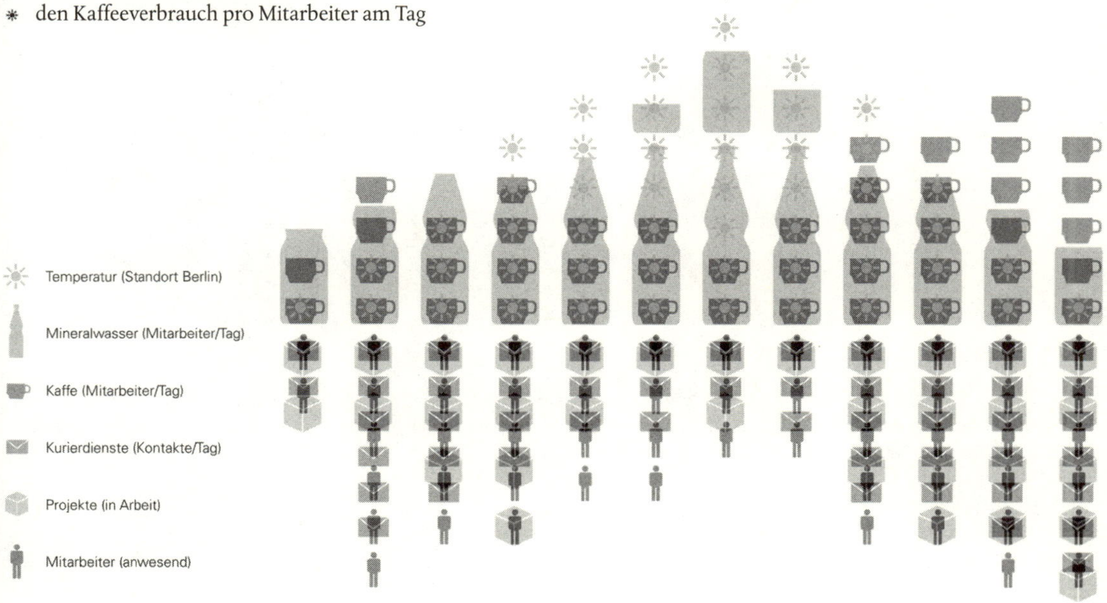

## Drei Herren

Ein beliebtes Kommunikationsmittel in der DDR waren sogenannte Wandzeitungen. Sie befanden sich in Schulen und Betrieben und dienten der ideologischen Belehrung, der Verbreitung von Neuigkeiten oder aber dem Nachweis, daß die DDR im allgemeinen bzw. die Schule oder der Betrieb im besonderen zu außergewöhnlichen Leistungen imstande waren. Für die Gestaltung einer Wandzeitung wurde in der Regel offizielles, von der SED genehmigtes Propagandamaterial verwendet. Darunter befand sich auch das bekannte Portrait der Herren **Marx (Karl)**, **Engels (Friedrich)** und **Lenin (Wladimir Iljitsch)**.

## Zwei besondere Hagelkörner

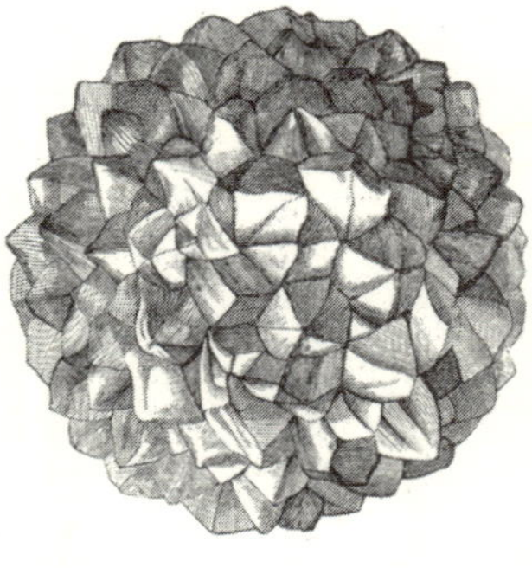

vergrößerte Darstellung

Neben Wolken, Nebel und Sonnenuntergängen gibt es wohl wenig andere Naturerscheinungen, die ähnlich flüchtig sind wie Hagelkörner. Es ist das Verdienst des Brockhaus' Konversations-Lexikons von 1894 (Achter Band, Gilde-Held), daß uns Nachgeborenen zwei besondere Exemplare überliefert wurden. Sie fielen »am 27. Aug. 1860 zu Leipzig« vom Himmel. Hagelkörner sind gefrorener Niederschlag; sie sind zwischen 6 und 20 mm groß.

## Die Abzeichen eines Pferdes

Eine Möglichkeit, Pferde voneinander zu unterscheiden, bieten die sogenannten Abzeichen. Darunter versteht man Stellen weißen Fells entweder am Kopf (dann heißen sie »Blesse«) oder an den Beinen. Je nachdem, welche Form sie haben, unterscheidet man folgende Abzeichen am Kopf:

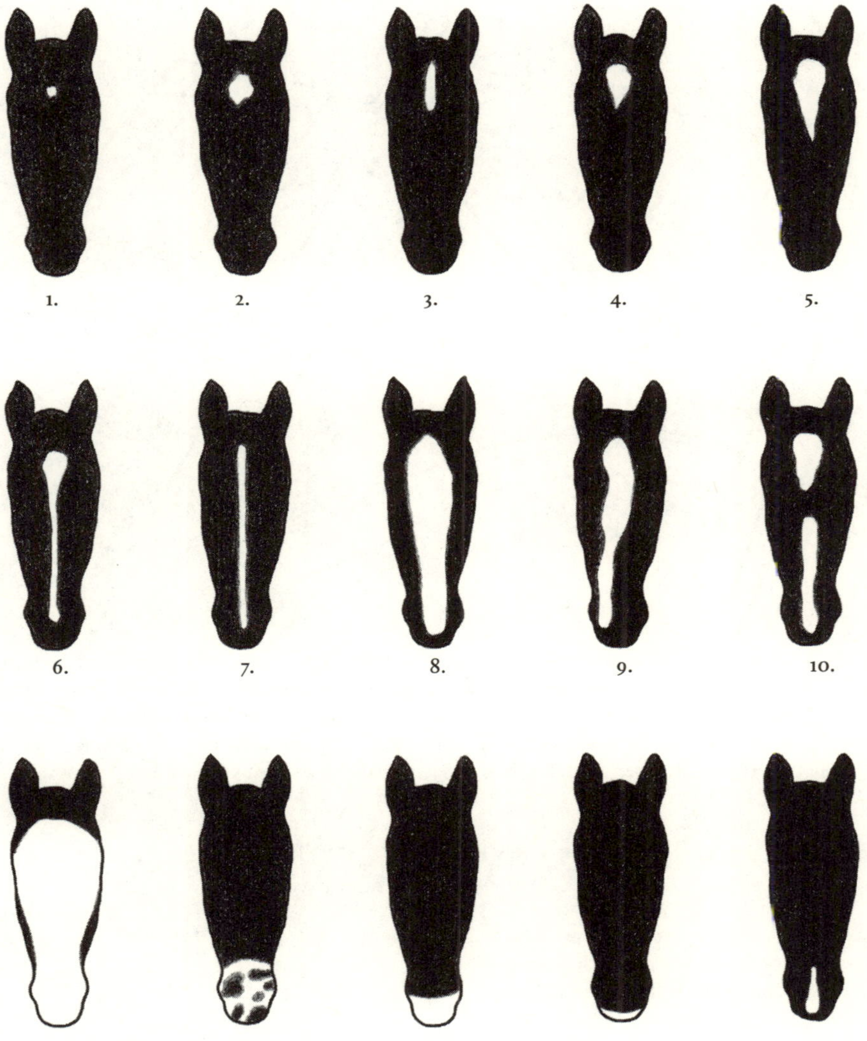


1. Flocke
2. Blume
3. Flämmchen
4. Stern
5. Keilstern
6. Schmale Blesse
7. Strich
8. Breite Blesse
9. Unregelmäßige Blesse
10. Unterbrochene Blesse
11. Laterne
12. Krötenmaul
13. Milchmaul
14. Kleines Milchmaul
15. Schnippe

## Das Attentat auf John F. Kennedy

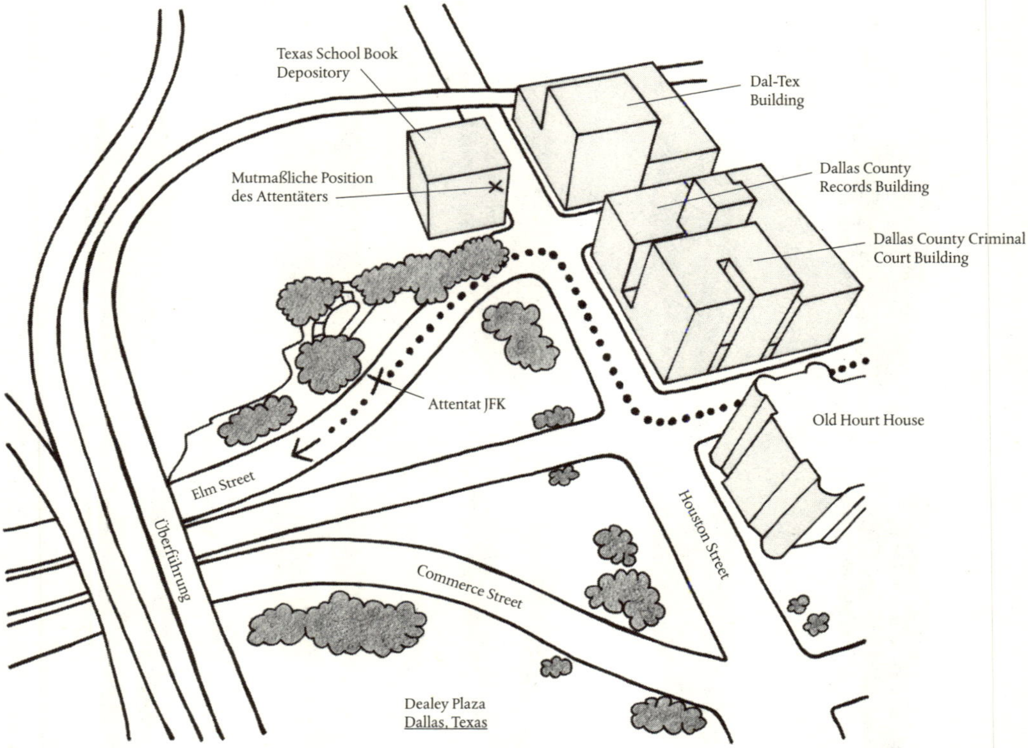


Das tödliche Attentat auf den US-Präsidenten John F. Kennedy am 22. November 1963 in Dallas ist eines jener Ereignisse des 20. Jhdts, die sich tief ins Gedächtnis der Menschen gesenkt haben – und um das sich eine Unzahl von Verschwörungstheorien rankt, haben doch die zahlreichen Untersuchungen des Tathergangs keine eindeutigen Ergebnisse liefern können. Hier eine Skizze des Ortes, der Weg des offenes Wagens von J.F.Kennedy und die mutmaßliche Position des Todesschützen, Lee Harvey Oswald, im sechsten Stock des Texas School Book Depository.

## Das stereophone Dreieck

Um einen räumlichen Eindruck von Musik zu bekommen, haben die Menschen die Stereophonie erfunden. Dabei empfiehlt es sich, die beiden Lautsprecher nach den Regeln des sogenannten Stereodreiecks aufzustellen, sodaß Schallquelle und Zuhörer die Form eines gleichschenkeligen Dreiecks bilden.

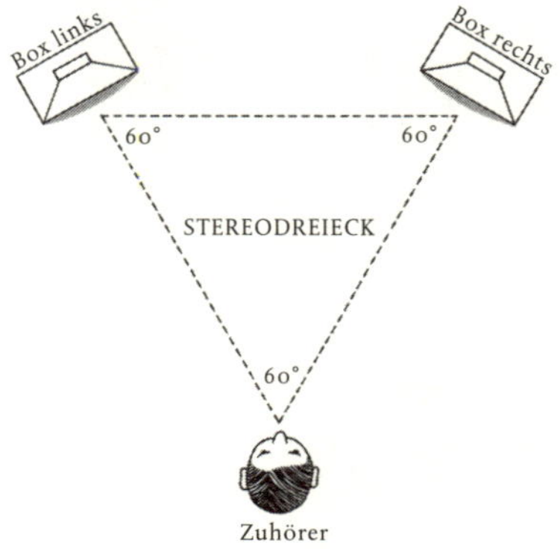

## Der Affe in der Wüste

In der Wüste bei Nazca in Peru, rund 500 Kilometer südlich von Lima, ist eine Reihe eindrucksvoller Bilder zu finden, die nur einen entscheidenden Nachteil für uns Landbewohner haben: Die abstrakten Formen und Tierfiguren messen oft mehrere hundert Meter und sind daher nur aus großer Höhe zu erkennen. Am Boden erkennt man allenfalls die nur zehn Zentimeter tiefen und 20 Zentimeter breiten Scharrspuren.

Wer diese mitunter 2.800 Jahre alten Bilder geschaffen hat und wozu, ist bis heute ungeklärt – was naturgemäß Spekulationen unterschiedlichsten Zuschnitts befördert (Stichwort: Erich von Däniken und die Landebahnen von Außerirdischen). Das hinderte die UNO berechtigterweise nicht, sie zum Weltkulturerbe zu erklären.

## SPIELANLEITUNG: Die Reise hinter den Mond → Seite 92 / 93

Die Rakete steht bereit. Sie sind unterwegs hinter den Mond. Wer als erster dort ankommt, hat gewonnen – und ist den Zeitläuften entkommen. Zuvor müssen Sie freilich all jene Abenteuer bestehen, die unsere Gegenwart mitunter so anstrengend machen. Dieses Buchbrettspiel hat sich Chrigel Farner ausgedacht und in Szene gesetzt. Sie brauchen 1 Würfel und je 1 Spielfigur.

① Start

③ Sie landen bei Sigmund Freud auf der Couch. Schildern Sie Ihren Mitspielern Ihren rätselhaftesten Traum – aber nur einen. Anschließend werden Sie das Feld ⑪ mit Bravour meistern.

⑤ Was ziehen Sie morgens als erstes an? Socken oder Hose? Bluse oder Rock? Wenn Sie eine 1, 2 oder 3 würfeln, sind es die Socken bzw. die Bluse – nichts geschieht. Würfeln Sie hingegen eine 4, 5 oder 6, biegen Sie in die **Zeitschlaufe** ab.
Die **Zeitschlaufe** sind jene Dinge des Alltags, die nie ein Ende zu nehmen scheinen (Parkplatzsuche, Recherche bei Google, Beziehungsdebatten). Sie können Sie erst verlassen, wenn Sie auf Feld ⑤ landen – ziehen Sie anschließend direkt auf Feld ⑬ Auf Feld ③ müssen Sie entweder Zähne putzen gehen oder freimütig bekennen, wann Sie das letztemal bei einer Vorsorgeuntersuchung waren.

⑥ Ihrem Startup ergeht es wie der Titanic. Einmal aussetzen.

⑧ Sie machen ungerechtfertigterweise Karriere. Setzen Sie einen Spieler Ihrer Wahl auf ein beliebiges Feld der Zeitschlaufe.

⑩ Wer hat die längere Lebenslinie? Vergleichen Sie Ihre rechte Hand mit jener des rechts neben Ihnen sitzenden Mitspielers. Der Gewinner zieht direkt weiter auf Feld ⑬.

⑪ Die vollkommene Sexualisierung der Gesellschaft ist gelungen. Beweisen Sie es und zeichnen Sie mit Kugelschreiber einen weiblichen Akt.

⑬ Sie sind Mitglied eines Fitness-Studios und waren immerhin zweimal dort. Beweisen Sie es und machen Sie maximal drei Liegestützen.

⑮ Ihr Konkurrent entwickelt sich zu einem Crash Test Dummy. Sie sind gezwungen, mit ihm zu kämpfen. Nur eine 1 bringt Ihnen den Sieg – und Sie auf das Feld ⑲ Andernfalls zurück auf ⑬.

⑱ Alle Beteuerungen der Atomindustrie, die Kraftwerke seien sicher, haben sich als falsch erwiesen. Irgendein osteuropäisches Ding fliegt in die Luft. Ihnen bleibt nur die lächerlichste aller Reaktionen: Kriechen Sie unter den Tisch und setzten Sie einmal aus. Es wird zwar nichts besser dadurch, aber was soll's?

⑳ Hulk erscheint. Die Comicfigur ist Ihr alter ego – einfach gestrickt, aber muskelbepackt. Wie einfach wäre so ein Leben. Rücken Sie vor auf Feld ㉔.

㉑ Sie erreichen den springenden Punkt (Job, Beziehung, Sport – egal). Sie haben es geschafft, zumindest für diesen Moment. Rücken Sie vor auf Feld ㉕ Befolgen Sie die Anweisungen – oder debattieren Sie zumindest darüber.

㉒ Die UNO übernimmt für einen Tag die Weltherrschaft. Jeder Spieler rückt ein Feld vor.

㉕ Das Fußballfeld. Mit einer 1 schießen Sie ein Tor und erreichen direkt das **Feld der Erleuchtung** ㉛. Würfeln Sie eine andere Zahl, ziehen Sie die entsprechenden Felder hoch – und anschließend wieder zurück.

㉗ Sie haben von Ihrem Kind eine Haschisch-Zigarette geschenkt bekommen und sie geraucht. Für diesen Rückfall in den pädagogischen Liberalismus der 68er müssen Sie bezahlen: einmal aussetzen.

㉘ Das Leben ist oft die reine Willkür. So auch hier: Ungerade Zahlen zählen nicht, gerade nur die Hälfte.

㉛ Nachdem Sie 30 Jahre lang kränkelnde Firmen gekauft, Mitarbeiter gekündigt und die Firmen gewinnbringend weiterverkauft haben, entdecken Sie anläßlich Ihrer ersten Krankheit die Religion – und werden sozial. Sie sprechen von »Erleuchtung«, ihre Freunde von Alterspanik. Egal. Jeder Mitspieler darf ein Feld vorrücken.

Sie sind am **Scheideweg** angekommen (STOP). Werfen Sie eine Münze. Bei Kopf betreten Sie den **Weg der Stars** – das sind die 7 Sterne.
Bei Zahl geht es in der **Welt der Mühsal** weiter – Sie setzen Ihren Weg nach dem Stop-Feld auf den numerierten Feldern ① bis ⑭ fort.

**Der Weg der Stars:**
Legen Sie den Würfel weg. Sie müssen nun jede Runde ein Sternenfeld weiterrücken.
1. nichts geschieht.
2. Sie lassen Sich die Nase verkleinern. Einmal aussetzen.
3. Sie halten sich Günstlinge. Lassen Sie einen Spieler Ihrer Wahl zwei Felder vorrücken.
4. Singen Sie einen Popsong. Wer als erster errät, um welchen es sich handelt, darf ein Feld vorrücken.
5. Stellen Sie pantomimisch einen Filmklassiker dar. Wer als erster errät, um welchen es sich handelt, darf ein Feld vorrücken.
6. Sie haben es beinahe geschafft. Halten Sie eine möglichst unoriginelle Dankesrede.
7. Geschafft. Zweimal würfeln. Schaffen Sie es, zweimal eine 1 oder 6 zu würfeln, rücken Sie direkt ins **Geniusfeld** vor (wie es weitergeht – siehe unten). Würfeln Sie zweimal eine andere Zahl, rücken Sie ins Feld **Alltag** vor. Wenn nicht – ab auf das Feld **Looser**.

**Die Welt der Mühsal** (mit Würfel):
1. Überlegen Sie laut, was Sie morgen machen könnten. Einmal aussetzen.
3. Ihre jungdynamische Firma meint, Sie seien nicht mehr jungdynamisch genug. Zweimal aussetzen.
4. Sie leisten sich einen gemütlichen Fernsehabend. Kleinbürgerlicher Kram. Einmal aussetzen.
5. Ihre Ehe geht in die Brüche. Kinderlose einmal aussetzen, Eltern mit Kindern dreimal.
6. Sie schreiben Ihre Memoiren und entdecken, daß Sie den anderen nicht ganz unähnlich sind. Entscheiden Sie selbst, wie oft Sie aussetzen.
7. Sie leiden unter dem Burnout-Syndrom. Einmal aussetzen.
8. Sie sind prinzipiell unglücklich. Einmal aussetzen.
9. Muhammad Ali tritt im Fernsehen auf. Sollte sich ein Mitspieler eben auf dem Feld **Scheideweg** befinden, darf er direkt auf das dritte Sternenfeld vorrücken.
11. Sie werden von Außerirdischen entführt und auf dem dritten Sternenfeld ausgesetzt.
12. Sie müssen endlich mal wieder Ihr Auto zum Service bringen. Einmal aussetzen.
13. Sie wollen nicht mehr. Zweimal aussetzen.
14. Sie lassen fünf gerade sein. Wenn Sie eine 5 würfeln, müssen Sie zwei Felder zurückgehen, ansonsten direkt vor zum Feld **Alltag**. Halten Sie eine möglichst unoriginelle Dankesrede.

**Der Alltag:**
② Sie haben sich klonen lassen. Zweimal würfeln.
④ Sie haben erfolgreich Ihr Geld gewaschen. Die Zahlen 1 bis 3 zählen doppelt.
⑦ Gehen Sie direkt zu Donkey Kong ⑬.
⑨ Sie haben einen Autounfall, weil Sie den Mercedes nicht zum Service gebracht haben. Zurück zu Feld ① im **Alltag**.
⑩ Gefangen in Arbeit. Würfeln Sie sich frei mit einer 2 oder 3.
⑫ Dieses Feld ist radioaktiv verseucht. Nichts wie weg – ein Feld weiter.
⑬ Sie sind Donkey Kong und haben drei Leben. Duellieren Sie sich dreimal mit dem Spieler, der Ihnen am dichtesten auf den Fersen ist. Wer jeweils die höhere Zahl würfelt rückt ein Feld vor. Würfeln beide dieselbe, gehen Sie eins vor.

**Die Raketenbasis:**
Von hier aus fliegen Sie in fünf Schritten hinter den Mond. Pro Stufe müssen Sie eine Frage falsch beantworten. Siehe Spielfeld.

**Looser:**
Hier kommen Sie nur dann zum Feld Alltag, wenn Sie pro Runde einen mühseligen Schritt vor den nächsten setzen. Das reicht aber auch schon. Wenn Sie älter als 40 sind, dürfen Sie direkt auf das Feld **Alltag** vorrücken.

**Genius:**
Sind Sie hier gelandet, können Sie sich zum Mond würfeln und zurück. Es drohen Ihnen keine Gefahren – machen Sie da oben, was Sie wollen.

## Die zwölf Arbeiten des Herakles

1

2

3

4

Kurz vor der Geburt des Herakles verkündet Zeus, daß jener Nachkomme des Perseus, der als nächster das Licht der Welt erblicke, über Mykenai herrschen werde – eine Ehre, die Zeus seinem Sohn H., einem Urenkel von Perseus, zugedacht hat. Doch Hera, die Frau von Zeus, gönnt ihrer Nebenbuhlerin Alkmene, mit der Zeus den Herakles gezeugt hat, diesen Triumph nicht. Sie beschleunigt die Geburt eines anderen Perseus-Nachfahren, des Eurystheus, worauf dieser – dem Schwur von Zeus folgend – den Thron besteigt. Erst dient Herakles dem Eurystheus; als er schließlich den Thron beansprucht, verlangt E. von ihm die Erfüllung der zwölf berühmten Arbeiten.

1. *H. erwürgt den nemeischen Löwen. Dieser hat ein unverwundbar machendes Fell. Es dient H. fortan als Panzer, der Löwenkopf als Helm.*

2. *H. tötet die Hydra von Lerna und bestreicht mit deren Galle seine Pfeile, die fortan allen Feinden unheilbare Wunden beibringen.*

3. *H. fängt die kerynitische Hirschkuh, die ein goldenes Geweih und eherne Füße hat.*

4. *H. fängt den erymanthischen Eber und trägt ihn auf den Schultern zu Eurystheus, der beim Anblick des Tiers aus Angst in ein Faß kriecht.*

5

6

7

8

*5. H. erschießt die stymphalischen Vögel, die Menschen fressen und eherne Federn haben, die sie Pfeilen gleich abschießen können.*

*6. H. reinigt die völlig verschmutzten Ställe des Augeias an einem Tag, indem er zwei Flüsse in den Stall umlenkt und den Mist des Viehs wegschwemm*

*7. H. fängt den kretischen Stier und bringt ihn nach Mykenai.*

*8. H. zähmt die menschenfressenden Rosse des Diomedes, nachdem er ihnen eben jenen König D. zum Fraß vorgeworfen hat.*

9

10

11

12

*9. H. holt das Wehrgehenk der Hippolyte, also den Waffengurt der Amazonenkönigin.*

*10. H. treibt die Rinder des Geryoneus über Spanien bis nach Griechenland. G. ist ein Riese mit drei Leibern und Köpfen.*

*11. H. raubt die Äpfel der Hesperiden.*

*12. H. überwältigt den Höllenhund Kerberos, bringt ihn zu Eurystheus und anschließend zurück in den Hades.*

So endet die letzte und gefährlichste Aufgabe von Herakles, worauf E. ihm den Thron von Mykenai überläßt.

## Wichtige Tiere des 20. Jahrhunderts

1. King Kong (*1933)
2. Mickey Mouse (*1927)
3. Globi[1] (*1935)
4. Dumbo (*1941)
5. Mecki (*1936)
6. Monchichi (*1974)
7. Der kleine Maulwurf (*1957)
8. Tweety (*1942)
9. Lassie (*1938)
10. Leika (*1957)
11. Kermit (*1976)
12. Milka-Kuh (*1973)
13. Gentechnik-Maus mit Ohr (*1995)
14. Ninja Turtle (*1990)
15. Sonic, the Hedgehog (*1991)
16. Dolly, das Klonschaf (*1997)
17. Aibo (*1999)
18. Teletubby (*1998)
19. Pokémon (*1997)
20. Tamagotchi (*1996)

1 Schweizer Kinderbuchfigur

## Ein einfaches Rezept

Obwohl es ihn schon seit Mitte der 50er Jahre gibt, ist der Mikrowellenherd hierzulande ein seltsam fremd anmutendes Gerät geblieben, mehr geduldet als geliebt. Nicht ohne Grund, denn wer kocht schon gerne mit Hilfe geheimnisvoller Wellen?

Wenn Sie es dennoch einmal versuchen wollen, hier das Rezept für ein einfaches Sandwich, festgehalten von Anton (5).

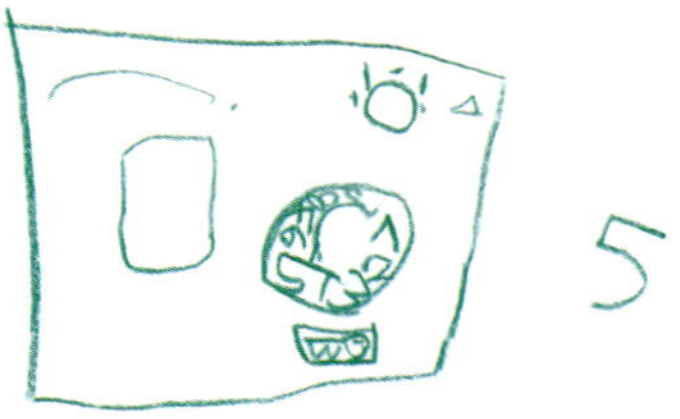

1. Nehmen Sie ein Brötchen.
2. Bestreichen Sie es mit Tomatensauce.
3. Belegen Sie es mit Wurst und …
4. … einer Scheibe Käse.
5. Auf 500 Watt einstellen und ca. 3 Minuten mit Mikrowellen bestrahlen. Fertig.

## Rot - Blau - Gelb

Meist bekommen wir von Konflikten zwischen verschiedenen Hirnzentren nichts mit, laufen doch viele dieser Prozesse unbewußt ab. Erst wenn die internen Streitereien überwunden sind, nehmen wir freundlich an den Dingen teil, die uns beschäftigen. Viel braucht es freilich nicht, unser Hirn aus dem Konzept zu bringen. Sehen Sie sich zum Beispiel diesen Farbkreis an und versuchen Sie so rasch als möglich, die Farben zu benennen, in denen die Begriffe abgedruckt sind. Der Grund für Ihr gelegentliches Stolpern ist einfach zu erklären: Für das Entschlüsseln von Buchstaben und das Erkennen von Farben sind zwei verschiedene Hirnareale zuständig, die sich verlässlich in die Quere kommen.

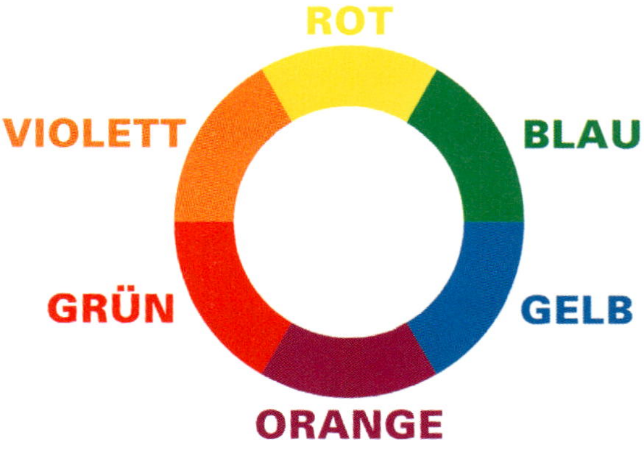

## Die wahren Größenverhältnisse

1

2

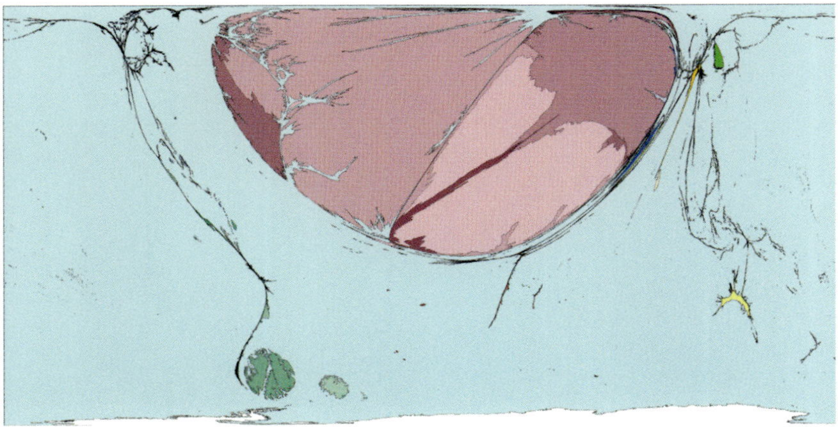
3

Ein klassisches Mittel, die Menschen über die Machtverhältnisse auf der Welt aufzuklären, sind engagierte, faktenreiche Texte. Ihr Nachteil: Sie bleiben abstrakt und erschließen sich erst nach längerer Lektüre. Einen deutlich einprägsameren Weg geht ein britisch-amerikanisches Team der Universitäten Sheffield und Michigan: Es publiziert auf einer eigenen Homepage (worldmapper.org) jede Menge überraschender Weltkarten. Die Dimensionen der einzelnen Länder werden beeinflußt von empirischen Daten: So kann man beispielsweise mit einem Blick sehen, aus welchen Ländern im Jahre 2003 wie viele Flüchtlinge kamen (Karte 1), wo wie viele Tanker registriert sind (Bahamas! Karte 2) und welche Länder Geld- und Versicherungsdienstleistungen exportieren (Karte 3). Auf der Homepage finden Sie über 300 solcher Karten.

## Moderne Krankheiten

1. iPod-Daumen
2. Panikattacken
3. Depression
4. Stalking
5. Übergewicht
6. Internetsucht
7. Läuferknie
8. Profilierungsneurose
9. Erektile Dysfunktion (Potenzprobleme)
10. Tourette-Syndrom
11. Multiple Allergie
12. Chronisches Erschöpfungssyndrom (Burnout)

13. Bandscheibenvorfall

14. Migräne

15. Somatoforme autonome Funktionsstörung (psychische Störung)

16. Bulimia nervosa (Ess-Brech-Sucht)

17. Binge Eating Störung (Essattacken)

18. Anorexia nervosa (Magersucht)

19. Sexsucht

20. Hörsturz

21. Golfer-Ellenbogen

22. ADHS (Aufmerksamkeits-Defizit-Hyperaktivitäts-Störung)

23. Mobbing

24. Restless-Legs-Syndrom (unruhige Beine)

## Zwei Stadtansichten

Unterschiedlicher können Stadtansichten kaum sein. Die linke, unverkennbar aus den 50ern, stammt von dem Künstler, Lehrer und Buchautor ERNST PACOLT und zeigt ein idyllisches Stadtleben.

Pacolt wurde 1912 in Wien geboren, wo er 1999 starb; über 30 Illustrationen dieses »Hausbuchs« stammen aus seinem Nachlaß.

Die andere Stadtansicht (rechts) stammt von EBOY, einer Künstlergruppe, bestehend aus Steffen Sauerteig, Svend Smital, Kai Vermehr und Peter Stemmler. Die vier haben die

Technik der Pixelgrafiken perfektioniert und gelten als Avantgarde dieser Art von Bildern, für deren Anmutung die geometrische Grundstruktur prägend ist. Während Pacolts Bilder klassische Buchillustrationen sind, entwirft eBoy seine Bilder für den Computerbildschirm.

Eines freilich verbindet die beiden so fernen Pole: Die große Sorgfalt und Liebe zum Detail – und das damit verbundene Angebot an den Betrachter, sich in ihren geschichtenreichen Ansichten zu verlieren. Eine Einladung, der man unbedingt folgen sollte.

## Die Reise hinter den Mond

Es liegt in der Natur eines zeitgenössischen Spiels, daß die Spielregeln mitunter verschieden interpretiert werden können. Das ist der Preis, den wir für eine globale Gesellschaft zahlen müssen. Es lohnt sich auf jeden Fall, in den Interpretationsinfight zu gehen.

VIEL SPASS!

Spielanleitung siehe Seite 80

Genius
Star
Alltag
Looser
Ziel
1
2
3
4
5
6
7
8
9
10
11
12
13
14
15
16
Wie viel einzelne Müllteile umkreisen die Erde
D
a 330.000
b 330
c 330 Millionen
?
Ist Nigeria so groß wie …
C
a D + I zusammen
b D + I + GB zusammen
?
Wer stand beim 0:1 von Deutschland vs. Hellas im Tor
B
a Leibniz
b Jens Lehmann
?
Wo leben Asterix & Obelix
A
a einem namenlosen Dorf
b Luca
?

## Spiel gut!

Das Spiel »Lego« (eine Abkürzung des dänischen »leg god«, zu deutsch »spiel gut«) besteht ja nur vordergründig aus bunten Kunststoffsteinchen. In Wahrheit kann ein und derselbe Stein zugleich das Auge eines Dinos, das Blinklicht eines Feuerwehrautos und die Spitze eines Ritterburgturms sein. Und von welchem anderen Spielzeug ließe sich das schon behaupten? Hier eine Bauanleitung aus Zeiten, als der Begriff »Merchandising« noch unbekannt und ein einfaches Flugzeug noch eine Überraschung war.

1

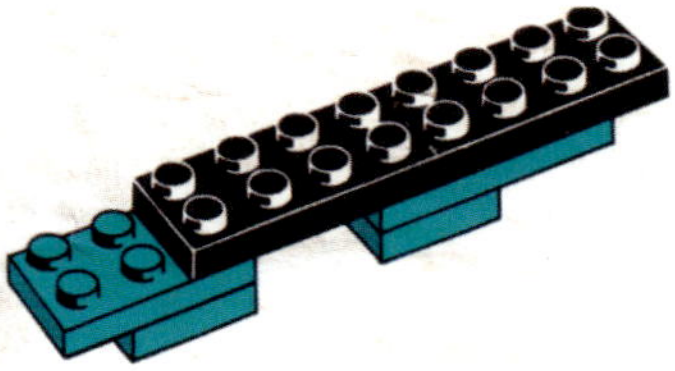

2

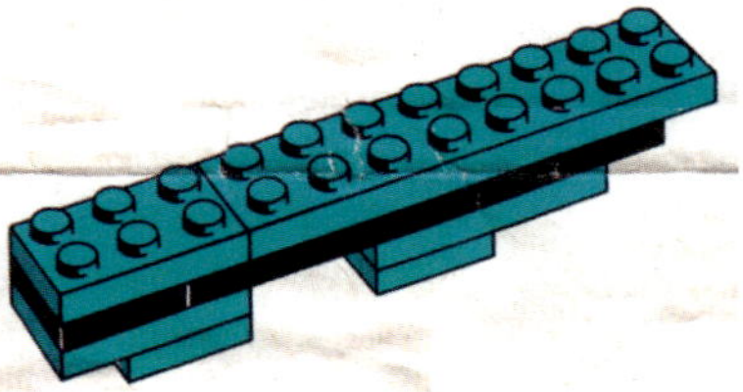

3

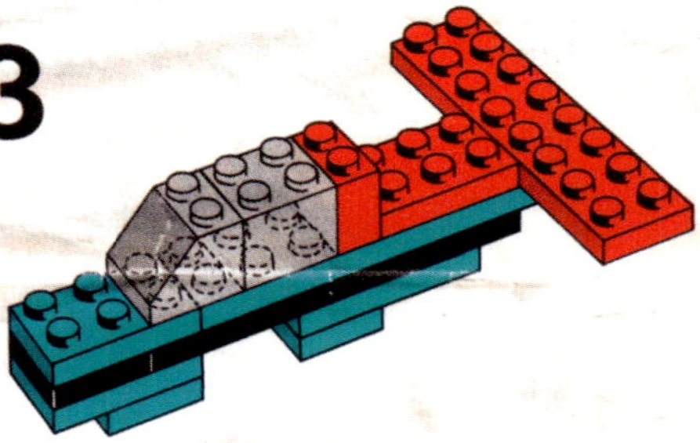

4

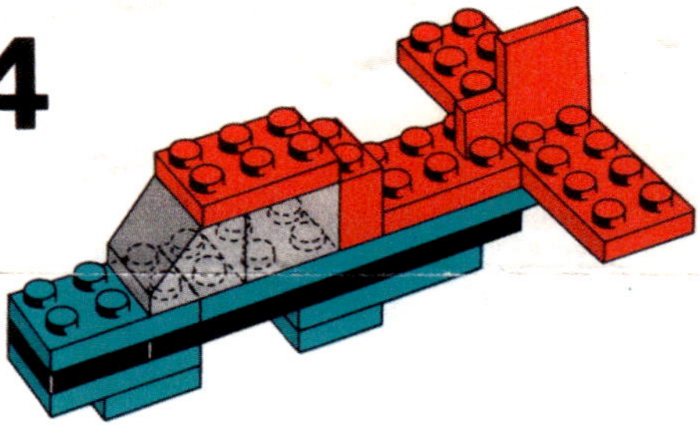

5

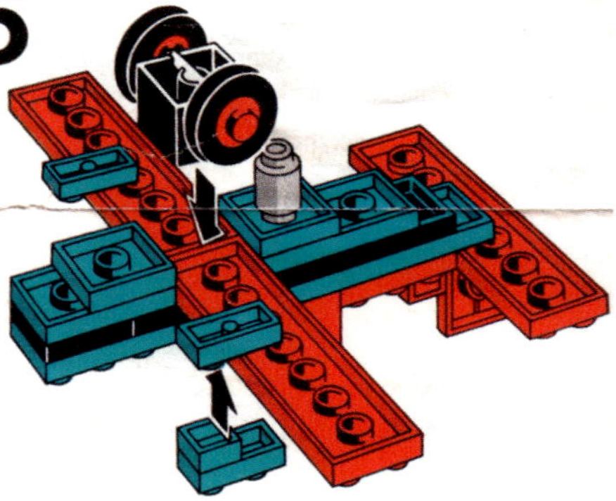

6

## Die Hektik eines ganz gewöhnlichen Tages

Donnerstag, der 22. Juni 2006, war ein Tag wie jeder andere auch. Und doch zeigt diese Graphik eine Hektik in der Luft, die bemerkenswert ist: sämtliche Starts, Landungen und Überflüge (einer gewissen Flughöhe) in Deutschland; nicht dargestellt sind die reinen Überflüge – wollte man auch sie abbilden, blieben kaum weiße Flecken auf der Landkarte zurück. Deutschland gehört zu jenen Ländern Europas, die am meisten Luftverkehr ertragen müssen. 2,9 Millionen Flugbewegungen zählte die Deutsche Flugsicherung im Jahr 2005. Das sind 5,4% mehr als im Vorjahr – und knapp ein Drittel sämtlicher Flugbewegungen von Europa.

Anflüge
Abflüge
Überflüge

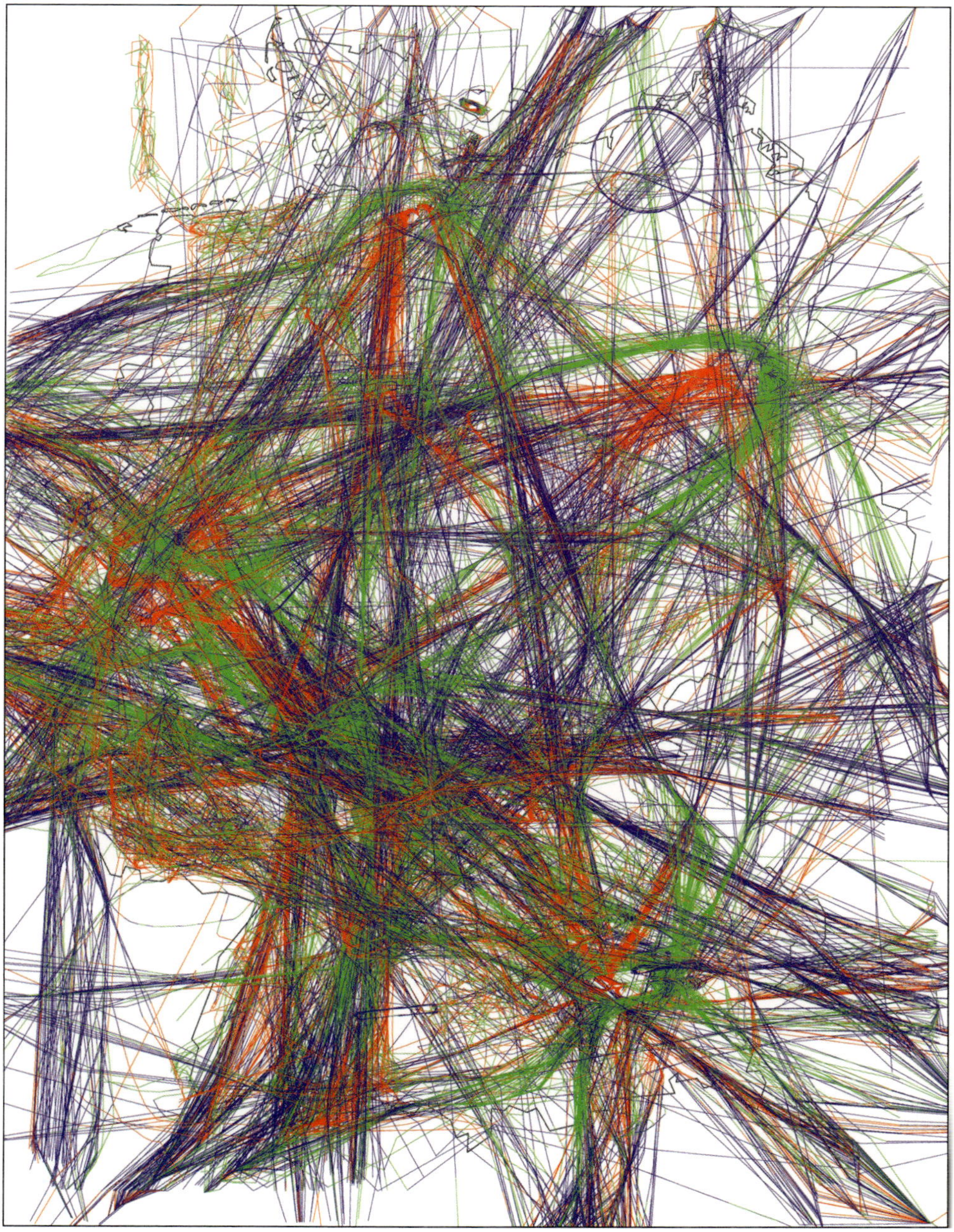

## Schöpfungsmythen

**1. NORDMOZAMBIQUE:**
Ursprünglich lebten auf der Erde keine Menschen, nur der Gott Mulungu gemeinsam mit zahmen und friedlichen Tieren. Die ersten (kleinen) Menschen tauchten in einer Fischfalle auf; sie wurden auf Geheiß von Mulungu auf die Erde gesetzt, worauf die Menschen zu voller Größe heranwuchsen. Kaum war das geschehen, brachten sie Unheil über die Welt, indem sie Feuer machten und Büffel töteten. Die Tiere flüchteten und Mulungu zog sich in den Himmel zurück – mit Hilfe eines Seils, das eine Spinne ihm spann.

**2. KELTEN:**
Im Anbeginn lagen Himmel und Erde so nahe beieinander, daß den hellen Göttern und den dunklen Titanen kaum Platz blieb. Um sich aus dieser Lage zu befreien, tötete einer der Titanen seinen Vater, aus dessen Schädel das Firmament und aus dessen Blut das Meer entstand. In diesem ertranken alle Menschen – bis auf ein Paar, das sich auf einem Boot retten konnte.

**3. TAOISTEN:**
Im Anbeginn herrschte Chaos. Aus ihm entstanden das Licht, der Himmel und die Erde sowie sämtliche Dinge der Welt. Ihnen allen gemeinsam waren Yin und Yang, die sich mischten, wodurch die fünf Elemente und ein Mensch entstanden. Aus einem Sternbild stieg ein goldenes Wesen, das die Gestalt eines Menschen angenommen hatte; es lehrte den Menschen, sich aus Kräutern ein Gewand zu knüpfen.

**4. ALTES TESTAMENT:**
»Es war zu der Zeit, da Gott der HERR Erde und Himmel machte. Und alle die Sträucher auf dem Felde waren noch nicht auf Erden, und all das Kraut auf dem Felde war noch nicht gewachsen; denn Gott der HERR hatte noch nicht regnen lassen auf Erden, und kein Mensch war da, der das Land bebaute; aber ein Nebel stieg auf von der Erde und feuchtete alles Land. Da machte Gott der HERR den Menschen aus Erde vom Acker und blies ihm den Odem des Lebens in seine Nase. Und so ward der Mensch ein lebendiges Wesen.« (Genesis, Kap 2,4)

**7. ÄGYPTEN I (HELIOPOLIS):**
Im Anbeginn war die Welt ein Chaos aus Urwasser. Hierauf ließ der Gott Atum einen Urhügel entstehen, um sich darauf niederzulassen. Er zeugte aus sich selbst den Gott der Lüfte Schu (6) und den der Feuchtigkeit Tefnut (7).

**8. ÄGYPTEN II:**
Der Mensch wurde vom Gott Re, der Sonnenscheibe, erschaffen, der sein Auge öffnete. Solcherart trennte er den Tag von der Nacht, und aus seinen Tränen entstanden die ersten Menschen.

**9. HINDU (CHANDOGYA-UPANISHADE):**
Im Anbeginn war das Nichts. In ihm entstand ein Ei. Als es sich nach einem Jahr spaltete, erstand daraus die Welt: Die eine Hälfte der Eischale war aus Silber und wurde zur Erde, die andere war aus Gold und wurde zum Himmel. Aus der äußeren Eihaut entstanden die Berge, aus der inneren Eihaut die Wolken und der Nebel, aus den Adern die Flüsse und aus dem Fruchtwasser der Ozean.

**10. HINDU (RIG-VEDA):**
Damit die Welt entstehen konnte, wurde Puruscha geopfert, der tausendköpfige, tausendäugige und tausendfüßige Urmensch. Während drei Viertel seines Körpers sich nicht offenbarten, entstanden aus dem letzten Viertel die materielle Welt, ihre Geschöpfe und die Kasten (sozialen Klassen). Aus dem Mund entstand der Brahmane, aus den Armen der Fürst, aus den Schenkeln das gemeine Volk, aus den Füßen die Sklavenkaste, aus dem Geiste der Mond und aus seinen Augen die Sonne.

**11. INDIANER:**
Im Anbeginn gab es nichts als Wasser – und all jene Tiere, die in und auf ihm lebten. Eines Tages fiel ein göttliches Wesen aus dem Himmel, eine Frau. Durch Zufall sahen zwei Haubentaucher sie und retteten sie vor dem Ertrinken, indem sie ein Kissen für ihren Körper bildeten. Die Tiere kamen zusammen und beratschlagten, wie die Frau gerettet werden könnte. Die Tiere kamen zu dem Schluß, nur Erde könne sie retten, damit sie darauf leben konnte. Daraufhin schickte die Schildkröte die Tiere auf den Grund des Meeres, damit sie Erde heraufbrachten.

**12. MONGOLEN:**
Im Anbeginn gab es nichts als Wasser. Da kam ein Lama, ein »Überlegener«, vom Himmel herab und rührte mit einer Eisenstange das Wasser um. Auf diese Weise schuf er Land mitten im Ozean.

**13. GRIECHEN:**
Im Anbeginn gab es die Nacht, Nyx, die vom Wind befruchtet wurde, worauf sie ein silbernes Ei legte. In diesem Ei herrschte das Chaos, aus dem Gaia geboren wurde, die Urmutter. Sie gebar aus sich selbst den Uranos, mit dem sie später die Titanen zeugte, die Ahnen von Zeus und Hera.

**14. INUITS:**
Im Anbeginn, als es noch keine Menschen gab, wanderte ein Raben-Gott durch Himmel, Erde und Meer. Er traf einen Mann, der vier Tage lang eingerollt in der Schote einer Stranderbse gelegen hatte und am fünften Tag daraus aufgestanden war. Damit sich der Mann nicht allein fühlte, stellte er ihm eine Gefährtin zur Seite. Auch Tiere schuf der Raben-Gott und hauchte ihnen Leben ein. Doch im Laufe der Zeit verlor der tierische Gott seine Kraft und verwandelte sich in einen ganz normalen Raben.

## Altersvergleich zwischen Mensch & Hund

Wollte man das Alter eines Hundes mit jenem eines Menschen vergleichen, galt lange Zeit ein »Wechselkurs« von 7: Ein Menschenjahr entsprach sieben Hundejahren. Davon ist die einschlägige Wissenschaft in jüngster Zeit abgekommen. Nunmehr spricht sie davon, daß das erste Hundejahr 15 Menschenjahren entspreche, das zweite zehn und jedes weitere fünf. Diese Tabelle ermöglicht Ihnen einen ständigen Abgleich des Reifeprozesses von HERRCHEN/FRAUCHEN und WALDI. Die angegebenen Zahlen sind natürlich Durchschnittswerte. Die Lebenserwartung eines Hundes ist von seiner Rasse und seiner Größe abhängig (große Hunde werden langsamer erwachsen und sterben früher).

| | | | | | | | | | | | | | | | | | | | | | | | | | | | | | | | | | |
|---|---|---|---|---|---|---|---|---|---|---|---|---|---|---|---|---|---|---|---|---|---|---|---|---|---|---|---|---|---|---|---|---|---|
| 1 | 2 | 3 | 4 | 5 | 6 | 7 | 8 | 9 | 10 | 11 | 12 | 13 | 14 | 15 | 16 | 17 | 18 | 19 | 20 | 21 | 22 | 23 | 24 | 25 | 26 | 27 | 30 | 40 | 50 | 60 | 70 | 80 | 90 |
| 0,06 | 0,13 | 0,2 | 0,26 | 0,33 | 0,4 | 0,46 | 0,53 | 0,6 | 0,66 | 0,73 | 0,8 | 0,86 | 0,93 | 1 | 1,1 | 1,2 | 1,3 | 1,4 | 1,5 | 1,6 | 1,7 | 1,8 | 1,9 | 2 | 2,2 | 2,4 | 3 | 5 | 7 | 9 | 11 | 13 | 15 |

## Wie ein Sturz aus dem 5. Stock

Um die Brisanz gewisser Situationen zu begreifen, reicht mitunter ein simpler Vergleich. Wie beispielsweise dieser. Er stammt vom Verkehrs-Club der Schweiz und macht deutlich, daß die Wucht eines Autos, das mit 60 km/h unterwegs ist, jener eines Sturzes aus 14,2 m Höhe bzw. aus dem 5. Stock entspricht (30 km/h = Sturz aus 3,5 m Höhe bzw. aus dem 1. Stock). Wer also einen Fußgänger mit 60 km/h anfährt weiß, was er da für Zerstörungskräfte entfaltet. Zweck des VCS-Beispiels ist es, plausibel zu machen, wie sinnvoll eine Reduktion der zulässigen Höchstgeschwindigkeit auf 30 km/h wäre.

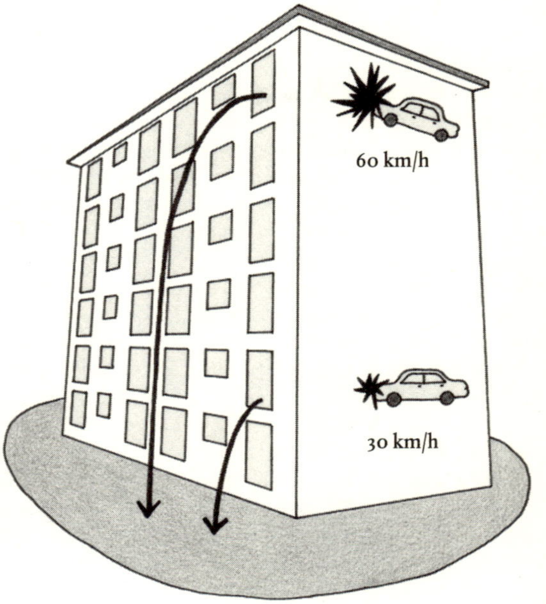

## Der Nikolaus-Reanimations-Bastelbogen

*Neuerdings bevölkern hierzulande vor dem 6. Dezember nicht mehr Nikoläuse die Süßwarenregale, sondern freundliche ältere Herren, denen entscheidende Attribute des Hl. Nikolaus fehlen, die aber dafür viele Züge des Weihnachtsmanns tragen und damit eigentlich nur am Heiligabend zutrittsberechtigt wären. Für alle, die diese Verschiebung der Akzente ein wenig rückgängig machen wollen, hat eine gewisse »Frankfurter Nikolausinitiative 2003« einen Bastelbogen entwickelt, mit dessen Hilfe man jeden profanen Schokoladenweihnachtsmann wieder in einen richtigen Hl. Nikolaus verwandeln könne – mit Mitra, Bibel und Bischofsstab. Einfach die drei Accessoires kopieren, ausschneiden und ankleben (Bibel in die Linke, Stab in die Rechte).*

## Die Weisheit des Baumstamms

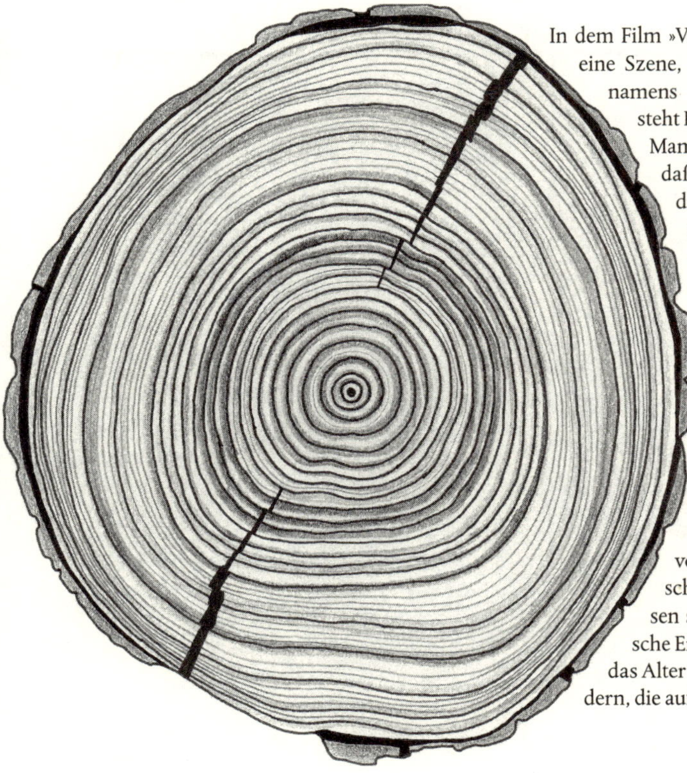

In dem Film »Vertigo« von Alfred Hitchcock gibt es eine Szene, die Werbung für eine Wissenschaft namens Dendrochronologie macht. Darin steht Kim Novak vor dem Querschnitt eines Mammutbaums und zeigt James Stewart, daß es den Baum schon gegeben hat, als die Schlacht bei Hastings stattfand (1066). Sie streicht mit der Hand über die Jahresringe, bis sie schließlich ein wenig außerhalb der Rinde Halt macht: »Und irgendwo hier«, sagt sie, »werde ich sterben.«

Nicht, daß die Dendrochronologie Vorhersagen machen könnte. Sie weiß aber sehr genau darüber Bescheid, welches Klima wann herrschte. Das läßt sich nämlich an den unterschiedlich breiten Jahresringen von Bäumen ablesen (schmal = schlecht, breit = gut). Auf diese Weise lassen sich Aussagen über wichtige klimatische Entwicklungen ebenso treffen wie über das Alter von Musikinstrumenten oder von Bildern, die auf Holz gemalt wurden.

## Größenordnungen

Je nachdem, welchem Bereich sich Wissenschaftler zuwenden, wählen sie die passende Größenordnung. Um beispielweise die Ausdehnung eines Moleküls zu bestimmen, kommt man mit Nanometern, also Milliardstel Metern, gut zurecht. Astronomen können damit nichts anfangen; sie benötigen Kilometer. Diese Skala von Größenordnungen beruht auf dem überaus lesenwerten Band »Thesaurus der exakten Wissenschaften« von Michel Serres und Nayla Farouki, erschienen bei Zweitausendeins.

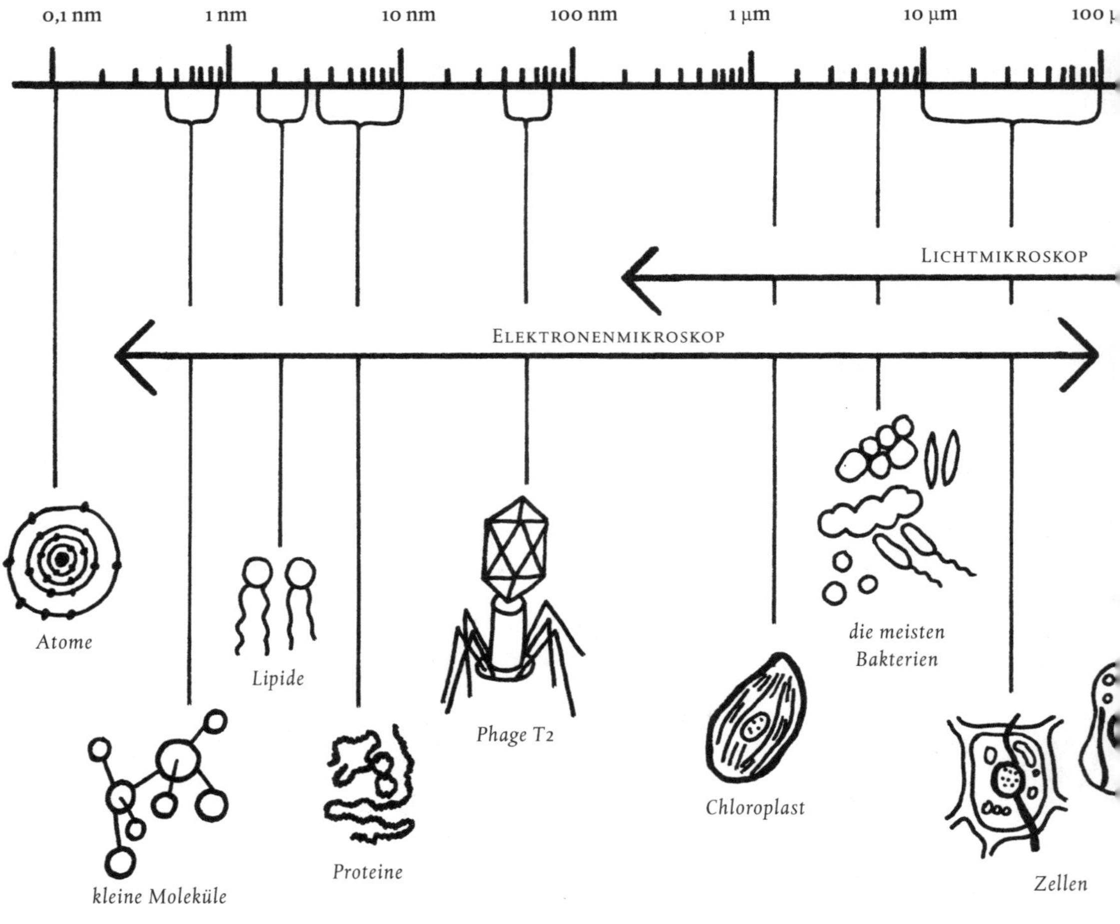

| | | |
|---|---|---|
| nm | = | Nanometer *(Milliardstel Meter)* |
| µm | = | Mikrometer *(Millionstel Meter)* |
| mm | = | Millimeter *(Tausendstel Meter)* |
| cm | = | Zentimeter *(Hundertstel Meter)* |
| m | = | Meter |
| km | = | Kilometer *(Tausend Meter)* |

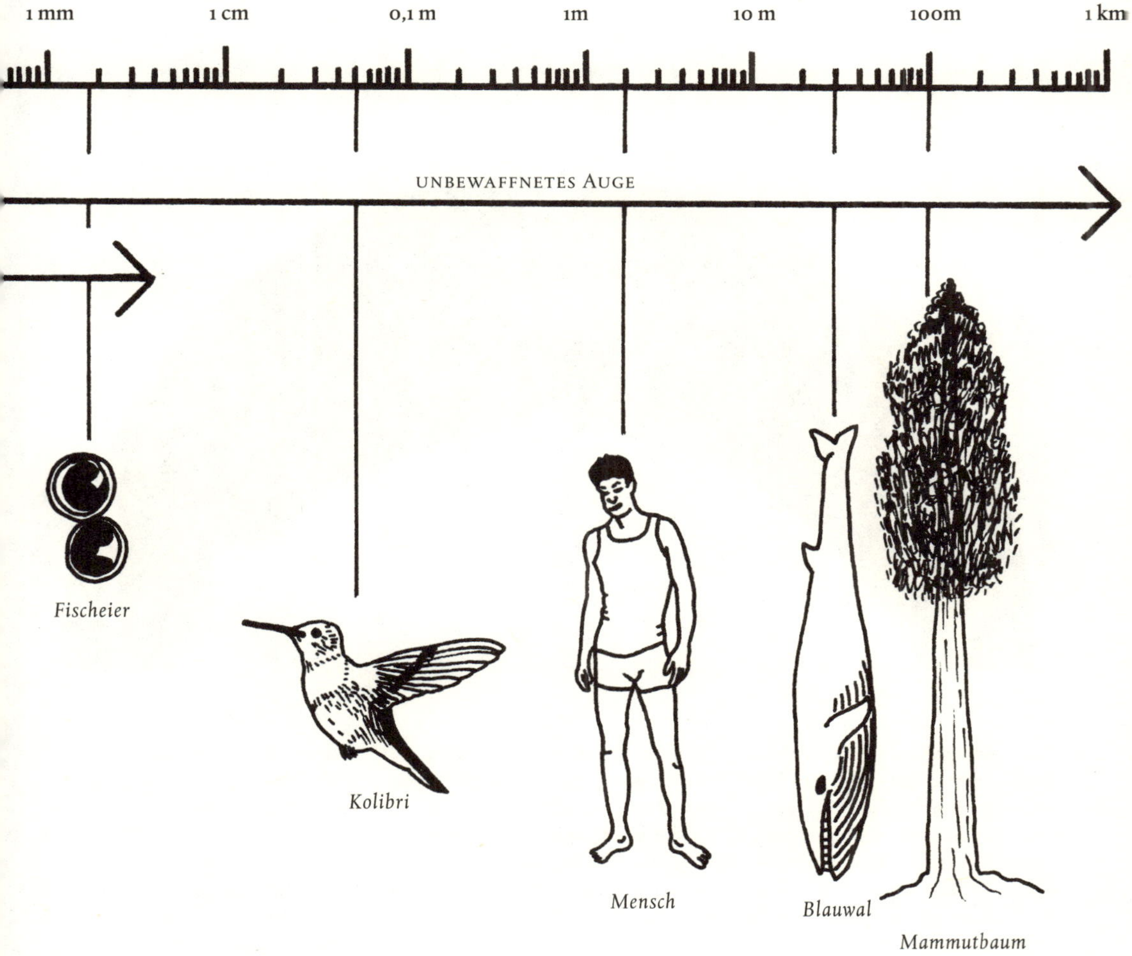

## Fünf wichtige Bildchen Ihres Computers

Sollten Sie Wert darauf legen, mit der Welt kommunizieren zu können, sollten Sie sich diese fünf Bildchen Ihres Computers gut einprägen. Sie zeigen Ihnen, wie Sie Ihre externe Festplatte oder Ihren Scanner (Firewire, USB), Ihren PDA oder Ihr Handy (Bluetooth), Ihr Internetkabel (Ethernet) oder die Schnur zum Telefon (Modem) mit dem Rechner verbinden können.

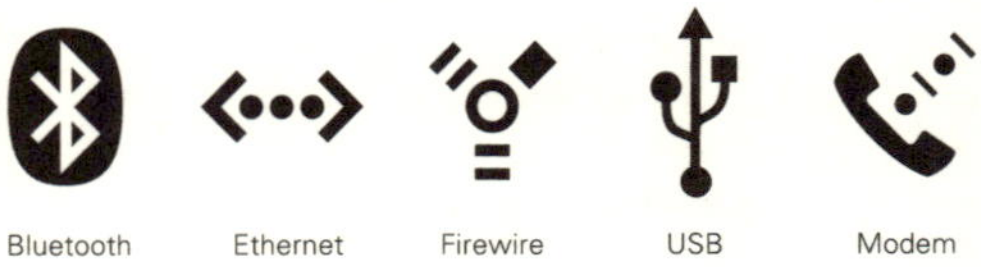


## Die Mondtäuschung

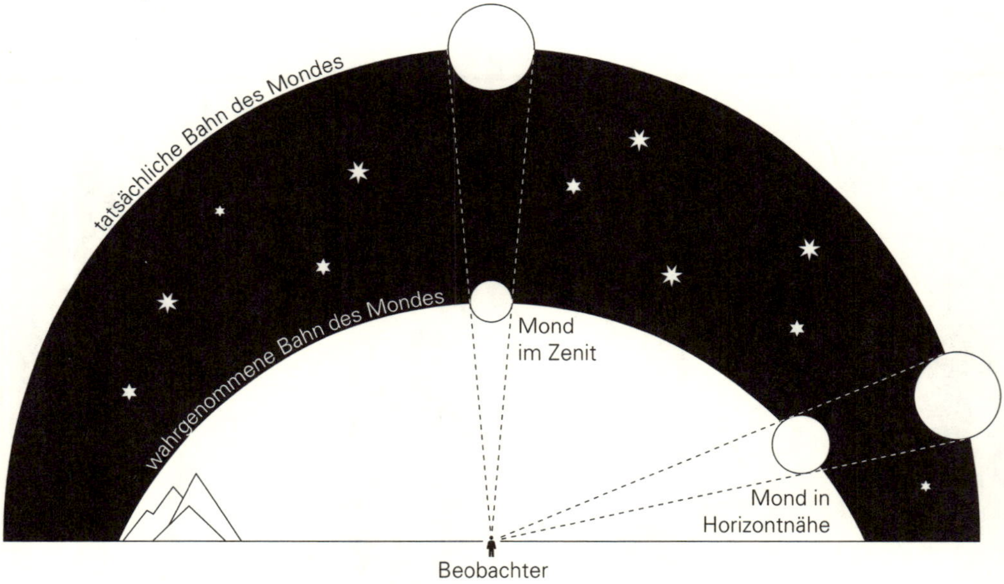


Romantiker wissen zu schätzen, daß der Mond, je näher er dem Horizont kommt, immer größer wird; in Zeiten, da er im Zenit steht, wenden sie sich enttäuscht von ihm ab, weil er so klein erscheint. Daß wir die Größe des Mondes so verschieden wahrnehmen, hat nichts mit seinem etwaigen Schlingerkurs um die Erde zu tun (der Mond ist stets rund 385.000 km von der Erde entfernt), sondern mit unserer Unfähigkeit, seine wahre Entfernung richtig einzuschätzen. Wie groß wir nämlich einen Gegenstand sehen, hängt von zweierlei ab: Von dessen Abbild auf der Netzhaut und von unserer unbewußten Einschätzung, wie nahe bzw. fern er uns ist. Aus beiden Informationen errechnet das Gehirn die Größenwahrnehmung. Wenn nun also der Mond am Horizont steht, bietet uns die Welt genug Anhaltspunkte, ihn als *weit entfernt* zu betrachten (Bäume, Häuser, Berge), weshalb wir ihn als *größer* wahrnehmen, als er tatsächlich ist. Der umgekehrte Fall tritt ein, wenn wir den Mond am Zenit sehen: In diesem Fall fehlen uns Anhaltspunkte für die korrekte Entfernungseinschätzung, woraus das Gehirn schließt, daß dieser Mond *näher* sein muß als jener am Horizont, weshalb wir ihn *kleiner* sehen. Entschlüsselt haben diese optische Täuschung die Wahrnehmungspsychologen.

## Wenn der Wolf mit der Ziege und die mit dem Kohlkopf

Diese Aufgabe stellen die Menschen einander zwar seit Alkuin, dem Gelehrten und Berater Karls d. Großen (also seit dem frühen 9. Jhdt.). Dennoch bringt sie uns immer noch ins Grübeln.
Hier nun also die zwei möglichen Antworten auf die Frage, wie wir es schaffen, einen Wolf, eine Ziege und einen Kohlkopf von einem Ufer des Flusses zum anderen zu transportieren. Und zwar mit einem Boot, das außer dem Fährmann nur 1 weiteres Ding befördern kann. Das Problem: Weil der Wolf die Ziege und die Ziege den Kohlkopf frißt, können wir diese Paarungen nicht allein am Ufer zurücklassen.

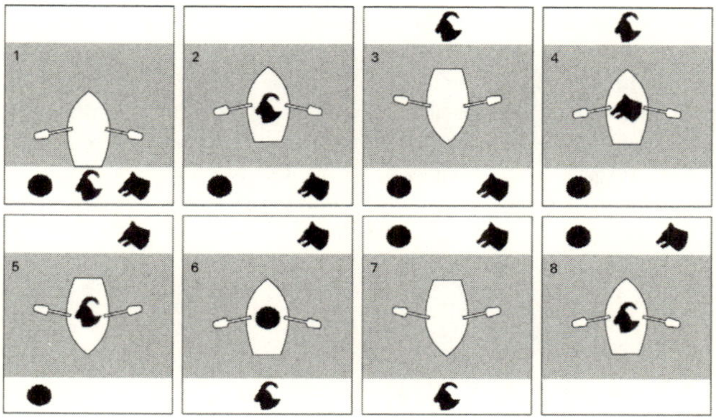


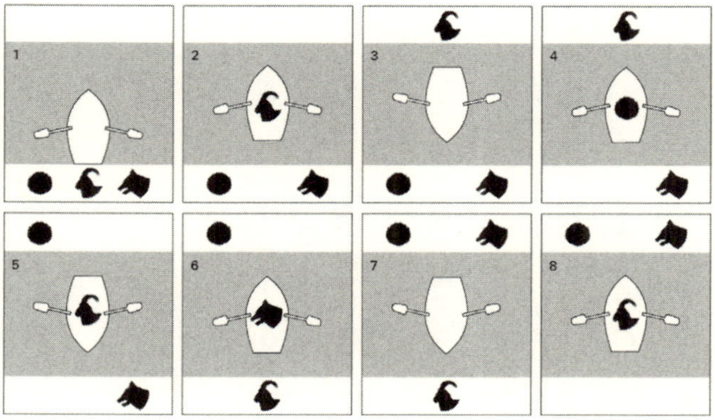


## Federbreiten

*In Zeiten der E-Mail gilt es als Ausweis von Luxus, handschriftliche Briefe zu versenden.*
*Wer sich dazu eine Füllfeder besorgen will, sieht sich mit einer Reihe von Federbreiten konfrontiert, deren Bezeichnungen von Hersteller zu Hersteller variieren. Gleichwohl kann gelten:*

| | | |
|---|---|---|
| EF | = | *extrafein* |
| F | = | *fein* |
| M | = | *mittel* |
| B | = | *breit* |
| BB | = | *besonders breit* |
| O | = | *abgeschrägt (mit dieser Feder kann man verschieden breite Linien ziehen)* |

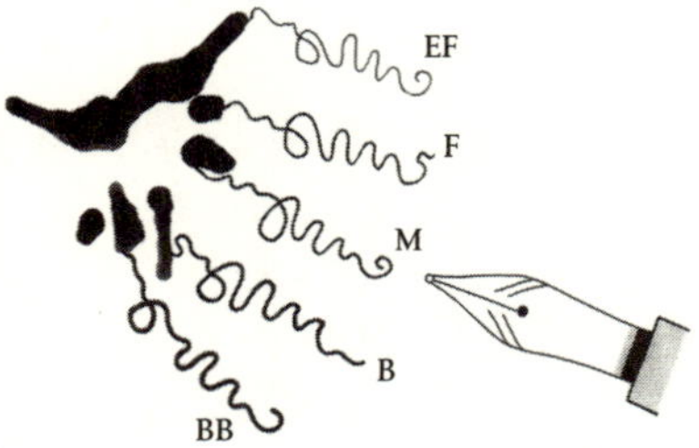


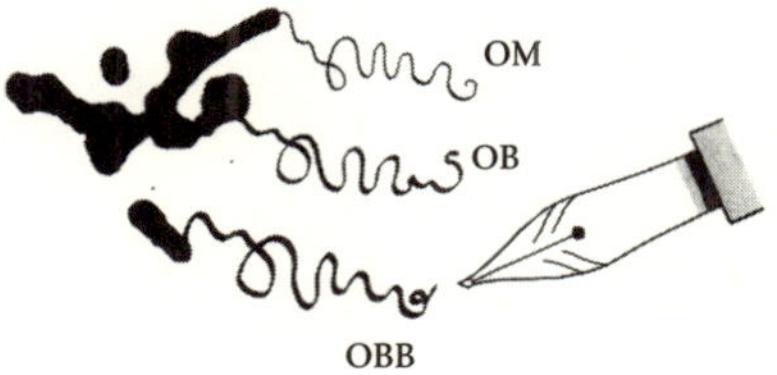

## Die Haarströme des Menschen

Unser Körper ist mit 20.000 bis 30.000 Haaren bedeckt*. Die Annahme, daß diese – weil ungekämmt – wirr in alle Richtungen stehen, ist freilich falsch. Vielmehr erweist sich unser Körperhaar bei näherer Betrachtung als wohlgeordnet – wie jeder nach dem Schwimmen erkennen kann. Ausgehend von Haarwirbeln und -kreuzen folgt unser Körperhaar einer ästhetischen Ordnung und bildet Ströme. Jener am Rücken beispielsweise orientiert sich am Steißwirbel.

Welche Gründe und welcher Zweck dieser wunderbaren Ordnung zugrundeliegen, ist leider nicht bekannt. Es gibt vereinzelte Spekulationen, sie könnten auf unsere Herkunft aus dem Wasser hinweisen.

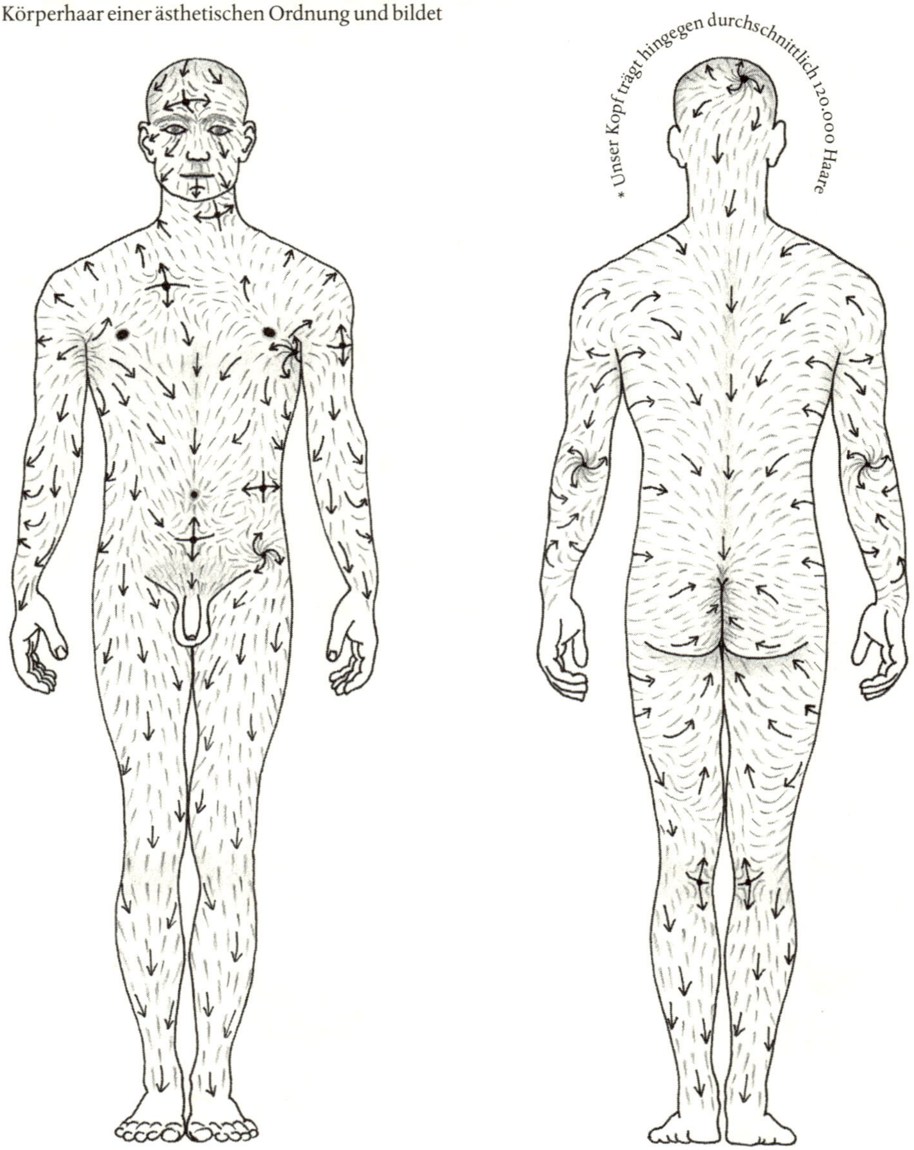

## Rotkäppchen kompakt

Nicht jedem ist nach Erzählweisen wie der von den Gebrüdern Grimm gepflegten:

*»Es war einmal eine kleine süße Dirne, die hatte jedermann lieb, der sie nur ansah, am allerliebsten aber ihre Großmutter, die wußte gar nicht, was sie alles dem Kinde geben sollte. Einmal schenkte sie ihm ein Käppchen von rotem Sammet, und weil ihm das so wohl stand …«*

Vielmehr verlangen einige nach stärkerer Raffung und Konzentration aufs Wesentliche. Für all diese ist die vorliegenden Kurzfassung des Rotkäppchens gedacht.

## Von Borneo nach Rügen

Um das richtige Gefühl für die eigene (lokale) Beschränktheit bzw. die (anderswo zu findende) Weite zu entwickeln, genügt es mitunter, ein wenig herumzurechnen. Sich Rügen beispielsweise 39mal größer zu denken, womit wir bei den Dimensionen von Taiwan angelangt wären. Wenn wir uns anschließend wiederum Taiwan 21mal größer denken, sind wir bei der drittgrößten Insel der Welt angelangt: Borneo.

$$\frac{\text{Borneo (756.000 km}^2\text{)}}{21} = \text{Taiwan (36.000 km}^2\text{)}$$

$$\frac{\text{Taiwan (36.000 km}^2\text{)}}{39} = \text{Rügen (926 km}^2\text{)}$$

## Die Straße

Die Angebote, auf offener Straße den Blick schweifen zu lassen und sich in Details zu verlieren, sind mannigfaltig. Erst recht aufregend wird es, wenn man einen Querschnitt durch die ganze Szene macht und nachsieht, was es da unten alles gibt.

*1. Verkehrskanzel (in dieser Form ausgestorben, nur mehr zu finden in Berlin an der Kreuzung Kurfürstendamm – Joachimstaler Straße), 2. Verkehrsampel, 3. Straßenbahnhaltestelle, 4. Autobus, 5. Straßenbahn, 6. Zebrastreifen, 7. elektrische Oberleitung für die Straßenbahn, 8. Absperrung einer Baustelle, 9. Kanaleinstieg, 10. Wasserleitung und …, 11. … der dazugehörige Absperrschieber, 12. Gasleitung, 13. Telefon-, Strom-, Kabel-TV-, Glasfaserkabel, 14. Sammelkanal, 15. Kanalzuleitung, 16. Querschnitt durch ein Haus (durchgehend im Retro-50er-Stil eingerichtet)*

## Golfentscheidungen nach Billigkeit

Obwohl sich der Golfsport ein Regelwerk gegeben hat, das durch die Autorität des »Royal and Ancient Golf Club of St Andrews« (»established in 1754«) beglaubigt ist, gibt es doch immer wieder Probleme, die weder in den Golf- noch den Platzregeln Erwähnung finden. In diesem Falle sind die Spieler aufgerufen, nach Billigkeit (»Equity«) zu entscheiden, also gemäß ihrem natürlichen Rechtsempfinden. Hier vier Fallbeispiele und die entsprechenden Entscheidungen:

A Kommt der Ball in der Nähe eines Bienenstocks zur Ruhe, steht dem Spieler Erleichterung zu.

B Dasselbe gilt für den Fall, daß der Ball neben einem Vogelnest oder …

C … einer Schlange zur Ruhe kommt.

D Bleibt hingegen der Ball nach dem Schlag auf der Schlägerfläche kleben, darf der Spieler den Ball an jener Stelle fallen lassen, wo sich der Schläger befand, als der Ball mit dem Klebenbleiben begann.

## Rasen, ziehen, fliehen

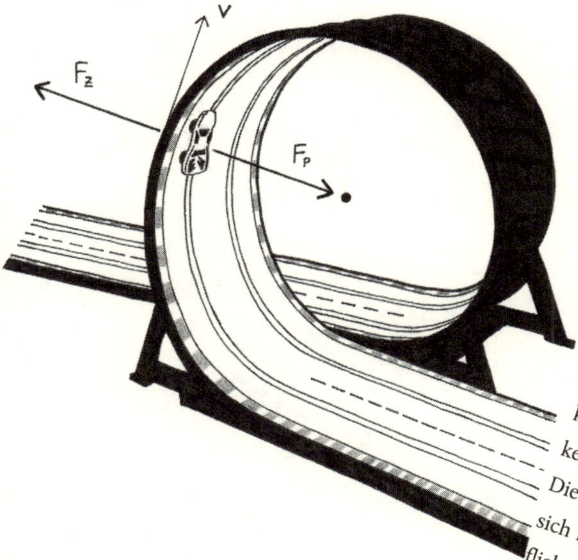


Eine steter Anlaß für Debatten ist die (kindliche) Frage, warum man den Looping der Carrera-Rennautobahn durchrasen muß, damit der Bolide nicht herausfällt. »Liebes Kind«, sollten die solcherart Befragten antworten, »wir müssen rasen, um die Schwerkraft zu überwinden, die auf alle Dinge dieser Welt wirkt. Im übrigen gehe hin und frage das Lehrpersonal nach Zentripetalkraft $F_P$, Zentrifugalkraft $F_Z$ und Geschwindigkeit $V$.« Die solcherart gewonnene Zeit können Sie nutzen, um sich in das Zusammenwirken der ziehenden $F_P$ und fliehenden $F_Z$ Kräfte zu vertiefen.

# BILLY

Sollten sich eines fernen Tages Archäologen daranmachen, unsere Zivilisation auszugraben und die Reste unserer Wohnungen mit feinen Spachteln und Pinseln vom Staub der Zeit zu befreien, dann werden diese Wissenschaftler rasch eine These formulieren: So hochentwickelt unsere Zivilisation auch war – in Sachen Bücherregalen sei unsere kulturelle Fähigkeit zur Distinktion auffällig verkümmert gewesen. In allen Wohnungen dasselbe Modell! Sein Name: Billy! Sein Tischler: IKEA! Nebenstehend die Bauanleitung für den Klassiker unter den Bücherregalen.

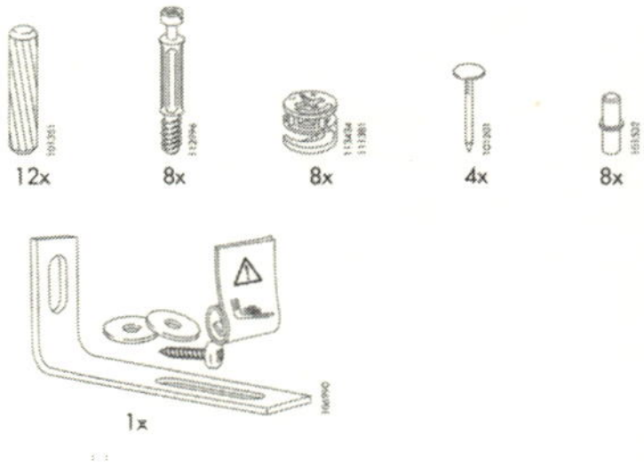


1

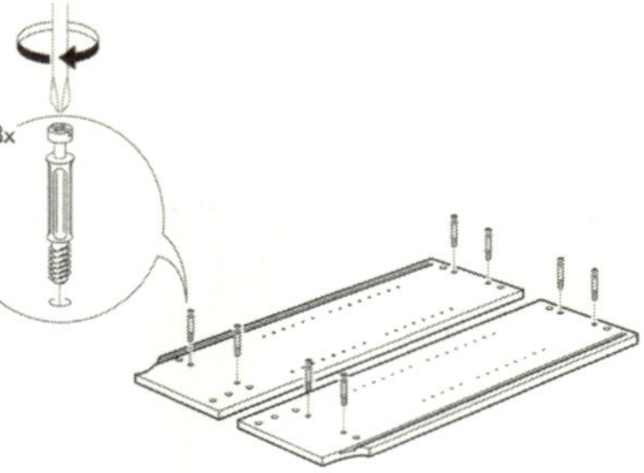


2

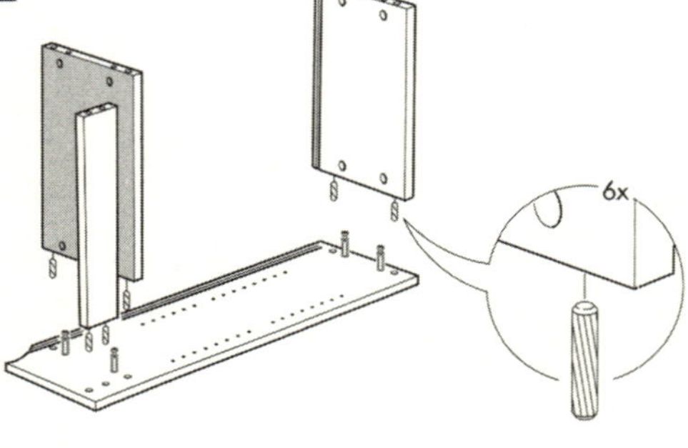


3

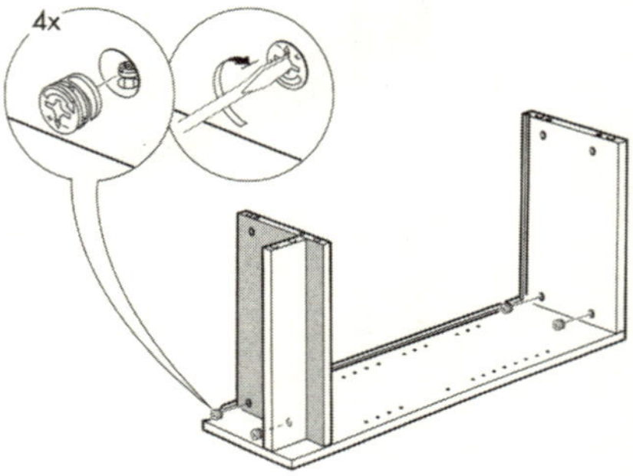

4
6x
5
4x
6
4x
7
8x
8
9

## Leben auf dünner Kruste

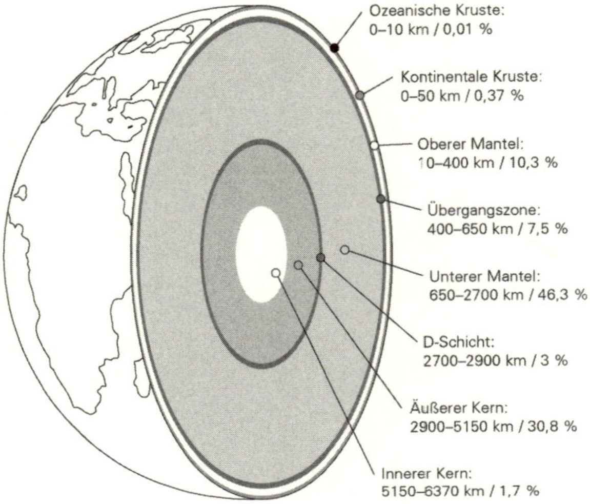


Auf wie dünner Kruste wir leben, zeigt dieser Querschnitt durch die Erde: Das feste Erdreich macht gerade mal 0,37% des Erddurchmessers aus. Bereits im »Oberen Mantel« herrschen so hohe Temperaturen, daß das Gestein schmelzen könnte – dies wird nur durch das Gewicht der Erdkruste verhindert. Ähnlich heiß, unwirtlich und unsicher geht es weiter – bis zum »Inneren Kern«, in dem über 6500° Celsius herrschen.

## Greifen Sie zu!

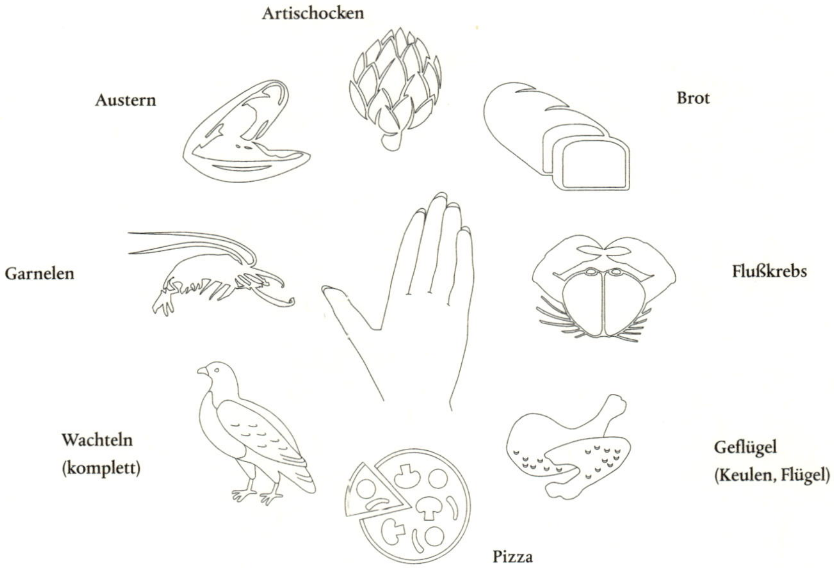


Welche Speisen können Sie lt. Etikette hierzulande mit den Fingern essen?
Diese Informationsgraphik gibt Ihnen einen raschen Überblick. Aussagen über spezifische Konventionen wie z.B. das Schlürfen von Austern bzw. das Tranchieren von Wachteln sind in diesem Rahmen freilich nicht zu treffen.

## Die sechsfache Ariane

Um ihre Lasten in den Weltraum zu befördern, verwendet die ESA, die EUROPEAN SPACE AGENCY, unter anderem Ariane-Trägerraketen – bei Redaktionsschluß jene der Serie 5. Die europäische Rakete gilt unter Fachleuten als zuverlässig – ganz im Gegensatz zum ersten Versuch der Europäer, der amerikanischen und russischen Raumfahrt in Form der »Europa« etwas Adäquates entgegenzusetzen.
Gestartet wird die Ariane 5, die eine Nutzlast von bis zu 10 Tonnen tragen kann, außerhalb der Stadt Kourou, die in Französisch-Guayana am Atlantik liegt.

v.l.n.r.:
Ariane 1, 2, 3, 4, 5 und 5 Evolution

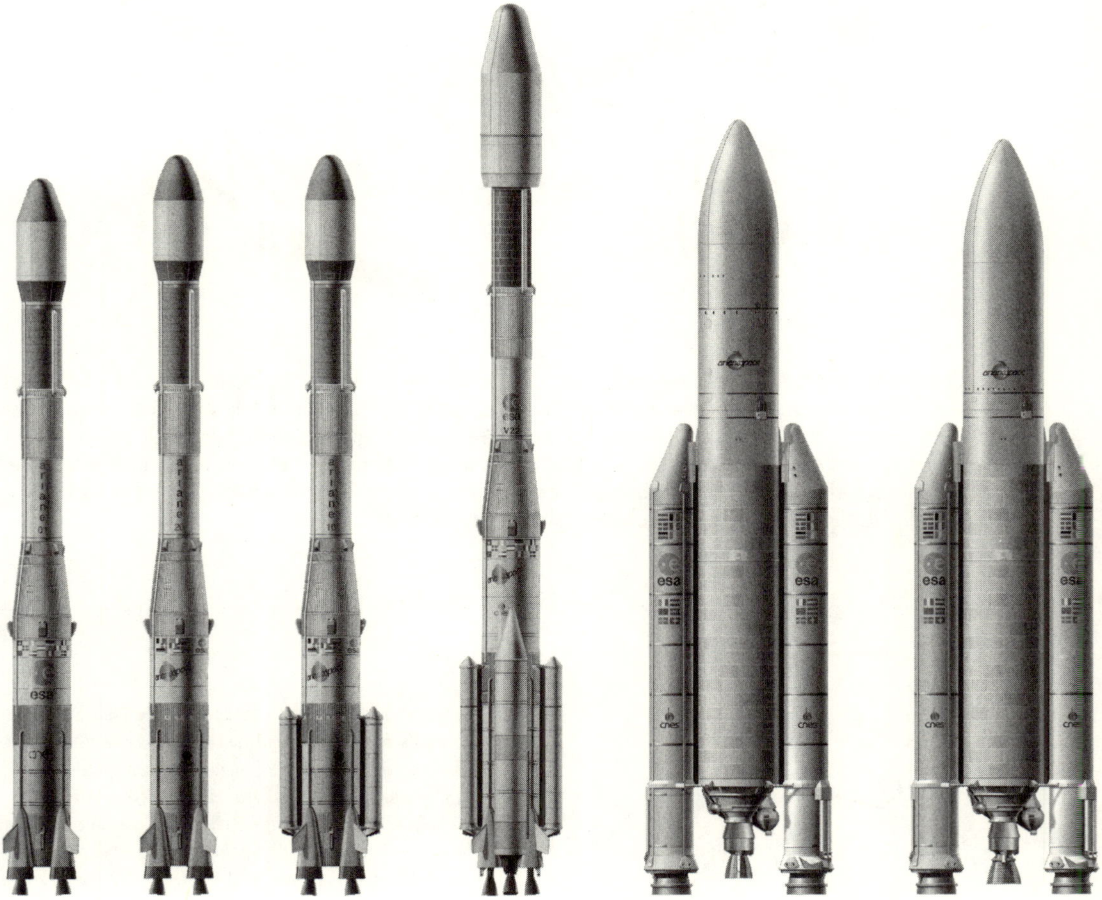

## Kritzel, kratzel

Dem Comic und in diesem Zusammenhang wiederum der jahrzehntelangen Übersetzerin der Donald-Duck-Hefte, Dr. Erika Fuchs, verdanken wir die Erfindung vieler Onomatopöien (»Schluck, was für ein schwieriges Wort, grübel«). Diese Wörter, die natürliche Laute nachahmen, sind mittlerweile fester Bestandteil unserer Alltagssprache und dienen vielen Menschen dazu, ihren Gefühlen unmittelbaren Ausdruck zu verleihen. Kulturpessimisten sahen in ihnen eine große Gefahr, die ihr Potential bis heute aber nicht ausgespielt hat.

## Das Möbiusband

*Wie konstruiert man eine zweidimensionale Fläche im dreidimensionalen Raum, die nur eine Seite und nur einen Rand besitzt? Der Leipziger Mathematiker und Astronom August Ferdinand Möbius hat die Antwort 1858 gefunden und 1865 erstmals beschrieben. Wer sie nachvollziehen will, nehme einen Streifen Papier und klebe ihn zusammen, nachdem er zuvor ein Ende um 180° gedreht hat. Wer nun versucht, eine Seite dieses Bandes zu bemalen, wird feststellen, daß er nach kurzer Zeit das ganze Band eingefärbt hat. Praktische Anwendung findet das Möbiusband z.B. bei riemenbetriebenen Getrieben; ist der Riemen nach dem Muster des Möbiusbandes gedreht, nutzt er sich gleichmäßig ab.*

## Der Dodo

Wirklich sympathisch sieht er nicht aus, der Dodo (lat. *Raphus cucullatus*). Zudem machte er in dem 2002 erschienenen Film »Ice Age« eine denkbar schlechte Figur, setzten doch er und die Seinen alles daran, ihr späteres Schicksal bereits in der Eiszeit zu beschleunigen. Gleichwohl gehört unsere Sympathie diesem etwa einen Meter großen Vogel, der nicht fliegen konnte. Beheimatet ausschließlich auf den Inseln Mauritius und Réunion, kannte er nämlich keine natürlichen Feinde, weshalb er weder Flucht- noch Verteidigungsstrategien entwickelte. Eingeschleppte Tiere wie Ratten und Schweine fraßen so lange seine Eier, bis er gegen Ende des 17. Jhdts ausgestorben ist. Im Wappen* der Republik Mauritius hat er seine letzte Ruhestätte gefunden.

*

## Die Schlagfiguren des Dirigenten

Wenn Dirigenten ihrer Arbeit nachgehen, sieht das für Laien rätselhaft aus. Dabei sind die als »Schlagfiguren« bezeichneten Bewegungen nicht allzu schwer zu entschlüsseln – ein wenig Taktgefühl vorausgesetzt. Grundsätzlich stehen dem Dirigenten Auf-, Ab- und Seitwärtsbewegungen zur Verfügung. Die erste betonte Zählzeit wird immer mit einer senkrechten Abwärtsbewegung geschlagen, kleinere Betonungen durch seitliche Bewegungen. Die drei Schemata zeigen die Schlagfiguren eines 2/4-, eines 3/4- und eines 4/4-Taktes. Und: einszweidrei, einszweidrei …

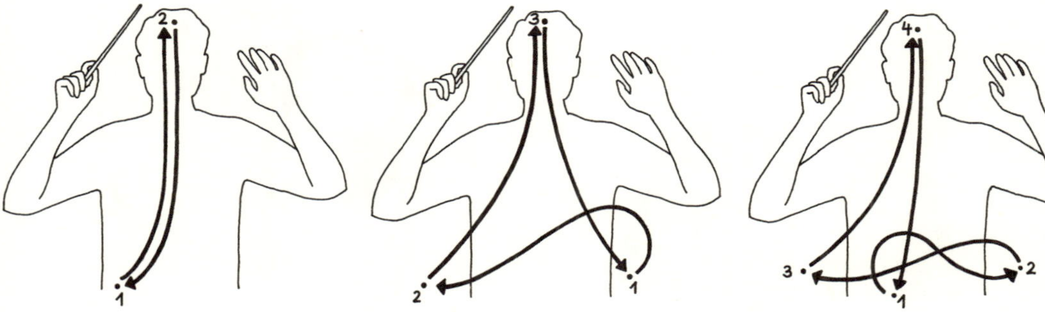

## So packen Sie einen Koffer - ein Erfolgsstück in fünf Akten

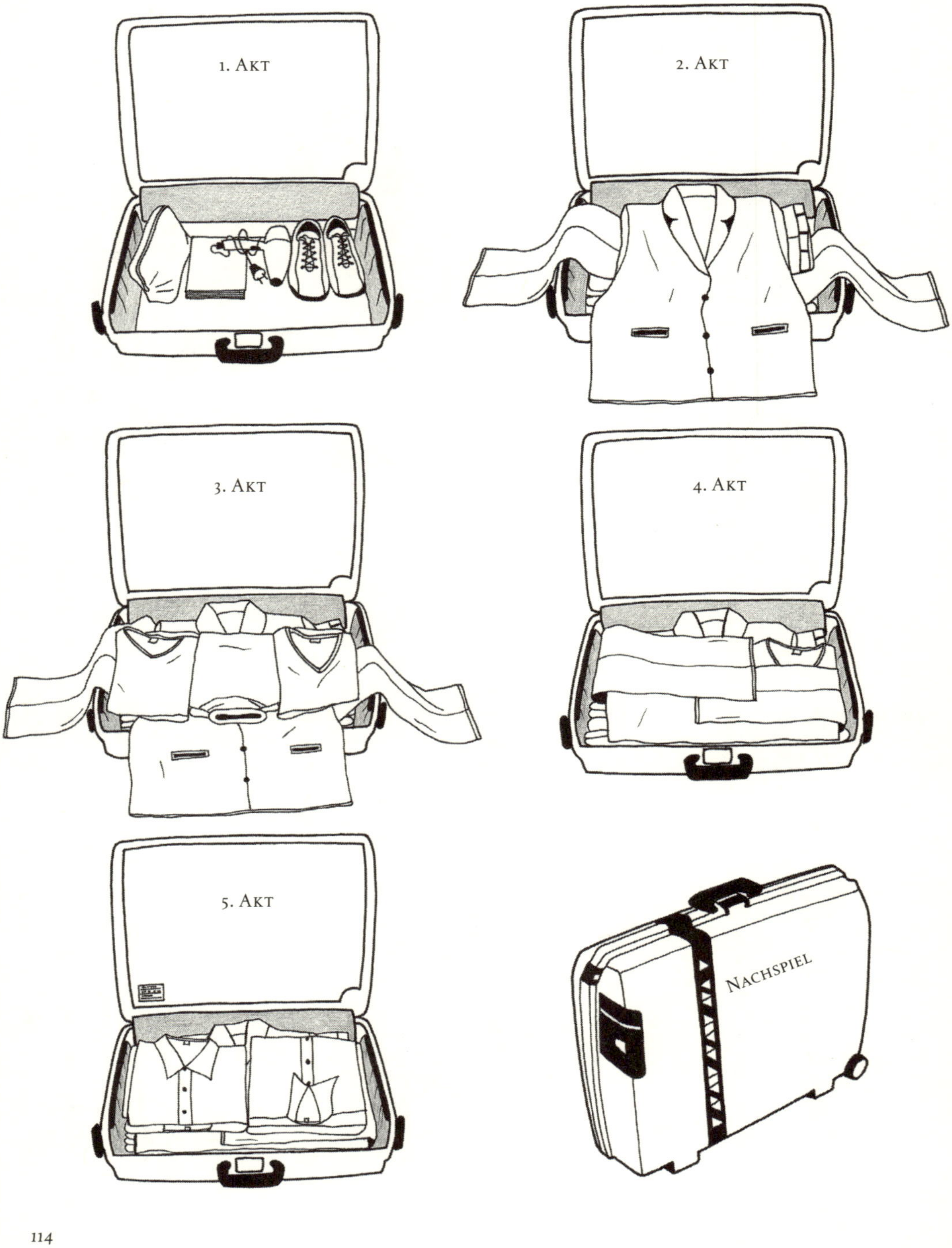

### Vorspiel

- Tragen Sie zusammen, was Sie für die anstehende Reise an Kleidung und Accessoires zu benötigen glauben.
- Ordnen Sie die Dinge nach Gattungen (Socken zu Socken, Schuhe zu Schuhen etc.).
- Betrachten Sie die einzelnen Stapel eingehend und denken Sie an Ihre letzte vergleichbare Reise – reduzieren Sie die Stapel anhand dieser Erinnerung.

### 1. Akt

- Die unterste Ebene des Koffers ist allem Schweren vorbehalten. Packen Sie Schuhe, Bücher, Haarfön in die Nähe des Kofferscharniers – andernfalls würden alle schweren Dinge, kaum haben Sie den Koffer geschlossen und abgestellt, nach unten fallen.
- Stecken Sie Schuhe einzeln in Beutel.
- Füllen Sie die Leerräume zwischen den schweren Dingen mit Socken, Unterwäsche und anderweitigem Strapazierbarem.

### 2. Akt

- In die zweite Ebene gehören T-Shirts, Pullover, Hosen, Jacketts und dergleichen.
- Hosen, Jacketts und Röcke nicht zusammenfalten, sondern in voller Länge in den Koffer legen (ja, die hängen nun alle raus).

### 3. Akt

- Legen Sie nunmehr T-Shirts oder Pullover auf die Hosen etc.

### 4. Akt

- Klappen Sie jetzt alle aus dem Koffer hängenden Teile ein; auf diese Weise verhindern Sie, daß Hosen und Röcke scharfe Falten bekommen.
- T-Shirts, Pullover und Hemden immer im Wechsel stapeln, also: erstes Hemd – Kragen nach oben; zweites Hemd – Kragen nach unten etc.
- Hemdkragen mit Socken oder Ähnlichem auspolstern – dadurch knittern sie nicht so leicht.

### 5. Akt

- Die oberste Ebene schließlich ist den sauber gefalteten* Hemden vorbehalten.
- Verstauen Sie irgendwo im Koffer einen großen Zettel mit Ihrem Namen, Ihrer Anschrift und Telephonnummer. Irgendwie müssen die Leute vom »Lost-and-found«-Schalter Sie ja erreichen können.

### Nachspiel

- Haben Sie einen schlichten Koffer, von dem es unzählige Exemplare gibt, umgürten Sie ihn mit einem auffälligen Kofferband; sonst liegen Sie sich am Gepäckband mit anderen in den Haaren.

*** Hemd auf das »Gesicht« legen – links und rechts rund ein Viertel der Hemdenseitenteile nach innen klappen – die beiden Ärmel, entlang der Nähte, falten – untere Hemdhälfte nach oben klappen – wenden – fertig.**

## Die berühmte Nr. 14

Die große Erfindung des Tischlers Michael Thonet war es, Holz über Wasserdampf zu biegen und anschließend in einer Metallform trocknen zu lassen. Auf diese Weise entstand auch sein Klassiker: der Kaffeehausstuhl Nr. 14, entwickelt 1860 in Wien und bis in die 30er Jahre des 20. Jhdts fünfzig Millionen Mal verkauft.

## Wortspielereien

| | | | | | | |
|---|---|---|---|---|---|---|
| In | »T | m | ch | ne | n | . |
| se | he | Ja | de | r | ne | Hi |
| in | M | hr | r | R | n | er |
| e | A | 19 | G | ei- | d | fü |
| m | D | 72 | ra | he | be | nf |
| h | B | ( | p | vo | i | Ü |
| öc | o | W | hi | n | » | be |
| hs | o | ar | ke | en | A | rt |
| t | k | ne | r | gli | da | ra |
| u | of | r | M | sc | m | gu |
| nt | W | Pa | *ax* | he | «, | ng |
| er | or | pe | *Br* | n | en | en |
| ha | d | rb | *an* | W | de | in |
| lts | Po | ac | *del* | ör | n | s |
| a | w | k) | sp | te | d | D |
| m | er | ni | ie- | rn | be | eu |
| en | « | m | le- | an | i | ts |
| B | au | m | ris | – | »E | ch |
| uc | s | t | ch | be | n | e. |
| h | de | si | ei- | gi | d« | |

## Wohin die Wärme geht

Wie für andere Systeme gilt es auch für den Körper, in Krisensituationen Prioritäten zu setzen. Sollten wir also durch einen Sturz ins kalte Wasser unterkühlt werden (und von einer Hypothermie sprechen Ärzte bereits bei 36 °C), dann reagiert der Körper, indem er sein lebenserhaltendes Zentrum schützt: Er entzieht der Peripherie und den Organen, die nicht unmittelbar überlebenswichtig sind (Haut, Muskeln, Nieren, Magen, Darm) seine Unterstützung, indem er die Blutgefäße zusammenzieht; sie werden kaum mehr mit frischem Blut versorgt. Im Gegenzug konzentriert sich der Körper darauf, im Kern des Körpers die nötige Mindesttemperatur aufrechtzuerhalten, liegen doch dort Hirn, Herz und Lunge. Ein Blutaustausch zwischen kaltem Außen und warmem Innen findet kaum mehr statt.

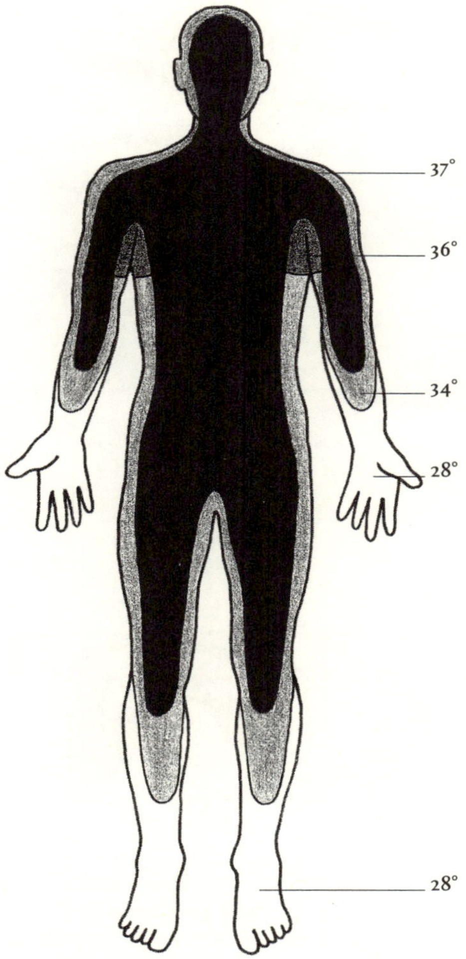


Der Körper im Normalbetrieb.

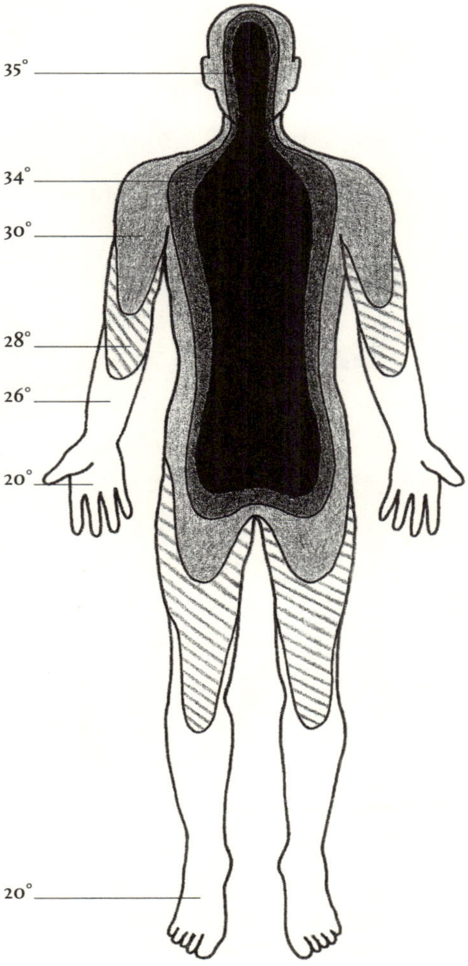


Der Körper in der Krise.

## Einige Bootsarten

Gleichgültig, ob sie mittels Paddel, Ruder, Motor, Stange oder Segel bewegt werden: Boote müssen so gebaut sein, daß das von ihnen verdrängte Flüssigkeitsvolumen größer ist als ihre Gewichtskraft (Schwerkraft). Erst dann schwimmen sie. Im übrigen gibt es mannigfaltige Arten, Boote zu unterscheiden – beispielsweise nach der Antriebsart:

*1. Einbaum, 2. venezianische Gondel, 3. Segelboot, 4. Ruderboot (Einer), 5. Kajak (Jagdboot der Eskimos/Inuits), 6. Ruderboot, 7. Motorboot, 8. Rennboot, 9. Faltboot, 10. Faltboot mit Außenbordmotor*

## So entsteht ein Atoll

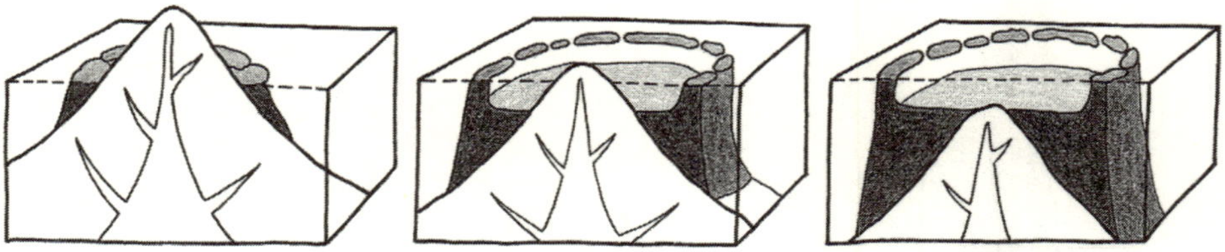

1. 2. 3.

Atolle sind ringförmige Korallenriffe, die ein flaches Gewässer einschließen, die »Lagune«; sie sind nur in tropischen Gewässern zu finden. Das bekannteste seiner Art ist das Bikini-Atoll im Pazifischen Ozean, auf dem die USA von 1946 bis 1958 Atombombentests durchführten. Über die Entstehung von Atollen gibt es verschiedene Theorien. Hier die klassische:

1. Durch einen Vulkanausbruch entsteht eine Insel, um die Insel ein von Korallen gebildetes Saumriff.
2. Die Insel sinkt bzw. das Meer steigt; dadurch bildet sich zwischen Riff und Insel eine Lagune.
3. Die Insel ist verschwunden, aus dem Saum- ist ein Barriereriff geworden.

## 1 Pferdestärke

Obwohl seit 1978 gesetzlich nicht mehr zulässig, verwenden die meisten Menschen, wollen sie die Leistung eines Motors angeben, die Maßeinheit »PS« (Pferdestärken). Die offizielle Bezeichnung »W« (Watt) bzw. »kW« (Kilowatt) erfreut sich keiner großen Beliebtheit.
Wir sprechen von 1 PS, wenn ein Gewicht von 75 kg innerhalb einer Sekunde in konstanter Geschwindigkeit um 1 Meter hochgehoben wird. Mit der dafür erforderlichen Kraft kann ein Standardpferd einen Arbeitstag lang, also ca. zehn Stunden, arbeiten. Ironie des Schicksals: Der Nachname jenes Mannes, der die Pferdestärke im 18. Jhdt. so definierte, hat die Bezeichnung »PS« verdrängt: Es war James Watt.

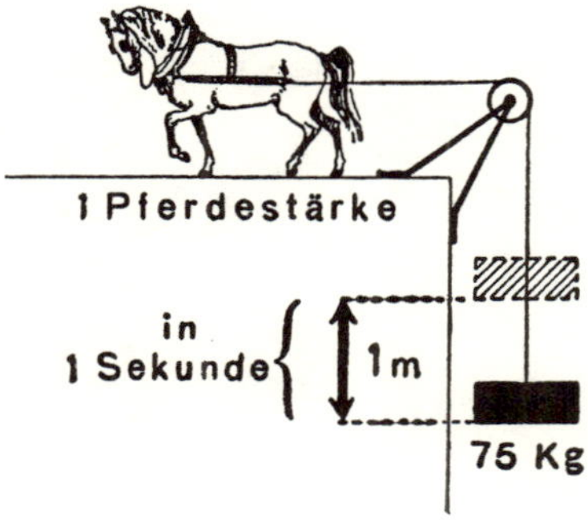


## So machen Sie sich wortlos verständlich

Sie haben eine Panne, und ein freundlicher Mensch hat angeboten, Sie zur nächsten Tankstelle zu schleppen. So Sie kein Handy dabeihaben, bleibt Ihnen nur der linke Arm und die linke Hand, um sich mit Ihrem Vordermann zu verständigen.

Hier die fünf wichtigsten Nachrichten der sog. Abschleppsprache. Bitte bedenken Sie: Für Debatten bleibt bei dieser Art der archaischen Kommunikation kein Platz.

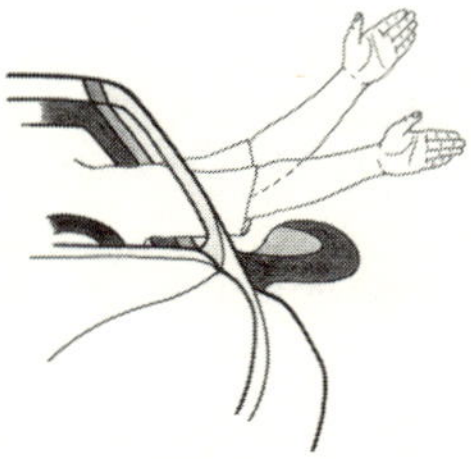

*Wir können losfahren!*
(Hand langsam heben und senken)

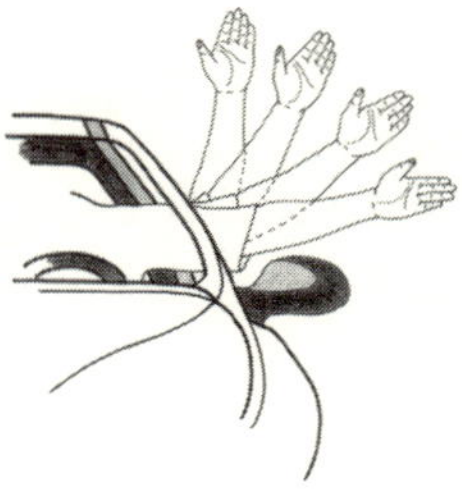

*Stopp!*
(Hand schnell heben und senken)

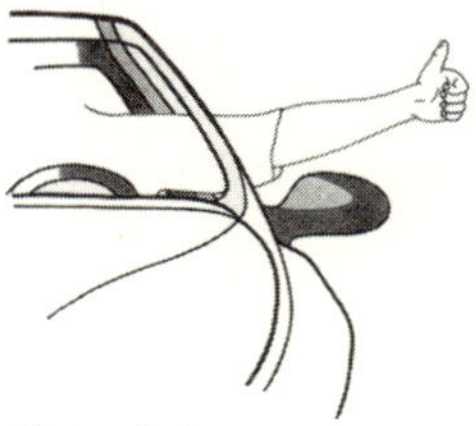

*Verstanden!*

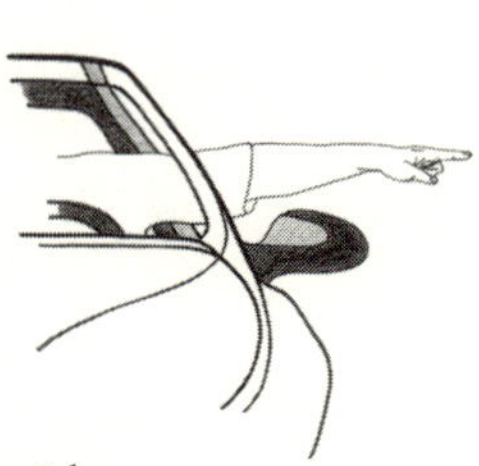

*Wir biegen links ab!*
(Zeichen für den ziehenden Fahrer – mit dem Zeigefinger nach links deuten)

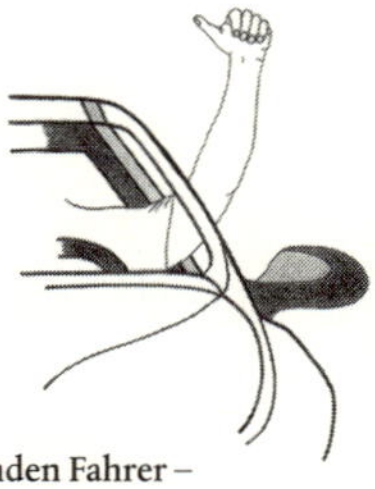

*Wir biegen rechts ab!*
(Zeichen für den ziehenden Fahrer – mit dem Daumen übers Autodach nach rechts deuten)

## Kommen und Gehen

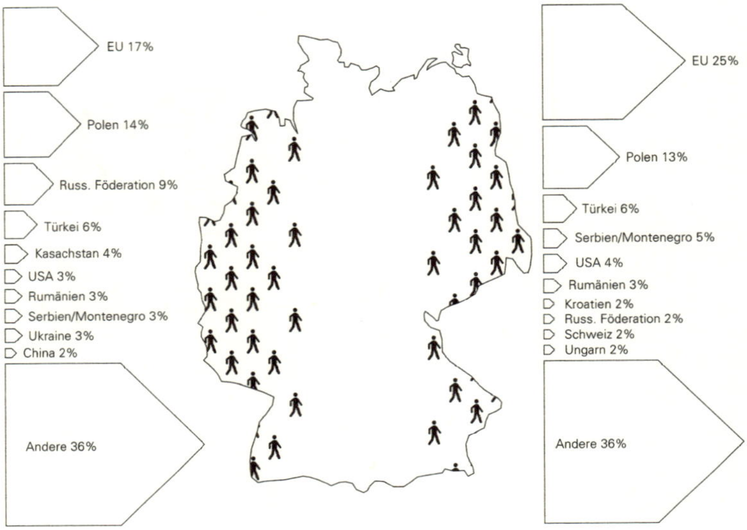


Wohin gehen die Menschen, wenn sie Deutschland verlassen – und woher kommen jene, die nach Deutschland ziehen? Und welche Staatsangehörigkeit haben sie?

Eine – zumindest für das Jahr 2003* – konkrete Antwort darauf gibt die Beauftragte der Bundesregierung für Migration, Flüchtlinge und Integration, auf deren Angaben die Schaubilder beruhen.

Die obere Grafik zeigt die Zuzüge aus den zehn häufigsten Herkunftsländern und -regionen sowie die Fortzüge in die zehn häufigsten Zielländern und -regionen.

Das untere Bild zeigt die Zu- und Fortzüge nach den häufigsten Staatsangehörigkeiten.

Das Ergebnis: Die meisten Menschen kamen aus und zogen in eines der damals 15 EU-Länder, gefolgt von Polen. Und die meisten Menschen, die Deutschland verließen bzw. nach Deutschland kamen, hatten die deutsche Staatsbürgerschaft, gefolgt von jenen mit polnischem und türkischem Paß.

* Aktuellere detaillierte Zahlen lagen leider nicht vor. Polen ist seit der Osterweiterung am 1.5.2004 EU-Mitglied.

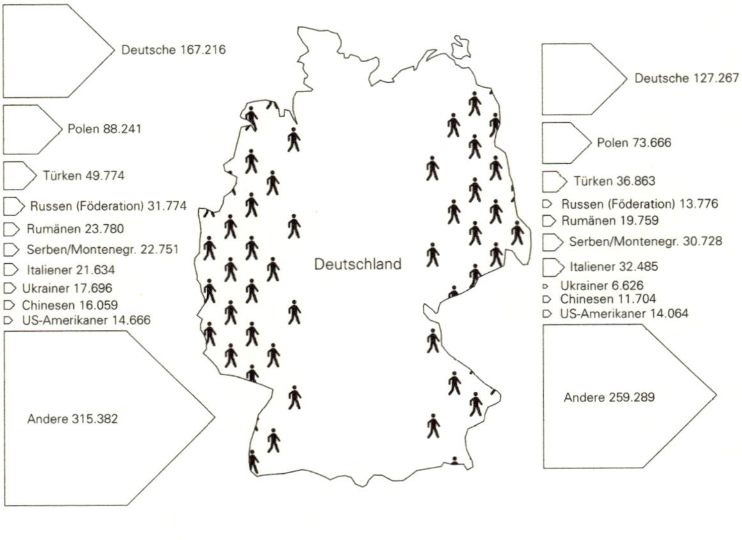

## Die Quetschtechnik

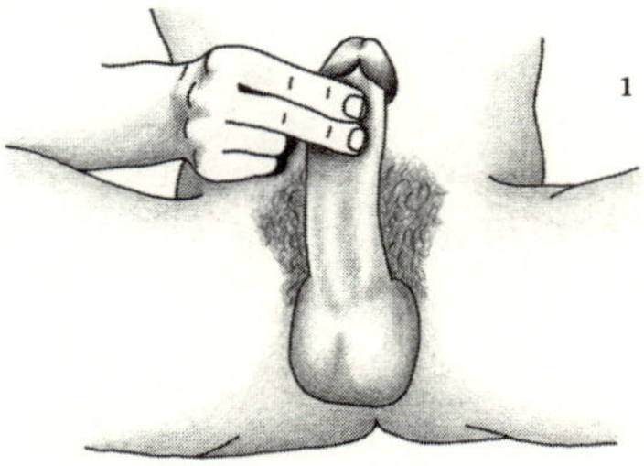

1

Um einen vorzeitigen Samenerguß (lat. *Ejaculatio praecox*) zu verhindern, empfehlen der Arzt und die Psychologin *Masters & Johnson* eine simple Intervention: Im Moment, da der Mann die (als verfrüht empfundene) Ejakulation nahen fühlt, unterbricht er kurz das sexuelle Geschehen und übt sowohl auf die Eichel[1] als auch auf den Penisschaft[2] gemäßigten Druck aus, wodurch der Ejakulationsreflex wirksam unterbrochen wird. Etwa 15 Sekunden später kann es weitergehen. Angewendet werden könne diese Technik u.a. in der Paartherapie oder, wie der »Pschyrembel. Wörterbuch Sexualität« aus dem Jahr 2003 vermerkt, »im Rahmen von individuellen Masturbationsübungen«.

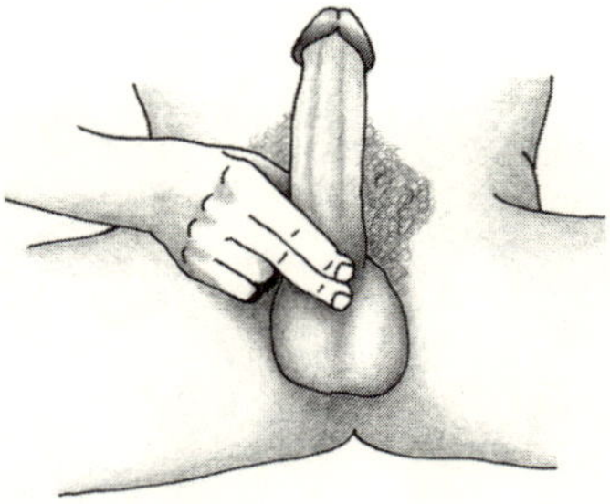

2

## So falten Sie eine Serviette

Wollen Sie Ihre festliche Tafel schmücken, empfiehlt es sich, die Servietten beispielsweise zu stehenden Fächern zu falten. Hier eine kleine Anleitung dafür.

1. Serviette der Länge nach falten und anschließend rund zwei Drittel davon in Ziehharmonikafalten legen.
2. Serviette wenden und die Ziehharmonikafalten stark zusammendrücken.
3. Serviette in der Diagonale …
4. … zu einem Dreick falten.
5. Den überstehenden Teil der Serviette in die Serviette stecken.
6. Serviette aufstellen. Nun müßte sich der Fächer öffnen.

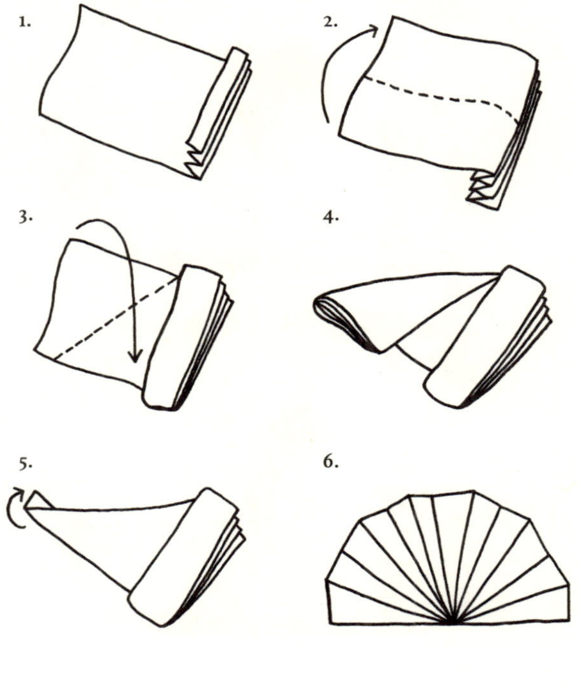

## Warten

Je nachdem, welches Computer-Betriebssystem Sie verwenden, verbringen Sie die Zeit, da Sie auf das Ergebnis eines Rechenprozesses warten. Im Falle von Windows sehen Sie einer Sanduhr dabei zu, wie sie sich dreht, im Fall des Mac OS den winzigen Zeigern auf einer kleinen Armbanduhr. Vielleicht finden Sie es die Sache wert, beim nächsten Warten darüber nachzudenken, was das bedeuten könnte.

Windows

Mac OS

## Wie Europa die Welt entdeckte

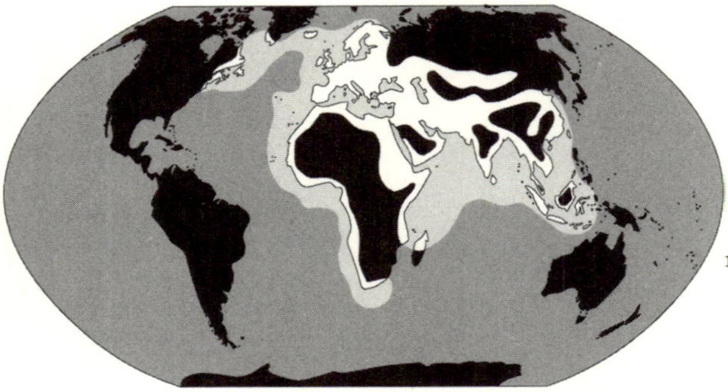

1490

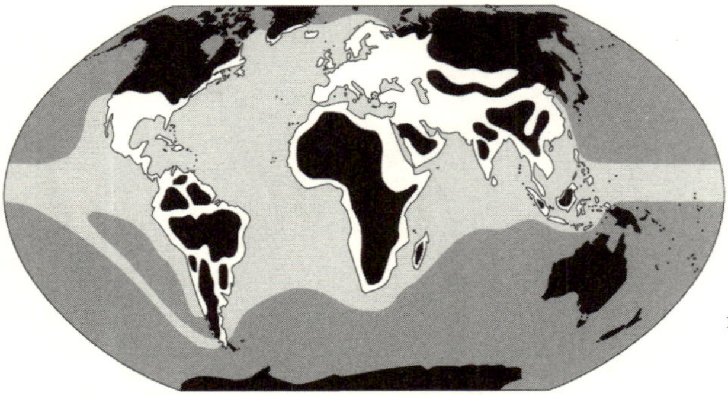

1550

1800

Wie sich im Laufe der Jahrhunderte das Wissen der Europäer über die Welt entwickelte, zeigt diese Graphik auf einfache, dafür aber umso eindringlichere Weise. Sie geht auf eine Anregung des Buchs »The United States. A Graphic History« (1937) von *Louis M. Hacker, Rudolf Modley* und *George R. Taylor* zurück.

Die berühmten »weißen Flecken« auf der Landkarte, also die noch unentdeckten Gebiete, sind in diesem Falle schwarz.

## Sorgen Sie für die korrekte Ansprache

Es kann sehr hilfreich sein, in gewissen Situationen darüber Bescheid zu wissen, wen Sie da vor sich haben – im Falle der Begegnung mit Amtsträgern beispielsweise. Es schafft eine gewisse Atmosphäre der Entspannung, wenn Sie den prüfend ins Autoinnere blickenden Beamten mit einem korrekten »Polizeikommissaranwärter« ansprechen. Da die deutsche Polizei Landesgesetzen unterliegt, finden Sie hier bloß die Auflistung der Dienstgrade der bayerischen Polizei.

So hilfreich eine korrekte Ansprache in Deutschland sein mag – in Österreich empfiehlt es sich stets, Beamte mit dem nächsthöheren Dienstgrad bzw. Titel anzusprechen. So gewinnen Sie ihr Wohlwollen rascher.

### Mittlerer Dienst

Polizeimeisteranwärter/in

Polizeioberwachtmeister/in

Polizeimeister/in

Polizeiobermeister/in

Polizeihauptmeister/in

### Gehobener Dienst

Polizeikommissaranwärter/in

Polizeioberwachtmeister/in geh. D.

Polizeikommissar/in

Polizeioberkommissar/in

Polizeihauptkommissar/in (A 11)

Polizeihauptkommissar/in (A 12)

Erste(r) Polizeihauptkommissar/in

### Höherer Dienst

Polizeirat/rätin

Polizeioberrat/rätin

Polizeidirektor/in

Leitende(r) Polizeidirektor/in

Leitende(r) Medizinaldirektor/in

Polizeipräsident/in

## Einiges aus dem statistischen Warenkorb

Um amtlicherseits festzustellen, wie sehr das Leben für einen durchschnittlichen Konsumenten teurer wird, füllt das Statistische Bundesamt in Wiesbaden einen Warenkorb mit 750 Gütern. Dann beobachtet es die Preisentwicklung jeder einzelnen Ware – vom Elektrogerät über Benzin und Kosmetikartikel bis hin zu Telefongebühr, Buch und Brot –, um schließlich einen gewichteten Mittelwert aus der Preisentwicklung zu errechnen, den »Verbraucherpreisindex«. Dieser ist ein »wichtiger Indikator für die Wirtschafts- und Geldpolitik«, und er »dient beispielsweise internationalen Inflationsvergleichen oder Anpassungen von Wertsicherungsklauseln in privatrechtlichen Verträgen«, so das Bundesamt.

Kg
Shampoo
Deo
Café
PAPIER
PLASTIK
BIO
CD

## Bevor sie in Vergessenheit gerät

*Wer heute durch Berlin geht, hat zunehmend Mühe, sich den Verlauf der 1989 gefallenen Mauer vorzustellen.*
*Hier eine kleine Erinnerungshilfe an den 1961 von der DDR errichteten »antifaschistischen Schutzwall« inkl. der sieben Grenzübergänge zwischen dem Ost- und dem Westteil der Stadt.*

## Kleine Wissenschaft des Schußfahrens

Wer während des Schußfahrens nicht damit ausgelastet ist, seine Skier zu beherrschen, kann sich bewußtmachen, warum er – ohne etwas dazuzutun – den Hang hinunterrast. Schuld daran ist schlicht und einfach die Schwerkraft (Gewichtskraft, $F_G$), die rätselhafteste unter den Kräften. Je größer der Neigungswinkel des Hanges, $\alpha$ = Alpha, (vereinfacht: je steiler es »obi« geht), desto stärker treibt uns die Schwerkraft, die sich übrigens in zwei Komponenten aufschlüsselt: die Normalkraft $F_N$, die senkrecht zur Oberfläche wirkt, und die Hangabtriebskraft $F_H$, die parallel zum Hang wirkt und sich auch als Geschwindigkeit bezeichnen lässt.
Weil Sie Ihre Skier perfekt gewachst haben und um die Sache nicht unnötig zu komplizieren, vernachlässigen wir die Reibungskraft alias $F_R$. Sie sollten Sie bemühen, wenn Ihnen $F_H$ zu große Wirkung entfaltet.

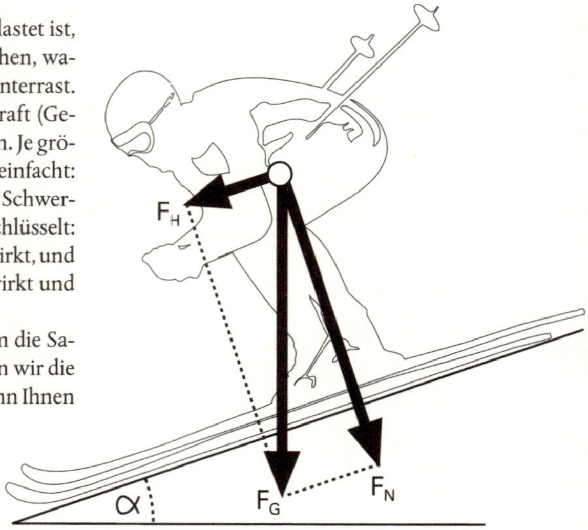

## Unsere Atmosphäre

I. Höhe in km

II. Bezeichnung der Atmosphärenschicht

III. Temperaturen

IV. chemische Zusammensetzung

1. Wolken- und Wetterbildung
2. Erdoberfläche mit Gebirgen
3. Ozonschicht
4. bisher höchster Aufstieg eines bemannten Ballons (34 km, 1961, Golf von Mexiko)
5. leuchtende Nachtwolken
6. Sternschnuppen
7. Feuerkugel und 7a auf der Erde auftreffende Meteorsplitter
8. Kennelly-Heaviside-Schicht, an deren oberer Grenze die …
9. … Radiokurzwellen reflektiert werden
10. Polarlichter in Strahl- und in Draperieformen
11. Polarlichter in homogenen Bögen
12. Orbview-3, Nachfolger von Orbview-1, des ersten privaten Erdbeobachtungs-Satelliten (470 km)
13. Ultrakurzwellen (UKW) strahlen geradlinig ohne Ablenkung in den Weltraum (siehe das Projekt SETI)
14. der nur 1,5 kg schwere Satellit namens »Vanguard I«, wegen seiner Erscheinung »Grapefruit« genannt; gestartet 1958; erstmaliger Einsatz von Solarzellen; lieferte Informationen über die unregelmäßige Erdform.

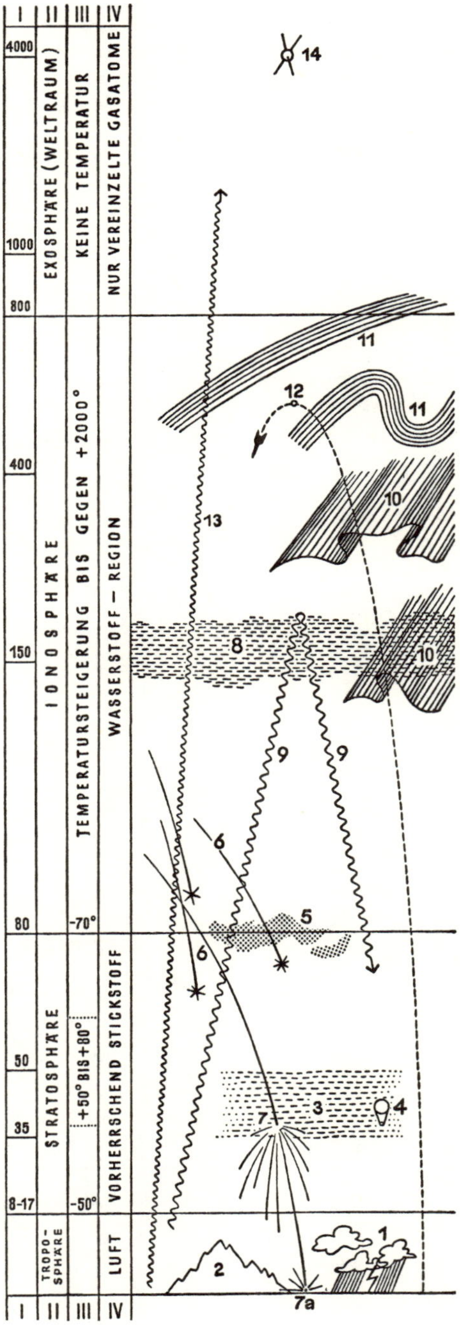

## Kleine Kurvenkunde

Die Definition einer Kurve ist einfach: Alles, was keine Gerade ist, ist eine K.; sie kann sich auf einer Ebene befinden oder eine Raumkurve bilden. Die abgedruckte Tabelle zeigt einige der wichtigeren Kurvenarten – die Entscheidung, sie ins Hausbuch aufzunehmen, fiel weniger aus mathematischen denn aus ästhetischen Gründen. Sie sehen einfach interessant aus. Nichtsdestoweniger hier die Bezeichnungen:

1. *Sinuslinie*
2. *Tangentenkurve*
3. *Logarithmische Linie und Kettenlinie*
4. *Gemeine Cykloide*
5. *Verlängerte und verkürzte Cykloide*
6. *Hypo- und Epicykloide*
7. *Archimedische Spirale*
8. *Hyperbolische Spirale*
9. *Lituus*
10. *Logarithmische Spirale*
11. *Kreisevolvente*
12.1., 12.2. *Traktorien*
13. *Ausgezeichnete Punkte*

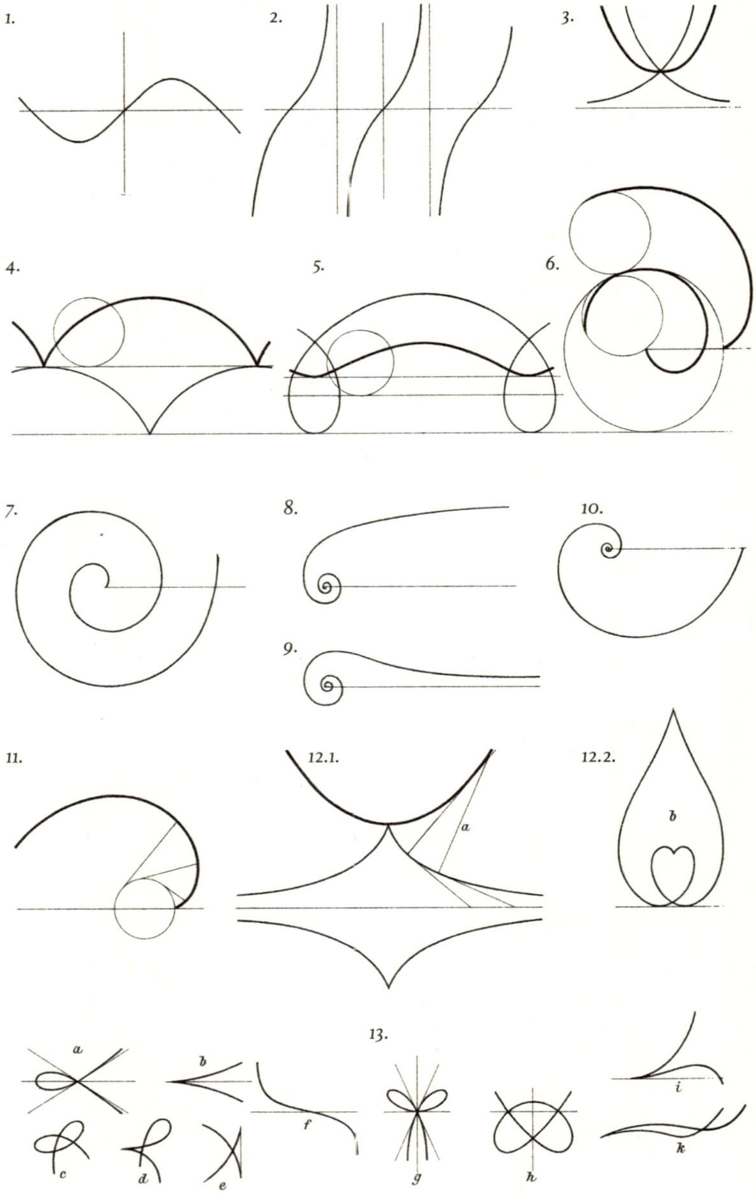

## Von Äpfeln und Birnen

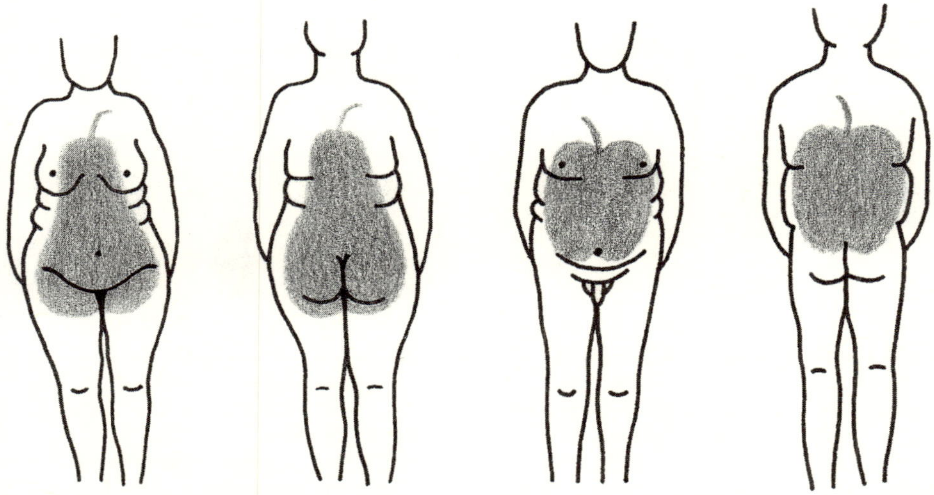

Je nachdem, wo Ihr Körper bevorzugt das Fett ablagert, gehören Sie zum Apfel- bzw. zum Birnentyp. Ersterer bevorzugt die Bauch-, zweiterer die Hüftregion. Apfeltypen sind meist männlichen, Birnentypen meist weiblichen Geschlechts. Während übermäßige Fettablagerungen an der Hüfte gesundheitlich unbedenklich sind, riskieren alle Apfeltypen, an Bluthochdruck oder Diabetes zu erkranken. Ergo: Besser man ißt das entsprechende Obst, als sich seinen Fraktionen anzuschließen.

## Der Hebel und sein Gesetz

Warum lassen sich mit diesem eigenartigen, einrädrigen Gefährt namens Schubkarre so bequem Lasten transportieren? Der Grund dafür ist der Hebel, den die beiden Griffe, das Rad und die Ladefläche bilden: Letztere dient als Lastarm, die Griffe als Kraftarm und das Rad als Drehpunkt. Zur Unverständlichkeit verdichtet wird dieses Zusammenspiel im »Hebelgesetz«, das davon spricht, daß »Kraft mal Kraftarm« gleich »Last mal Lastarm« sei.
In der konkreten Anwendung freilich zeigt sich dessen durchschlagender Erfolg: Ein Hebel setzt uns in die Lage, mit wenig Kraft große Lasten zu heben bzw. Widerstände zu überwinden.

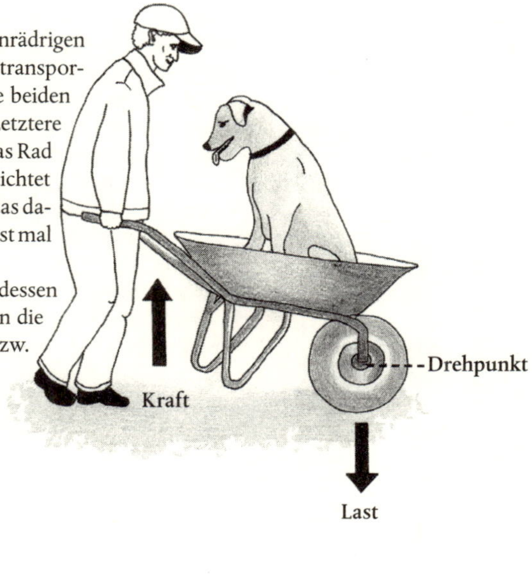

## Die nächsten Sonnenfinsternisse (2007-2020)

Wenn sich der Mond zwischen die Sonne und die Erde schiebt, dann wirft er einen Schatten auf kleine Teile der Erde. Menschen, die sich in diesem Schatten befinden, sprechen dann von einer Sonnenfinsternis, weil sich in ihrer subjektiven Wahrnehmung die Sonne verfinstert hat. Obwohl sich das Phänomen relativ unspektakulär anhört, ist es doch ein Erlebnis höchster Intensität, wenn es am hellichten Tag für kaum mehr als eine Minute Nacht wird, wie das bei der letzten totalen Eklipse in Teilen Deutschlands am 11. August 1999 geschehen ist.

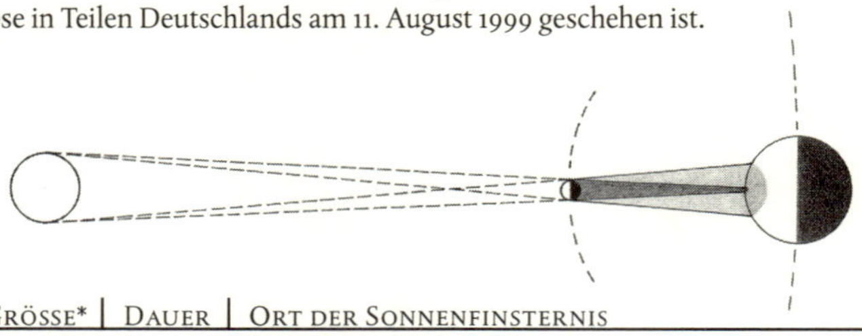

| E | Datum | Typ | Grösse* | Dauer | Ort der Sonnenfinsternis |
|---|---|---|---|---|---|
| | 2007, 19.3. | pa | 0.874 | – | Asien, Alaska |
| | 2007, 11.9. | pa | 0.749 | – | Südamerika, Antarktis |
| | 2008, 7.2. | rf | 0.965 | 02m12s | Antarktis, O-Australien, Neuseeland [rf: Antarktis] |
| | 2008, 1.8. | to | 1.039 | 02m27s | NO-Nordamerika, Europa, Asien [to: N-Kanada, Grönland, Sibirien, Mongolei, China] |
| | 2009, 26.1. | rf | 0.928 | 07m54s | S-Afrika, Antarktis, SO-Asien, Australien [rf: S-Indien, Sumatra, Borneo] |
| | 2009, 22.7. | to | 1.080 | 06m39s | O-Asien, Pazifischer Ozean, Hawaii [to: Indien, Nepal, China, Z-Pazifik] |
| | 2010, 15.1. | rf | 0.919 | 11m08s | Afrika, Asien [rf: Z-Afrika, Indien, China] |
| | 2010, 11.7. | to | 1.058 | 05m20s | S-Südamerika [to: S-Pazifik, Osterinseln, Chile, Argentinien] |
| E | 2011, 4.1. | pa | 0.857 | – | Europa, Afrika, Z-Asien |
| | 2011, 1.6. | pa | 0.601 | – | O-Asien, N-Nordamerika, Island |
| | 2011, 1.7. | pa | 0.097 | – | S-Indischer Ozean |
| | 2011, 25.11. | pa | 0.905 | – | S-Afrika, Antarktis, Tasmanien, Neuseeland |
| | 2012, 20.5. | rf | 0.944 | 05m46s | Asien, Pazifik, Nordamerika [rf: China, Japan, Pazifik, W-USA] |
| | 2012, 13.11. | to | 1.050 | 04m02s | Australien, Neuseeland, S-Pazifik, S-Südamerika [to: N-Australien, S-Pazifik] |
| | 2013, 10.5. | rf | 0.954 | 06m03s | Australien, Neuseeland, Z-Pazifik [rf: N-Australien, Solomon Inseln, Z-Pazifik] |
| | 2013, 3.11. | hy | 1.016 | 01m40s | O-Nord- und Südamerika, S-Europa, Afrika [hybrid: Atlantik, Z-Afrika] |
| | 2014, 29.4. | rf | 0.984 | – | S-Indien, Australien, Antarktis [rf: Antarktis] |
| | 2014, 23.10. | pa | 0.811 | – | N-Pazifik, Nordamerika |
| E | 2015, 20.3. | to | 1.045 | 02m47s | Island, Europa, N-Afrika, N-Asien [to: N-Atlantik, Faröer Inseln, Svalbard (Norwegen)] |
| | 2015, 13.9. | pa | 0.787 | – | S-Afrika, S-Indien, Antarktis |
| | 2016, 9.3. | to | 1.045 | 04m09s | O-Asien, Australien, Pazifik [to: Sumatra, Borneo, Sulawesi (Indonesien), Pazifik] |
| | 2016, 1.9. | rf | 0.974 | 03m06s | Afrika, Indischer Ozean [rf: Atlantik, Z-Afrika, Madagaskar, Indien] |
| | 2017, 26.2. | rf | 0.992 | 00m44s | S-Südamerika, Atlantik, Afrika, Antarktis [rf: Pazifik, Chile, Argentinien, Atlantik, Afrika] |
| | 2017, 21.8. | to | 1.031 | 02m40s | Nordamerika, N-Südamerika [to: N-Pazifik, USA, S-Atlantik] |
| | 2018, 15.2. | pa | 0.599 | – | Antarktis, S-Südamerika |
| | 2018, 13.7. | pa | 0.337 | – | S-Australien |
| E | 2018, 11.8. | pa | 0.736 | – | N-Europa, NO-Asien |
| | 2019, 6.1. | pa | 0.715 | – | NO-Asien, N-Pazifik |
| | 2019, 2.7. | to | 1.046 | 04m33s | S-Pazifik, Südamerika [to: S-Pazifik, Chile, Argentinien] |
| | 2019, 26.12. | rf | 0.970 | 03m39s | Asien, Australien [rf: Saudi Arabien, Indien, Sumatra, Borneo] |
| | 2020, 21.6. | rf | 0.994 | 00m38s | Afrika, SO-Europa, Asien [rf: Z-Afrika, S-Asien, China, Pazifik] |
| | 2020, 14.12. | to | 1.025 | 02m10s | Pazifik, S-Südamerika, Antarktis [to: S-Pazifik, Chile, Argentinien, S-Atlantik] |

E = für europäische Beobachter wg. der geographischen Nähe interessante Sonnenfinsternis
to = total; rf = ringförmig; pa = partiell; hy = hybrid: von ringförmig nach total bzw. umgekehrt wechselnd
S = Süd; W = West; N = Nord; O = Ost ; Z = Zentral
*Größe der Sonnenfinsternis: Die Zahl gibt den Anteil des Durchmessers der Sonne an, der vom Mond verdunkelt wird. Bei partiellen und ringförmigen Sonnenfinsternissen ist der Wert immer kleiner als 1, bei totalen stets größer.

Quelle: NASA / http://sunearth.gsfc.nasa.gov/

## Mann über Bord – und wie Sie ihn wieder holen

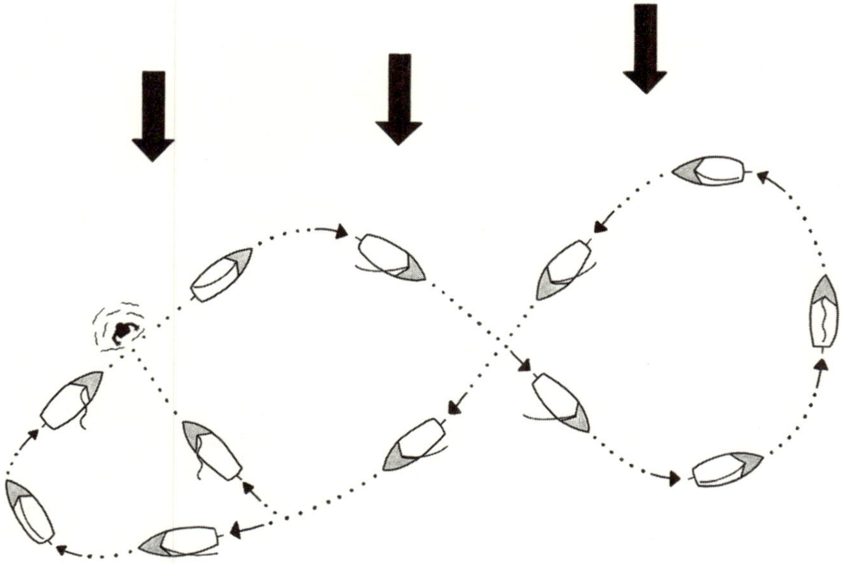

Zu den Übungen, die Segelschüler wieder und wieder absolvieren müssen, gehört das »Mann-über-Bord«-Manöver, denn vor allem bei rauher See sind Menschen, die ins Wasser fallen, schnell außer Sicht. In Gang gesetzt wird das Manöver, sobald jemand »Mann über Bord« ruft. Anschließend segelt man – laienhaft ausgedrückt – eine Acht, um zum Betroffenen zurückzukehren. Entweder auf kurzem Weg, wenn der Großbaum in einer geraden Linie auf den MüB weist, oder nach einer neuerlichen Wende – beide Male mittels eines sog. Beinaheaufschießers.

## Der Diener dreier Herren

»Ein Sprichwort«, sagt Sigmund Freud, »warnt davor, gleichzeitig zwei Herren zu dienen. Das arme Ich hat es noch schwerer«, es diene drei gestrengen »Zwingherren«: Außenwelt, Über-Ich und Es.

In der Folge seiner »Vorlesung zur Einführung in die Psychoanalyse« von 1933 schildert Freud, wie das Ich »um die Bewältigung seiner ökonomischen Aufgabe« ringe, »die Harmonie unter den Kräften und Einflüssen herzustellen, die in ihm und auf es wirken«. Das sei so schwer, daß »wir verstehen, warum wir so oft den Ausruf nicht unterdrücken können: Das Leben ist nicht leicht!« Die Abkürzung »W-Bw« steht übrigens für »Wahrnehmungsbewußtsein«.

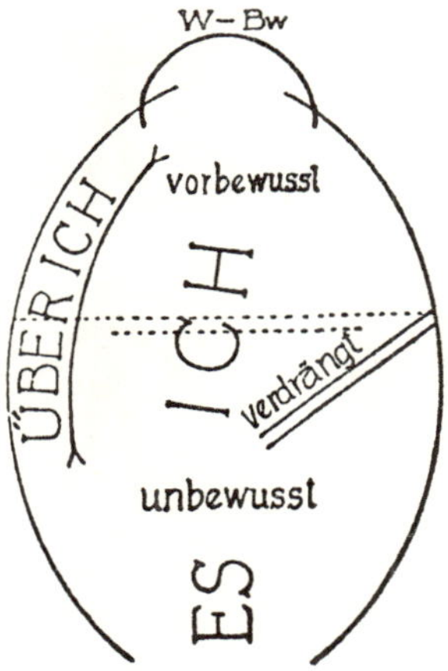

## Fortpflanzung im Höllentempo

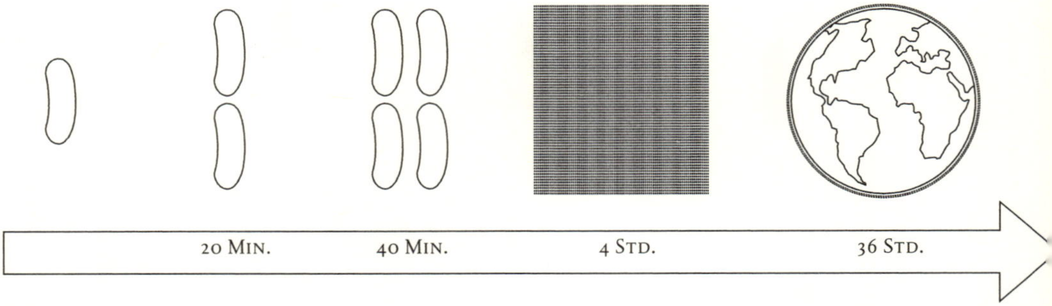


Bakterien zeichnet unter anderem aus, daß sie sich rasend schnell vermehren. So teilt sich beispielsweise der Einzeller namens »Escherichia coli« innerhalb von zwanzig Minuten – und zwar durch einfache Querwandbildung (das heißt: aus dem wurstförmigen Ding werden einfach zwei wurstförmige Dinger). In der Folge kommt es zu einem kollektiven Geteile: Nach 40 Minuten gibt es bereits vier Colibakterien, nach vier Stunden über 4000 und nach einem halben Tag über 68 Milliarden. Würden die Bakterien über ausreichend Nahrung verfügen, könnten sie binnen 36 Stunden die gesamte Oberfläche der Erde mit einem etwa zwei Meter hohen »Escherichia-coli«-Teppich überziehen. Das Bakterium ist übrigens u.a. der Erreger schwerer Durchfallerkrankungen sowie von Harnwegs- und Wundinfektionen.

## Was die Herren wirklich meinen

Auf Flughäfen kann man auffällig bekleidete Herren dabei beobachten, wie sie den langsam sich nähernden Flugzeugen kryptische Anweisungen geben, und zwar mit Kellen bzw. nachts mit leuchtenden Stäben. Die wichtigsten Signale der Einweiser finden Sie hier decodiert.

## Brücken

*Brücken eignet, ähnlich wie Baumhäusern, eine schwer zu beschreibende Faszination. Ob es nun die berühmte Brücke in den Abenteuern von Pu dem Bären ist, auf der er das Spiel »Pustöckchen« erfindet, oder die wackligen Stege, die wir als Kind entlangbalanciert sind – tief unten rauscht das Wasser, das wir zugleich fürchten und suchen.*

1. Baumstamm als Brücke
2. Hängesteg
3. Pontonbrücke
4. Stahlbrücke
5. Steinbrücke
6. Eisenbetonbrücke
7. Jochbrücke
8. Hängebrücke

## So finden Sie Verlorenes leichter wieder

Sollten Sie etwas verloren haben und darauf angewiesen sein, es alleine wiederzufinden, dann empfehlen Fachleute* die Spiralsuche. Bedienen Sie sich dazu tunlichst eines Kompasses und einer Uhr.
Ausgangspunkt Ihrer Suche ist – wie bei allen Suchformen – die Stelle bzw. das Areal, wo Sie das Verlorene zum letztenmal gesehen haben. Zücken Sie den Kompaß und gehen Sie nun eine bestimmte Zeit x (empfehlenswert sind 2 Minuten) Richtung Süden, dann 2 min gen Osten, dann 2 x 2 min gen Norden usf. – viel Glück!

*Neil Wilson, »Sicherheit, Orientierung, Routenplanung«, Pietsch Verlag, 2002

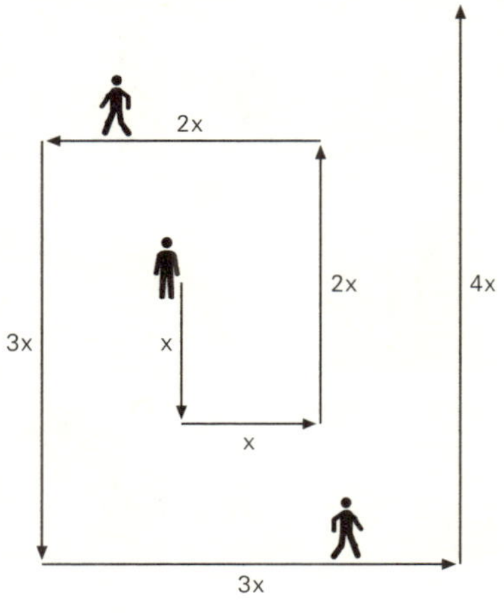

## Was die Stadt und der Staat so tun

Auf die mitunter zynische Frage, was denn die Städte und der Staat mit all den Steuereinnahmen anstellen, die sie uns abnötigen, gab *Ernst Pacolt* in den 50er Jahren diese mittlerweile romantisch anmutende (graphische) Antwort.

## Nigerianische Dimensionen

Es gehört zur Unart der europäischen Sichtweise, sich falsche Vorstellungen über die wahren Größenverhältnisse auf der Welt zu machen. Als kleine Lektion in Sachen Flächenausdehnung mag das Beispiel der westafrikanischen Republik Nigeria dienen. Während bei einem Blick auf Afrika Nigeria nicht weiter groß erscheint, zeigt sich bei näherem Blick, daß man bequem die Grundfläche von Deutschland, Italien und Großbritannien in Nigeria unterbringen könnte.

Für Zahleninteressierte sieht das so aus:

| | |
|---|---|
| Deutschland: | 357.020 km² |
| Italien: | 301.336 km² |
| Großbritannien: | 242.910 km² |
| Nigeria: | 923.768 km² |

## Die Drittel-, Viertel- und Siebzehnteltorte

Eine gewisse Grundsympathie der Mathematik gegenüber hängt manchmal von nichts anderem ab als von einer gewissen Anschaulichkeit.
Für alle, denen Brüche zu abstrakt sind, haben wir hier sechs Spezialtorten versammelt, kenntlich gemacht durch Schraffuren (v.l.o.n.r.u.): die Halb-, die Dreiviertel, die Zweidrittel-, die Achtel-, die Siebenachtel- und die Dreisiebzehnteltorte.

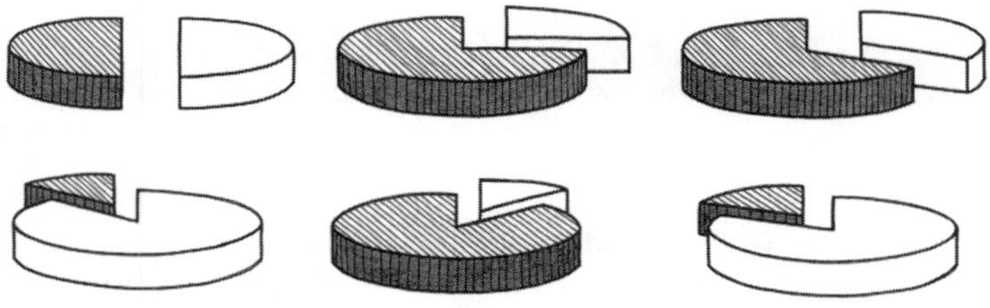

## Die Ampel für die Tram

Was die Signale auf der Straßenbahn-Ampel (aka »Lichtzeichenanlage«) zeigen, betrifft Sie als Auto- und Radfahrer zwar nicht, aber es verschafft Ihnen vielleicht einen Moment des Innehaltens, wenn Sie wissen, daß die neben Ihnen stehende Tram gleich vor Ihnen rechts abbiegen wird.

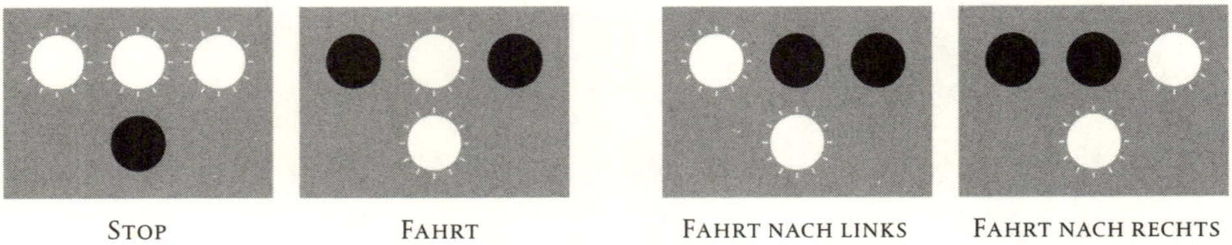


## So bauen Sie einen Iglu

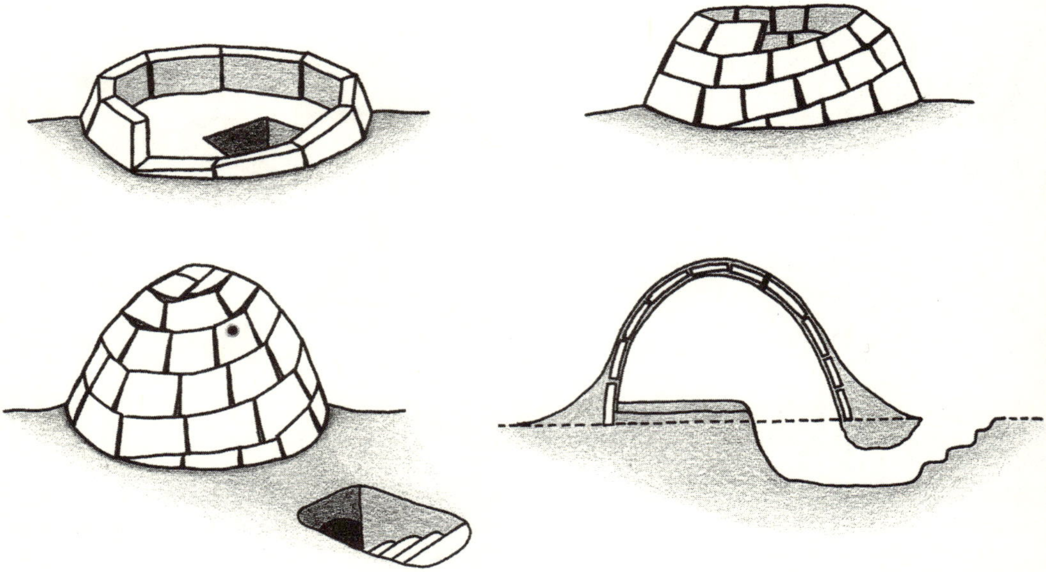

Sollten Sie in schneebedeckten einsamen Gegenden in die Verlegenheit kommen, unter freiem Himmel übernachten zu müssen, sollten Sie sich einen Iglu bauen. Eine wichtige Voraussetzung: Der Schnee, den Sie als Baumaterial verwenden, muß so dicht und kompakt sein, daß er sich zu Ziegeln sägen läßt.
Beginnen Sie mit schrägen, keilförmigen Ziegeln und kippen Sie sie leicht nach innen; schichten Sie nun wie angegeben die Schneequader in einer Spirale übereinander; diese sollten ca. 80 x 60 x 15 cm messen.

Sobald der Iglu steht, graben Sie einen Eingang – der Fußboden des Iglu muß höher liegen als der Eingang; andernfalls entweicht die warme Luft aus dem Igluinneren. Schließen Sie die Löcher zwischen den Ziegeln mit festem Schnee. Und fragen Sie sich schließlich, wie Sie es jedesmal schaffen, in solch interessante Situationen zu geraten.

## Die vielen Wohnorte der Seele

Durchkämmt man die Philosophie- und Religionsgeschichte danach, in welchem Körperteil die Seele des Menschen sitze, findet man viele divergierende, wenngleich stets vom selben Ernst erfüllte Antworten. Einige der häufig genannten Orte sind: Blut, Brust, Gehirn / Gehirnteile, Herz, gesamter Körper, Kopf, Rückgrat, Magen, Unterleib.

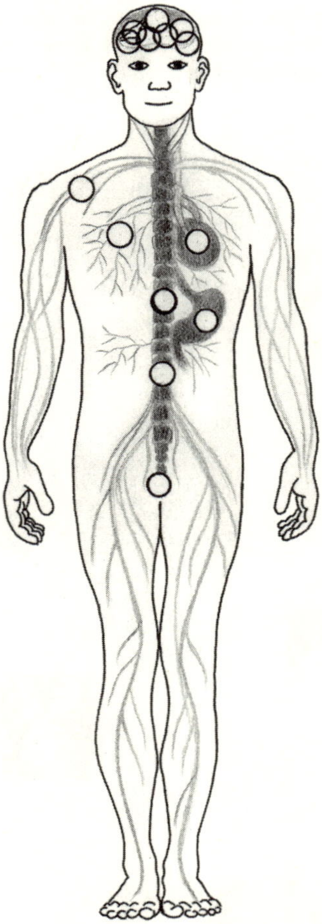

## Obermaterial Leder?

Die europäische Schuhkennzeichnungsrichtlinie schreibt vor, daß Hersteller von Schuhen mittels Symbolen deutlich machen müssen, wo sie welche Materialien verwendet haben. Hier die offiziellen Symbole. Mit den ersten drei zeigen sie, welcher Schuhteil gemeint ist:

1. *Futter und Deckensohle*
2. *Laufsohle*
3. *Obermaterial*

Mit den unteren vier Symbolen bezeichnen sie das Material:

4. *Leder*
5. *sonstiges Material*
6. *beschichtetes Leder*
7. *Textil*

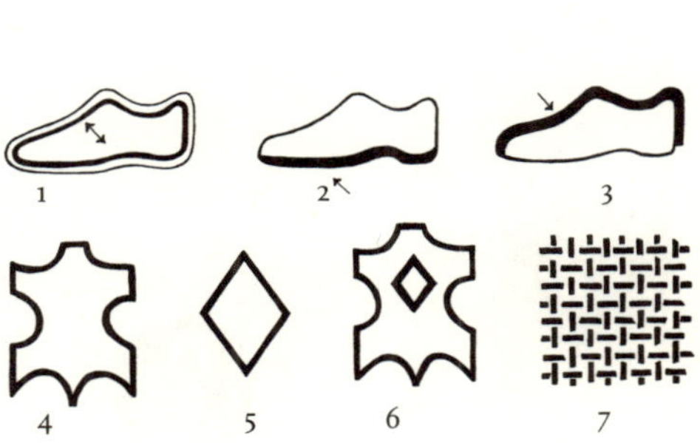

## Tierische Logos und Werbeträger

Um für ihre Zwecke zu werben, haben viele Unternehmen auf die Fauna zurückgegriffen und die Logos ihrer Marken bzw. ihre Werbung mit Tieren bevölkert – wenn sie nicht gleich das Produkt nach dem entsprechenden Tier benannt haben. Ein kleines Bestiarium.

2

4

9

1

27

17

14

25

32

28

29

12

3

35

30

36

20

19

22

26

13

7

8

24

16

21

6

23

37

33

31

5

15

18

10

11

34

| | |
|---|---|
| 1. FC Köln | 1 |
| Agip | 2 |
| Alfa Romeo | 3 |
| Bacardi | 4 |
| Bärenmarke | 5 |
| Camel | 6 |
| Condor | 7 |
| Eichborn Verlag | 8 |
| Erdal | 9 |
| Ferrari | 10 |
| Finlandia Vodka | 11 |
| Flensburger Pilsener | 12 |
| Grasshoppers Zürich | 13 |
| Hustinettenbär | 14 |
| Jack Wolfskin | 15 |
| Jägermeister | 16 |
| Jaguar | 17 |
| Kanga Roos | 18 |
| La Vache Qui Rit | 19 |
| Lacoste | 20 |
| Linux | 21 |
| Löwenbräu | 22 |
| Lufthansa | 23 |
| Metro-Goldwyn-Mayer | 24 |
| Osborne | 25 |
| Pelikan | 26 |
| Peugeot | 27 |
| Playboy | 28 |
| Porsche | 29 |
| Puma | 30 |
| Mustang (Jeans) | 31 |
| Red Bull | 32 |
| Salamander | 33 |
| S. Fischer Verlag | 34 |
| Springer Verlag | 35 |
| Ullstein Verlag | 36 |
| WWF | 37 |

## Verständigung leicht gemacht - zumindest theoretisch

Rein schematisch gesehen ist die Kommunikation zwischen Menschen nicht allzu schwierig. Wollen Sie einem anderen etwas mitteilen, und zwar über eine weitere Strecke hinweg, beschreiten Sie am besten den telekommunikativen Weg. Im ersten Schritt codieren Sie als Sender Ihre Nachricht in eine Sprache, die Ihr Computer versteht (Sie tippen z.B. eine E-Mail).

Im zweiten Schritt wird Ihre Nachricht über einen bestimmten Kanal (beginnend z.B. mit dem Kabel unter Ihrem Schreibtisch) auf den Computer des Empfängers übertragen.

Im dritten Schritt wird Ihre Nachricht in Zeichen rückübersetzt, die der Empfänger versteht.

Für Mißverständnisse bleibt, wie jeder sehen kann, in dieser Kette des Verstehens kein Platz.

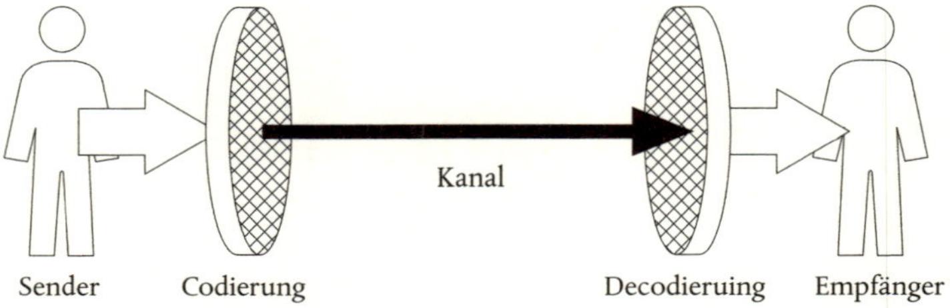


## Internationale Elektrostecker-Typen

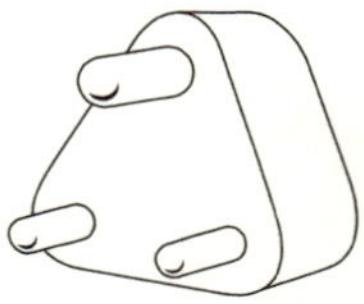
Indien, Südafrika

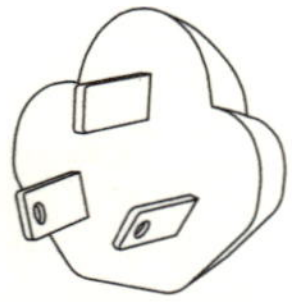
Australien, China, Neuseeland

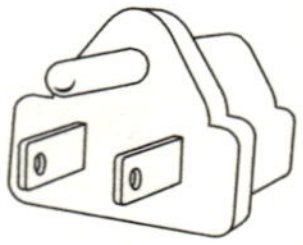
Japan, Kanada, Taiwan, USA

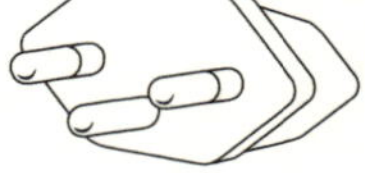
Schweiz

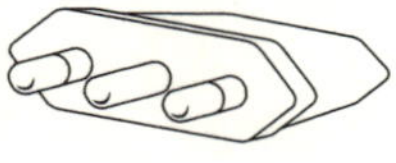
Italien

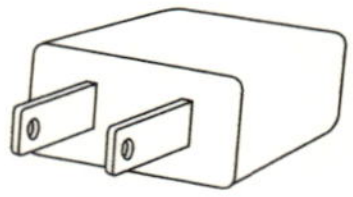
China, Japan, Taiwan, USA

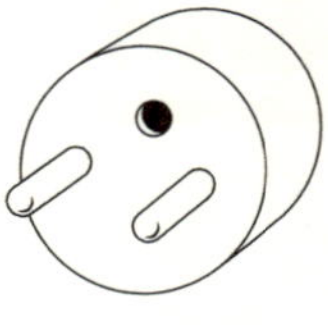
Frankreich, Belgien

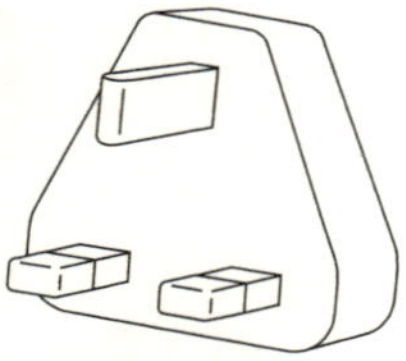
China, Großbritannien, Hongkong, Singapur

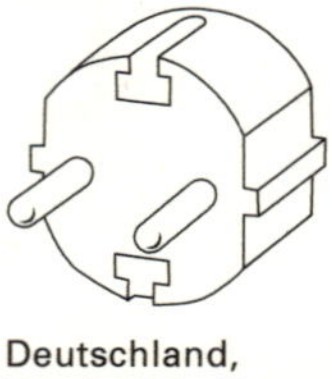
Deutschland, Frankreich, Korea, Österreich,

## Der Ritter und seine Rüstung

Während die Beliebtheit von Cowboys und Indianern unter Kindern im Schwinden begriffen ist, erfreuen sich Piraten und Ritter weiterhin größter Bewunderung. Eine kleine Handreichung für etwaige Debatten um Details.

A. *Ritter in voller Rüstung (15. Jhdt)*
1. *Helm*
2. *Halsberge*
3. *Brustharnisch*
4. *Vorderpflug*
5. *Rüsthaken (zum Einhängen der Lanze)*
6. *Achsel*
7. *Oberarmzeug*
8. *Ellbogenkachel*
9. *Unterarmröhre*
10. *Handschuh*
11. *gefingerter Teil d. Handschuhs*
12. *Bauchreifen und Beintasche*
13. *Schwert*
14. *Kettenhemd*
15. *Diechling*
16. *Kniebuckel*
17. *Beinröhre*
18. *Schuh*
19. *Sporn*

B. *Helm (13. Jhdt)*
1. *Stirnstulp*
2. *Visier (geschlossen)*
3. *Kinnreff*
4. *Kamm*

C. *Schallern (15. Jhdt)*
D. *Kübelhelm (13. Jhdt)*
E. *Ritter in Kettenpanzer und Glockenhelm (12. Jhdt)*
F. *Glockenhelm mit geöffnetem Visier*
G. *Schild (Tartsche)*
H. *Spangenhelm*
I. *Gepanzertes Pferd*
J. *Ritterturnier (13. Jhdt)*

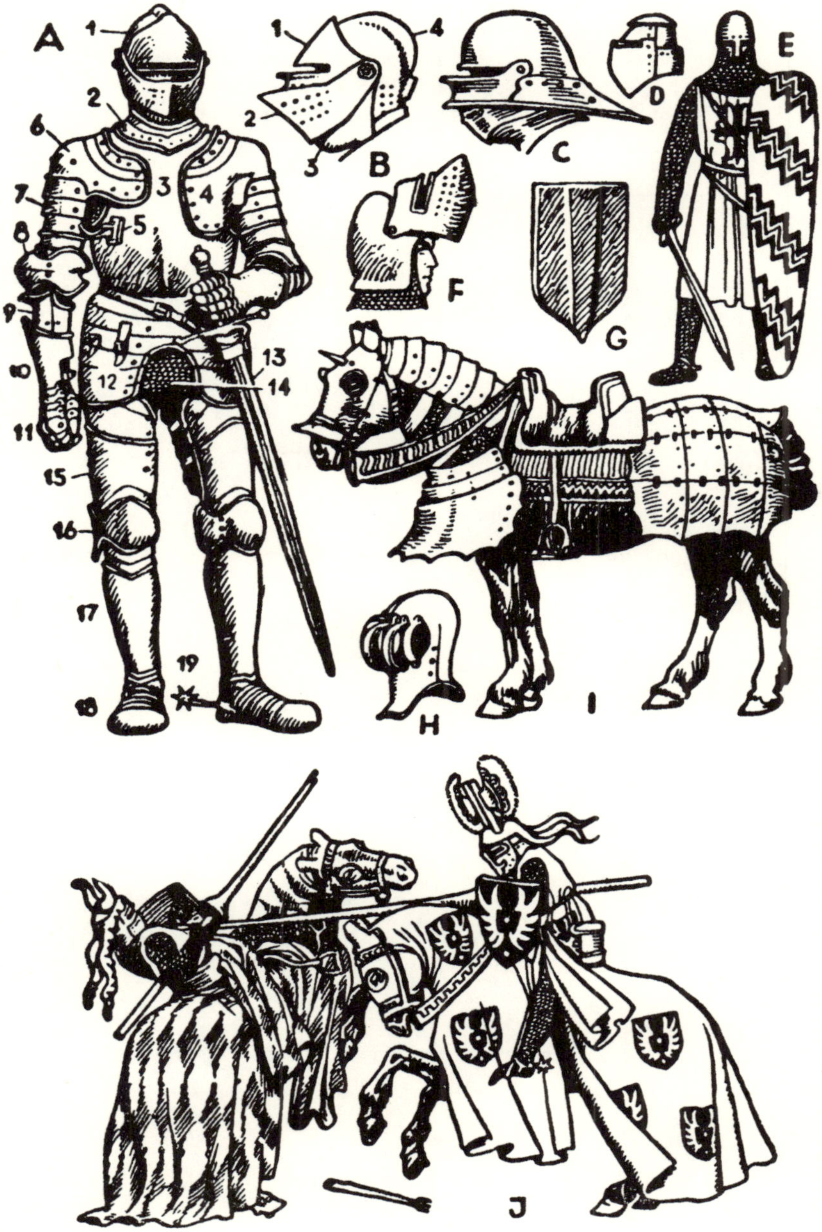

## Deutschland vs Griechenland – 0:1

In einem Sketch für die zweite Folge der Serie »Monty Python's Fliegender Zirkus«* trafen deutsche und griechische Philosophen in einem Fußballspiel aufeinander. Endstand 0:1. Das Ergebnis kam weniger dadurch zustande, daß die Philosophen mit dem Ball spielten. Vielmehr dachten sie nach und gingen ein wenig auf dem Spielfeld einher – sehr zur Irritation des einzigen echten Fußballers auf dem Platz, Franz Beckenbauer, dessen Nominierung folgerichtig auch als »Überraschung« galt.
Das Kopfballtor fiel in der 89. Minute durch Kapitän Sokrates; vorangegangen war ihm die Erkenntnis von Archimedes, wozu ein Ball dient (»Heureka!«).
Hier die Mannschaftsaufstellungen – während die deutsche den Angaben von Monty Python folgt, ist die griechische eine Synthese aus verstreuten Thesenfragmenten.

* produziert im Auftrag des WDR und 1972 erstmals gesendet in der ARD

* Mannschaftskapitäne
Schiedsrichter: Konfuzius
Linienrichter: St. Augustin, Thomas von Aquin

## So zeichnen Sie einen Kopf

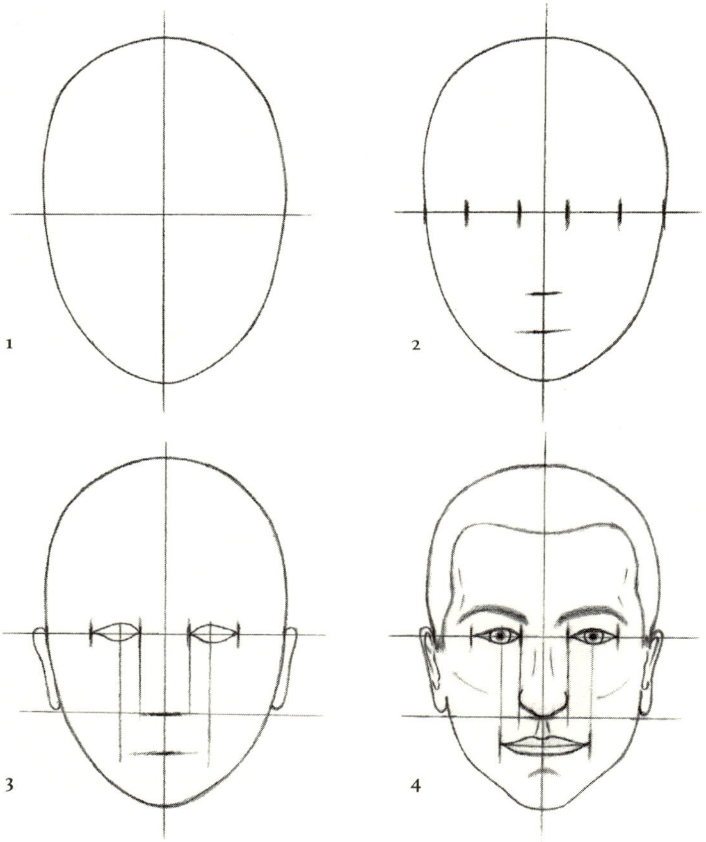


1 Nehmen Sie ein leeres Blatt und einen gespitzten Bleistift zur Hand. Zeichnen Sie ein Oval. Ziehen Sie durch das Oval eine senkrechte Linie. Anschließend eine waagerechte Linie, die die senkrechte genau in der Mitte kreuzt. Die Horizontale stellt die Augenlinie dar.

2 Die Nase: Suchen Sie nun den untersten Punkt der Nase, der ungefähr auf der Mitte zwischen der Augenlinie und dem unteren Rand des Ovals liegt. Markieren Sie diesen Punkt durch einen kleinen Querstrich.
Der Mund: Auf der Mitte zwischen Nasen-Querstrich und Kinn befindet sich der untere Rand der Unterlippe.

3 Die Augen: Der Abstand der Augen zueinander entspricht der Breite eines Auges. Teilen Sie die Augenlinie also in fünf gleichlange Abschnitte. Zeichnen Sie um den zweiten und vierten Abschnitt je ein Augenoval. Markieren Sie deren Mittelpunkte und die Innenwinkel der Augen und verlängern Sie diese Punkte senkrecht nach unten. Die Innenwinkellinie trifft auf die Nasenlinie und markiert die seitlichen Ränder der Nasenflügel. Die Mittelpunktlinien treffen auf die Mundlinie und geben dort die Mundwinkel an.
Die Ohren: Wenn Sie die Augenlinie über das Oval hinaus verlängern, ergibt sie die oberen Ränder der Ohren. Die Ohrläppchenspitze endet auf Höhe der Nasenunterkante.

4 Großes Finale: Erwecken Sie Ihre Skizze zum Leben, indem Sie Augen, Ohren, Mund und Haar ihre endgültige Gestalt verleihen.

## Papier - Stein - Schere

Wer schlägt wen? Die Graphik macht die Spielregeln dieses klassischen Kinderspiels auf einen Blick klar.

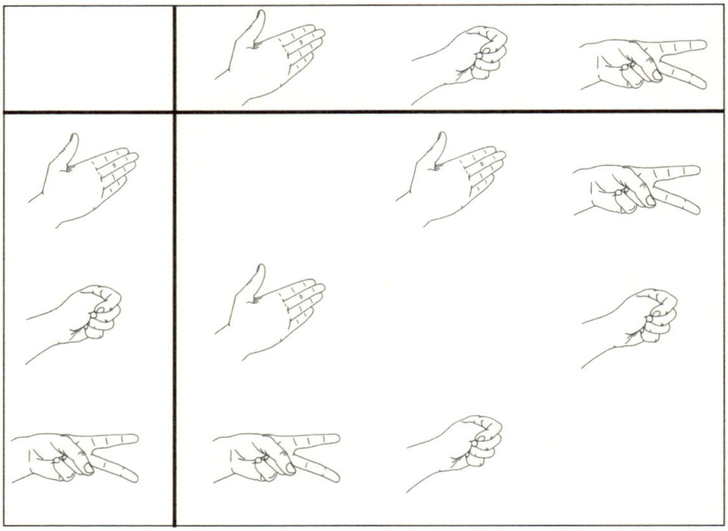

## So heben Sie schwere Lasten richtig

Daß es bei einer Tätigkeit wie dem Hochheben einer Last Wichtiges zu bedenken gibt, wollen wir uns angesichts der Alltäglichkeit des Vorgangs schwer vorstellen. Und doch können wir dabei alles falsch machen – und die meisten von uns machen es auch falsch. Erkrankungen der Wirbelsäule beugen wir vor, wenn wir uns angewöhnen, Lasten richtig zu heben, und zwar, indem wir bei geradem Rücken in die Knie gehen, die Last aufnehmen und uns mit den Beinen langsam hochdrücken; dabei sollten wir einen hüftbreiten Stand einnehmen. Das war's auch schon.

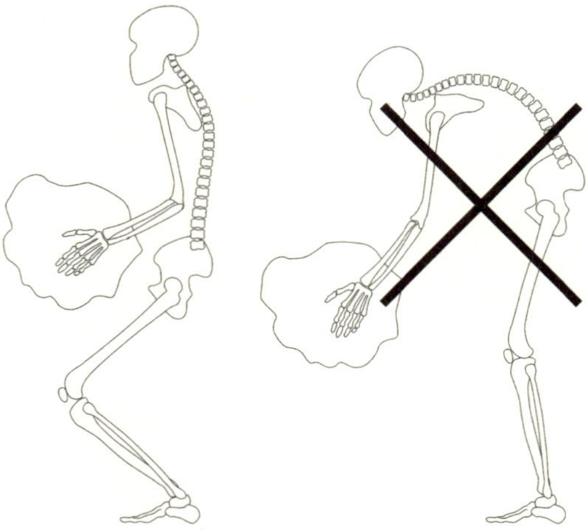

## Die Bestandteile eines Fußballs

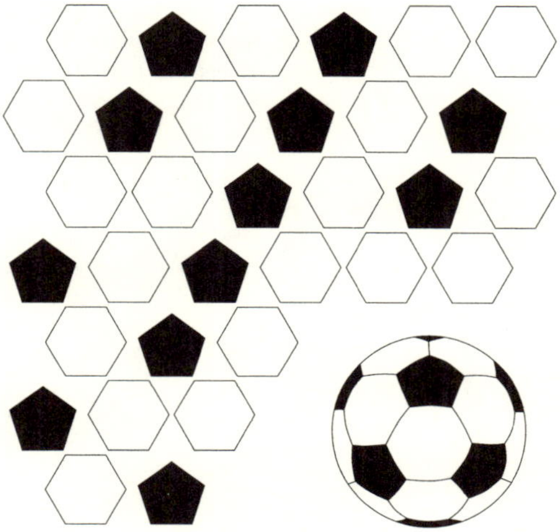

Wer Antworten auf die Grundfragen der Menschheit sucht, ist bei der »Sendung mit der Maus« sehr gut aufgehoben. So weiß man dort auch, woraus Fußbälle bestehen. Und zwar aus sogenannten Panels, 32 an der Zahl: 19 sechseckigen (weiß) und 12 fünfeckigen (schwarz) ohne Loch sowie 1 sechseckigen mit Loch (weiß). Es braucht ca. 1.000 Stiche, um aus diesen Bestandteilen einen funktionstüchtigen Ball zusammenzunähen. Lauter Informationen, die wir der Redaktion der Maus verdanken.

## So fesseln Sie einen Menschen

Wir wissen zwar nicht, warum Sie das wollen sollten – aber falls Sie jemals in die Lage kommen, jemanden schnell und effektiv fesseln zu müssen, gibt es dafür mehrere Möglichkeiten. Als Fesseln empfehlen sich sogenannte Flex Cufs, wie sie die Polizei mittlerweile oft statt der klassischen Handschellen einsetzt. Flex Cufs sind schmale Bänder aus Kunststoff, deren Schließe sich nur einmal verwenden läßt. Wollen Sie dem Betreffenden die Fesseln wieder abnehmen, müssen Sie sie mit einer Spezialzange durchschneiden.
Die weißen Bänder werden auch für andere Zwecke verwendet – u.a. für das Schließen von Säcken oder das Bündeln von Kabeln.

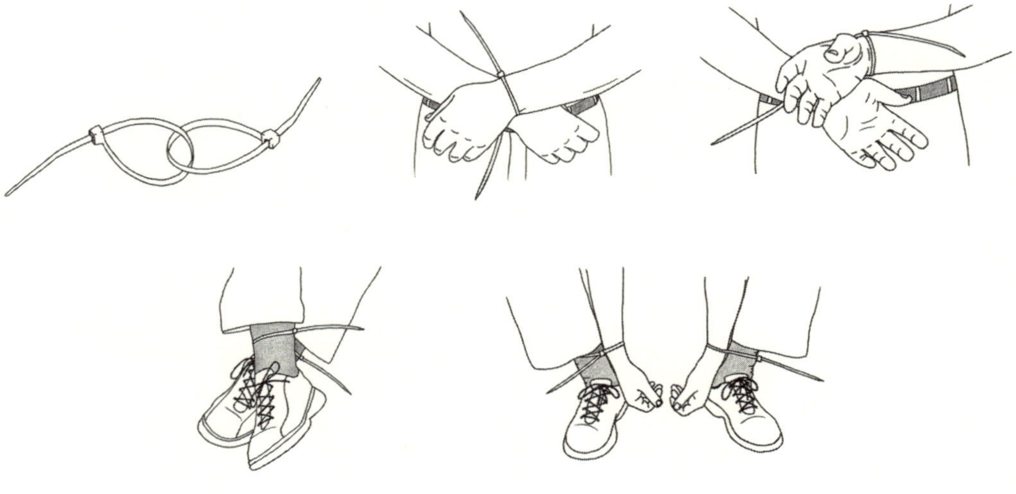

## Wer bin ich?

Hilfe bei der Beantwortung dieser schwierigen Frage bietet Ihnen vielleicht eine Methode, der sich die Marktforscher bedienen. Sie teilen die Gesellschaft in spezifische Gruppen ein, sogenannte Sinus-Milieus*. Die Mitglieder eines Milieus zeichnen sich dadurch aus, daß sie einen ähnlichen Lebensstil und Geschmack haben, daß sie ähnliche Werte vertreten und daß sie ähnliche Dinge kaufen und ähnliche TV-Sendungen sehen. Merke: Wer seine potentiellen Kunden näher kennt, kann ihnen mehr verkaufen.

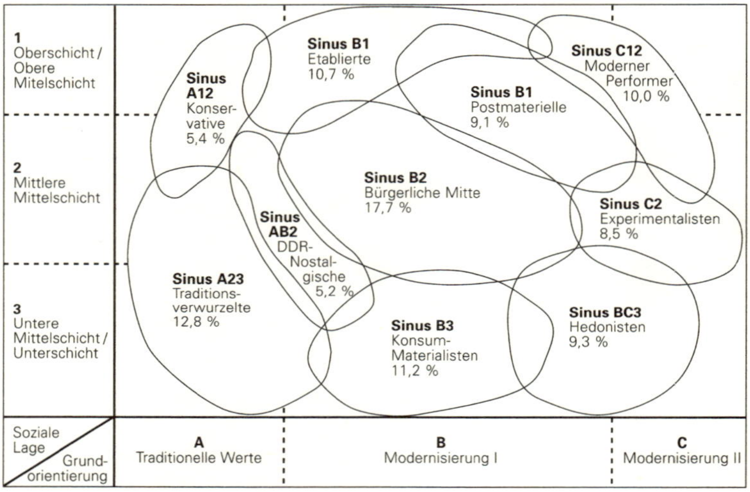


### GESELLSCHAFTLICHE LEITMILIEUS

| | | |
|---|---|---|
| *Etablierte* | 10,70% | Das selbstbewußte Establishment: Erfolgs-Ethik, Machbarkeitsdenken und ausgeprägte Exklusivitätsansprüche |
| *Postmaterielle* | 9,10% | Das aufgeklärte Nach-68er-Milieu: Postmaterielle Werte, Globalisierungskritik und intellektuelle Interessen |
| *Moderne Performer* | 10,00% | Die junge, unkonventionelle Leistungselite: intensives Leben (beruflich und privat), Multi-Optionalität, Flexibilität und Multimedia-Begeisterung |

### TRADITIONELLE MILIEUS

| | | |
|---|---|---|
| *Konservative* | 5,40% | Das alte deutsche Bildungsbürgertum: konservative Kulturkritik, humanistisch geprägte Pflichtauffassung und gepflegte Umgangsformen |
| *Traditionsverwurzelte* | 12,80% | Die Sicherheit und Ordnung liebende Kriegsgeneration: verwurzelt in der kleinbürgerlichen Welt bzw. in der traditionellen Arbeiterkultur |
| *DDR-Nostalgische* | 5,20% | Die resignierten Wende-Verlierer: Festhalten an preußischen Tugenden und altsozialistischen Vorstellungen von Gerechtigkeit und Solidarität |

### MAINSTREAM-MILIEUS

| | | |
|---|---|---|
| *Bürgerliche Mitte* | 17,70% | Der statusorientierte moderne Mainstream: Streben nach beruflicher und sozialer Etablierung, nach gesicherten und harmonischen Verhältnissen |
| *Konsum-Materialisten* | 11,20% | Die stark materialistisch geprägte Unterschicht: Anschluß halten an die Konsum-Standards der breiten Mitte als Kompensationsversuch sozialer Benachteiligungen |

### HEDONISTISCHE MILIEUS

| | | |
|---|---|---|
| *Experimentalisten* | 8,50% | Die extrem individualistische neue Bohème: ungehinderte Spontaneität, Leben in Widersprüchen, Selbstverständnis als Lifestyle-Avantgarde |
| *Hedonisten* | 9,30% | Die Spaß-orientierte moderne Unterschicht/ untere Mittelschicht: Verweigerung von Konventionen und Verhaltenserwartungen der Leistungsgesellschaft |

Quelle: AGF/GfK Fernsehforschung, pc#tv, Stichtag 01.01.2006, Basis Fernsehpanel D+EU, Erwachsene 4+

*Die Methode wurde vom Heidelberger Unternehmen *Sinus Sociovision* entwickelt.

## Das besterforschte Lebewesen

Daß die Taufliege (lat. *Drosophila melanogaster*) das besterforschte Lebewesen ist und zum Liebling der klassischen Genforschung wurde, hat ein paar einfache Gründe:

→ Sie lebt nur 14 Tage.

→ Sie ist winzig (2–3 mm lang), weshalb tausende auf kleinstem Raum gehalten werden können und die Chance, Fliegen mit veränderten Erbeigenschaften zu finden, recht hoch ist.

→ Sie besitzt nur vier verschiedene Chromosomen, zudem unterscheiden sich das X- und das Y-Chromosom deutlich voneinander.

→ Sie besitzt Riesenchromosomen in verschiedenen Organen, die sich bestens dazu eignen, die Veränderung von Chromosomenstrukturen zu untersuchen.

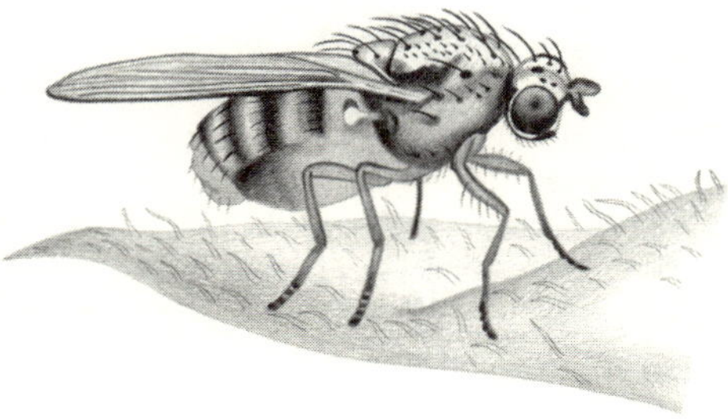

 Originalgröße

## Der Kreislauf des Wassers

Wie vieles in der Natur, so sind auch die Wasservorräte der Erde eingebettet in einen ständigen Kreislauf – ohne daß dabei Wasser verloren gehen würde. Man kann dieses ständige Auf und Ab des Wassers vereinfacht so beschreiben: Das Wasser der Meere, der Seen, der Flüsse und des Festlandes verdunstet, gelangt in die Atmosphäre, kondensiert, bildet Wolken und gelangt in Form von Regen bzw. Schnee wieder auf die Erde, sammelt sich in Flüssen, die wiederum ins Meer gelangen.

## Der geniale Vereinfacher

Wie kann es gelingen, alles Wesentliche zu erklären, ohne eine Wort zu sagen? Die Antwort auf diese Frage wäre idealerweise ein simples, unmißverständliches Bildzeichen, das auf einen Blick alle wichtigen Informationen gibt. Kurz: ein Piktogramm.
Ein Mann, der sich – einmal abgesehen von unzähligen weiteren Arbeiten, u.a. der Neuentwicklung der Schriftenfamilie »rotis« – sehr um die Weiterentwicklung dieser Kunstform verdient gemacht hat, war der deutsche Designer und Autor Otl Aicher, der Gestaltungsbeauftragte der Olympischen Spiele von München, 1972. Auf der Basis der Piktogramme der Spiele von Tokyo (1964) schuf er eine Reihe von Bildern für Sportarten, Service und Verkehr.

Die abgebildeten Piktogramm stehen für:

1. Leichtathletik
2. Gehen
3. Dreisprung
4. Schwebebalken

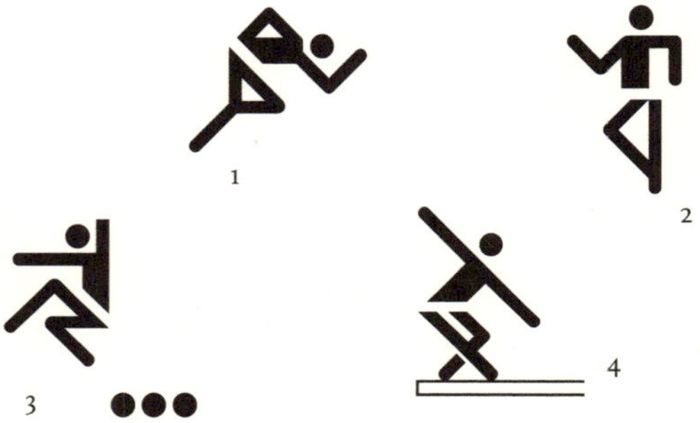


Die Abbildung der Piktogramme erfolgt mit freundlicher Genehmigung der Fa. ERCO Leuchten GmbH. © 1976 by ERCO Leuchten GmbH

## Labyrinthe

Labyrinthe sind nicht nur schwer zu durchquerende Irrgärten, sondern auch Schauplätze antiker Dramen. So baute Daidalos im Auftrag von König Minos auf Kreta die Urform aller späteren Labyrinthe, um das Ungeheuer namens Minotaurus zu beherbergen.
Einen ganz anderen Zweck erfüllt das berühmte Labyrinth aus der Kathedrale von Chartres (s. nebenstehende Abb.), das im Jahr 1200 fertiggestellt wurde und zu den klassischen mittelalterlichen Labyrinthen gehört: Seine Kreisform (12 Meter im Durchmesser) gilt als Symbol Gottes und der Ewigkeit.

## Zwei Anziehpuppen für Zeitgenossen

Ob Sie nun eine zeitgenössische Frau oder ein zeitgenössischer Mann sind: Im Gegensatz zu den Generationen vor Ihnen erwartet man von Ihnen, daß Sie mindestens vier Rollen perfekt auszufüllen in der Lage sind: jene des höchst erfolgreichen Berufstätigen, des liebevollen Familienmenschen, des erotischen Sextigers und des stets jugendlichen Hedonisten. Sollte Sie bisweilen das Gefühl der Überforderung beschleichen, helfen Ihnen vielleicht die beiden Anziehpuppen. Schneiden Sie die entsprechende Figur samt zugehöriger Kleidung aus und behängen Sie sich nacheinander mit allen Rollenoutfits. Anschließend werden Sie erkennen, daß man vielleicht etwas viel von Ihnen verlangt.

Es liegt bei Ihnen, ob Sie nun einige Ihrer Outfits verbrennen oder sich eine Kompromiß-Kleidung schneidern.

## Fabelwesen

Ohne ihr phantastisches Personal wären die Sagen und Märchen der Menschen nicht viel mehr als die Aufzählung, was es tagsüber zu essen gab und welcher Nachbar schlecht über den anderen gesprochen hat. Erst Figuren wie die Sirenen (3.) brachten Dramatik und metaphorische Tiefe in die Mythen, handelt es sich bei ihnen doch um göttliche Zwitter aus Vögeln und Mädchen, die sowohl in der Unterwelt wie im Olymp zu Hause waren und durch ihren Gesang die Menschen in ihren Bann zogen, um sie anschließend aufzufressen. Ähnlich Dramatisches läßt sich von all den anderen Herrschaften auch erzählen.

*1. Drache bzw. Lindwurm, 2. Sphinx, 3. Sirene, 4. Minotaurus, 5. Rübezahl, 6. Einhorn, 7. Zwerg, 8. Riese, 9. Basilisk, 10. Hexe, 11. Wassermann, 12. Nixe, 13. Teufel, 14. Kentaur*

## Das Problem der essenden Philosophen

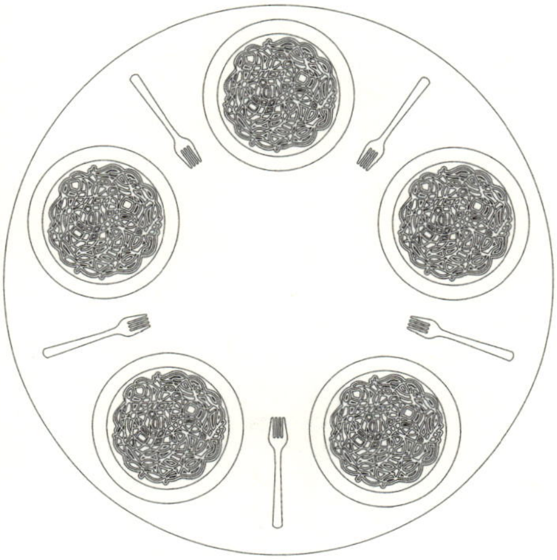

An einem Tisch sitzen fünf Philosophen vor fünf Tellern voller Spaghetti, zwischen ihnen fünf Gabeln. Das Problem besteht darin, daß jeder Philosoph zwei Gabeln für das Essen der Nudeln benötigt (mehr als die fünf sind nicht greifbar). Solange immer nur einer bzw. zwei Philosophen essen, ist alles in Ordnung. Sie nehmen die beiden Gabeln, essen, legen sie wieder zurück. Nun kann ein anderer sie benutzen.
Schwierig wird es erst, wenn die fünf im selben Moment essen wollen: Sie nehmen eine Gabel und warten, daß die andere frei wird. Weil das alle tun, verhungern sie bei vollen Tellern.
Diese etwas eigenartig anmutende Szene dient als anschauliches Beispiel unter Software-Programmierern, was passiert, wenn parallele Rechenprozesse auf dieselben Gabeln, also dieselben Ressourcen, angewiesen sind. Tritt dieser Fall ein, spricht man von Verklemmung bzw. deadlock.

## Der Verdauungsapparat des Hausrinds

Das Hausrind gehört zur Unterordnung der Wiederkäuer. Und genau das ist es, was die Tiere tun, wenn sie entspannt auf der Weide bzw. im Stall liegen und das zuvor verschlungene Gras wieder hochwürgen: Sie kauen es noch mal ordentlich durch. Der Grund: Das Rind wandelt auf diese Weise auch jene Bestandteile von Pflanzen in Nährstoffe um, die für andere Tiere unverdaulich bleiben. In den Mägen Nummer 4 bis 6 findet gleichsam die Ouvertüre zur eigentlichen Verdauung statt, die dann erst in Nummer 7 einsetzt.

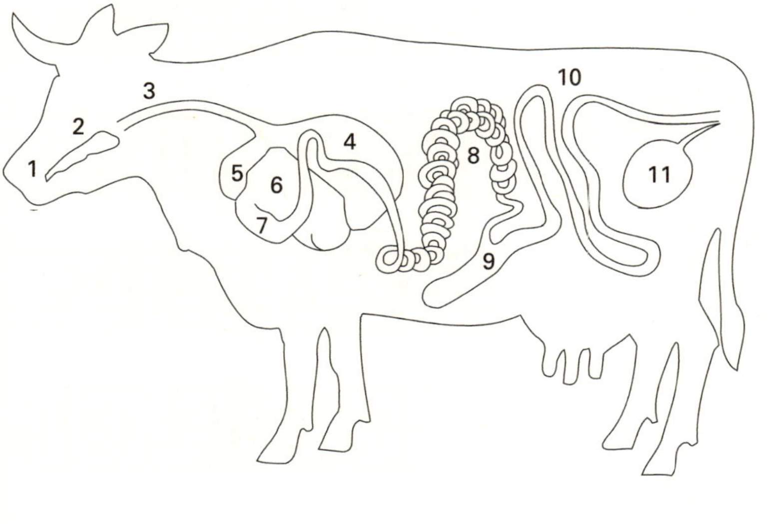


1 **Gebiß**
2 **Zunge**
3 **Schlund**
4 **Pansen**
5 **Netzmagen**
6 **Blättermagen**
7 **Labmagen**
8 **Dünndarm**
9 **Blinddarm**
10 **Dickdarm**
11 **Blase**

## So behalten Sie die Zügel in der Hand

In seinem wunderbaren Klassiker »So verdient man sich die Sporen«* gelingt es dem Journalisten und Schriftsteller Horst Stern nicht nur, elegant, einfühlsam und ironisch über das Reiten zu schreiben, sondern auch die Basics zu vermitteln. Beispielsweise, wie man die Zügel eines Pferdes zu halten hat:

— Mit beiden Händen in die Zügel greifen.
— Handrücken und Unterarme müssen eine Gerade sein.
— Eine aufrecht stehende Faust bilden, die Daumen auf das Ende des Zügels legen.

Alle anderen Varianten, Haltungen und Fingerstellungen vergessen Sie am besten wieder. Und lesen Sie Stern.

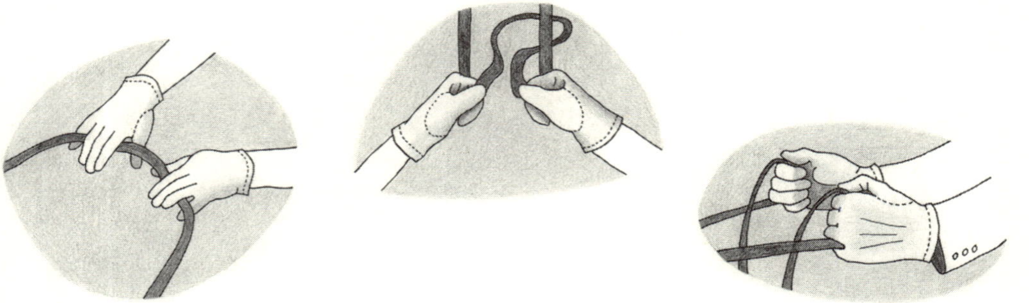

* »Reiten lernen, wie es selten im Buche steht«, Franckh-Kosmos, 1961

## Ein laufender Hund

Mäander sind Ornamente, die aus einem fortlaufenden, rechtwinkelig gebrochenen Band bzw. aus Wellenmotiven bestehen. In der griechischen Antike wurden Mäander auf Gewändern ebenso verwendet wie auf Friesen und Wandmalereien. Der Name »Mäander« leitet sich vom wichtigsten Fluß Kleinasiens (Westtürkei) ab, der in vielen Krümmungen gen Meer fließt.
Die wellenförmige Mäandervariante heißt übrigens »laufender Hund«.

## Einige deutsch-österreichisch-schweizerische Entfernungen

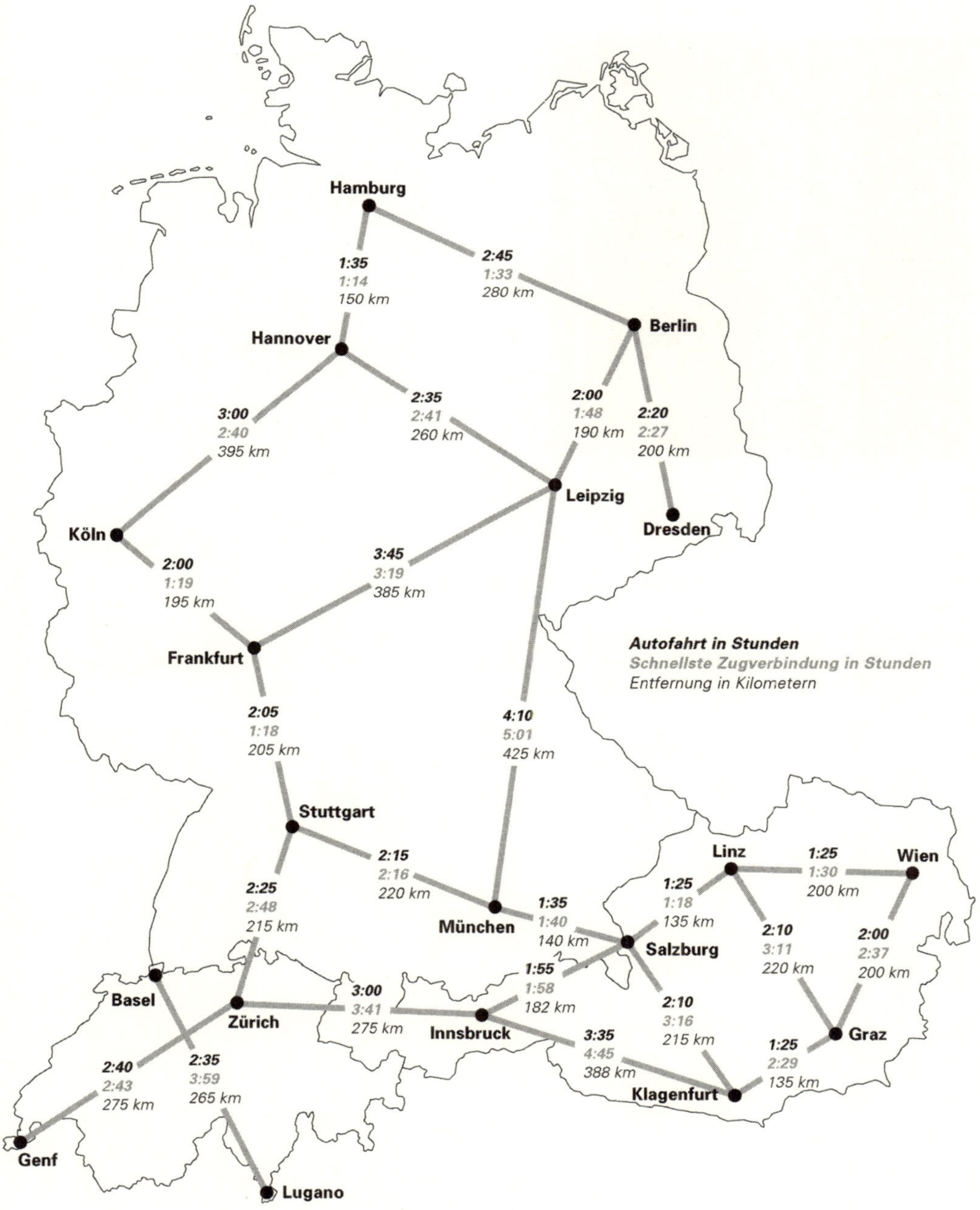

## Zwei Endpunkte

Das Ende der Malerei ist vielfach ausgerufen worden, ohne daß es wirklich gekommen wäre. Allein: Öfters bereits konnten wir beobachten, wie eine bestimmte Entwicklung an einen Punkt gelangte, an dem es nicht mehr weiterging. In der klassischen Abstraktion zu Beginn des 20. Jhdts sind solche Endpunkte mit den Namen Piet Mondrian und Kasimir Malewitsch verbunden. Ersterer ging so konsequent den Weg der neoplastizistischen Wahrheitssuche, bis er eines Tages deren Kern erkannte, die absolute Gestaltlosigkeit. Das Pendant dazu schaffte Malewitsch, der sich rühmte, 1913 (andere sagen 1915) das perfekte suprematistische Kunstwerk geschaffen zu haben: eine schwarze Fläche auf weißem Grund.

## Die Wasserverteilung auf der Erde

Auf der Erde gibt es zwar rund 1,46 Milliarden km³ (1 km³ = 1 Milliarde m³) Wasser, aber nur der kleinste Teil davon ist Süßwasser und ein noch kleinerer Teil Grundwasser. Die so existentielle Ressource Wasser ist also nicht unbedingt im Übermaß vorhanden – und mit Nachschub von draußen ist kaum zu rechnen.

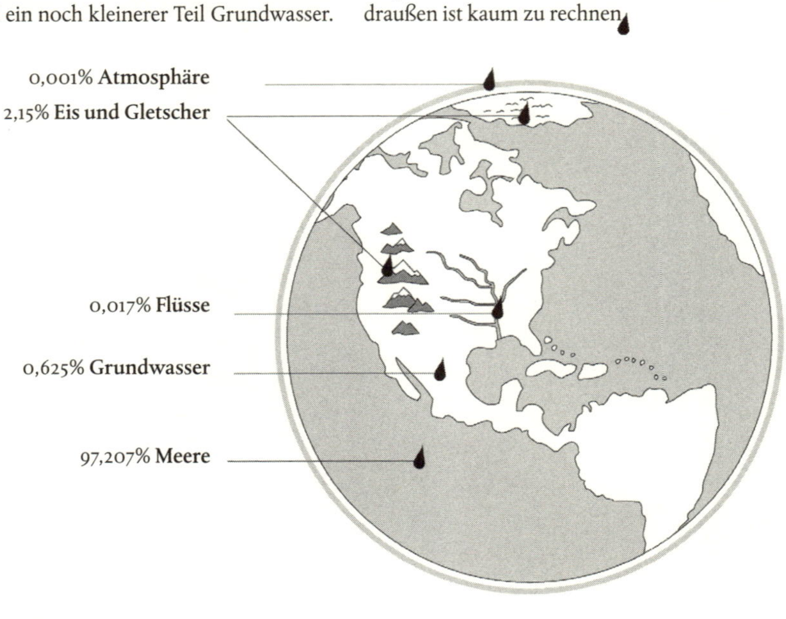

## Dazu wird Luft gebraucht

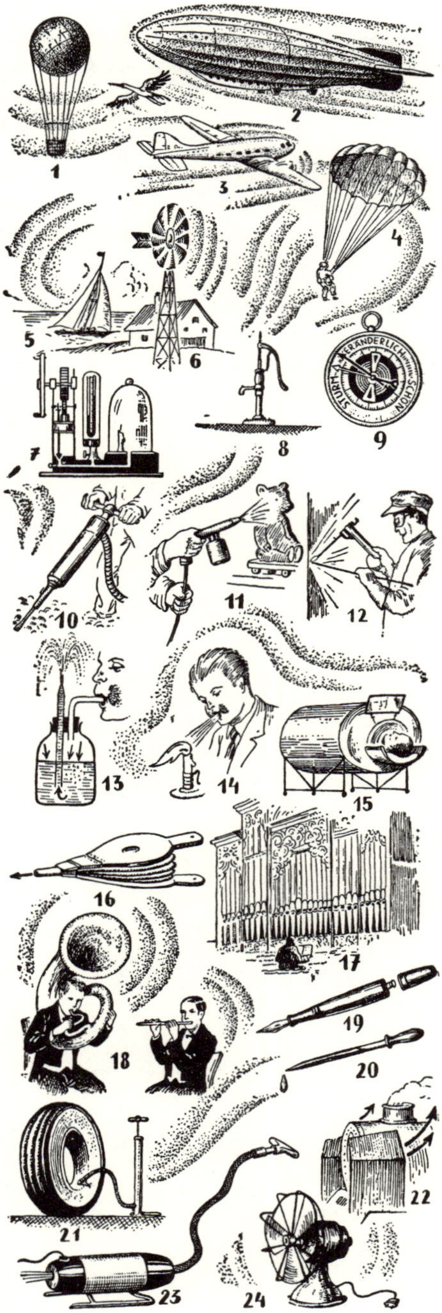


Eine klassische Methode, die essentielle Wichtigkeit bestimmter Dinge zu demonstrieren, besteht darin, sich zu fragen, was denn wäre, gäbe es sie nicht. So hat der Illustrator Ernst Pacolt in den 50er Jahren des 20. Jhdts all das aufgelistet*, bei dem Luft im weitesten Sinne eine entscheidende Rolle spielt. Vieles davon versteht sich von selbst, manches ist erklärungsbedürftig. Bei 7 handelt es sich um eine Pumpe, mit deren Hilfe man Luft aus einem Glaszylinder absaugt. Die Nr. 13 zeigt ein Gerät, das demonstriert, wie man durch Luftdruck Flüssiges aus einem verschlossenen Gefäß spritzen lassen kann. Die 15 zeigt ein heute veraltetes Beatmungsgerät für Menschen. Und bei der 22 schließlich handelt es sich um Ablenkbleche an Dampflokomotiven, die den Rauch dazu brachten, in die Höhe zu steigen (anstatt dem Lokomotivführer die Sicht zu nehmen).

*

1. *Luftballon*
2. *Luftschiff*
3. *Flugzeug*
4. *Fallschirm*
5. *Segelboot*
6. *Windkraftwerk*
7. *Verdünnungs-Luftpumpe*
8. *Pumpbrunnen*
9. *Aneroidbarometer (klass. Zimmerb.)*
10. *Preßluftbohrer*
11. *Spritzpistole*
12. *Schweißen*
13. *Heronsball*
14. *Luft aus der Lunge*
15. *Kranker in der »Eisernen Lunge«*
16. *Blasebalg*
17. *Orgel*
18. *Blasinstrumente*
19. *Füllfeder*
20. *Tropfröhrchen*
21. *Autoreifen und Luftpumpe*
22. *Rauchablenkbleche*
23. *Staubsauger*
24. *Ventilator*

## Ein jahrhundertealtes Rätsel

Das 204 Seiten umfassende, nach seinem Wiederentdecker Wilfrid Michael Voynich benannte Manuskript hat alles, was ein Welträtsel braucht: Wir wissen wenig über seinen Verbleib über längere Zeit hinweg, noch weniger über seine Herkunft – und nichts über seinen Inhalt. Denn die Schrift, in der das »Voynich-Manuskript« verfaßt wurde, hat bis heute niemand entschlüsselt, obwohl sich neben unzähligen Wissenschaftlern auch der amerikanische Geheimdienst NSA darum bemüht.

Das erste Mal erwähnt werden die etwa DIN-A4-großen, illustrierten Pergamentblätter im 16. Jhdt, als der Habsburger Kaiser Rudolph II. sie für eine große Summe Geldes erwirbt. Doch bereits einige Jahrzehnte später verliert sich die Spur des Manuskripts – bis es 1912 von dem Sammler W.M. Voynich in einem italienischen Jesuitenkolleg wiedergefunden wird; heute befindet es sich im Besitz der Yale University in New Haven/Connecticut.

Alle Versuche, die unbekannte, mit keiner anderen vergleichbaren Schrift zu entschlüsseln, blieben bislang erfolglos. Klar ist nur, daß das Manuskript mindestens zwei Autoren hat, die sich kein einziges Mal verschrieben haben; das läßt vermuten, daß es sich um eine Abschrift handelt. Auch viele der abgebildeten Pflanzen konnten bis heute nicht identifiziert werden. Die Tierkreiszeichen lassen vermuten, daß das Voynich-Manuskript in Europa entstanden ist. Das war es aber auch schon.

http://www.library.yale.edu/beinecke/brblhome.html

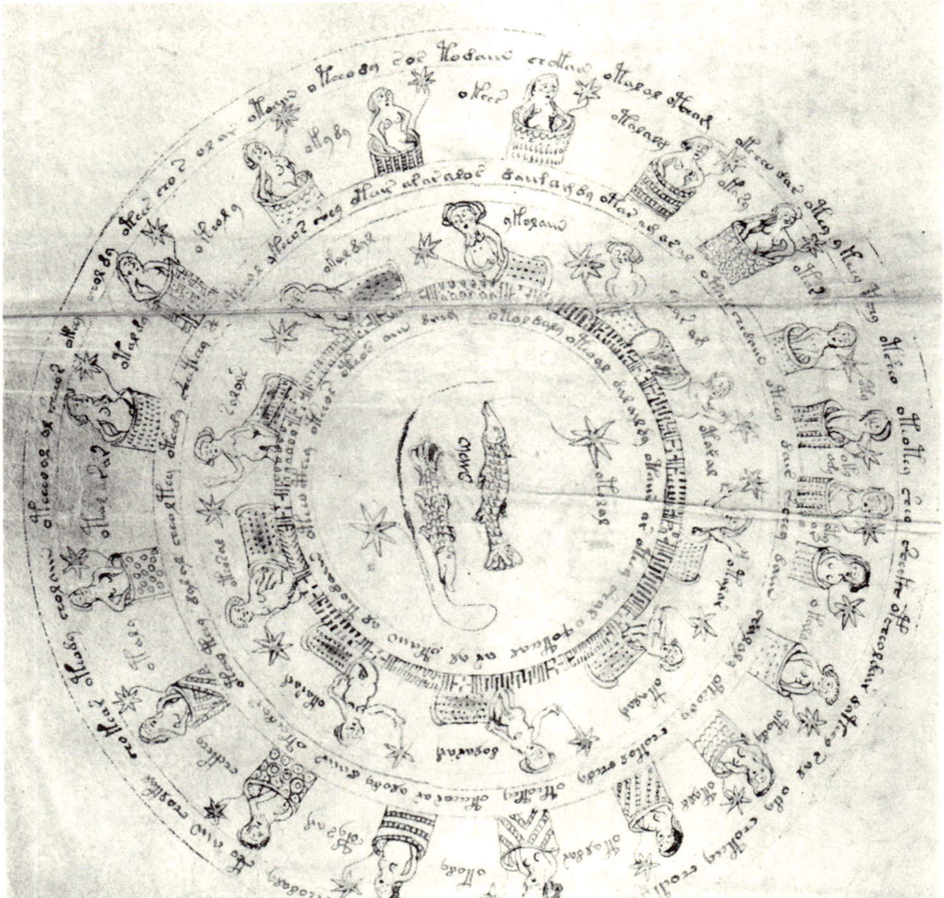

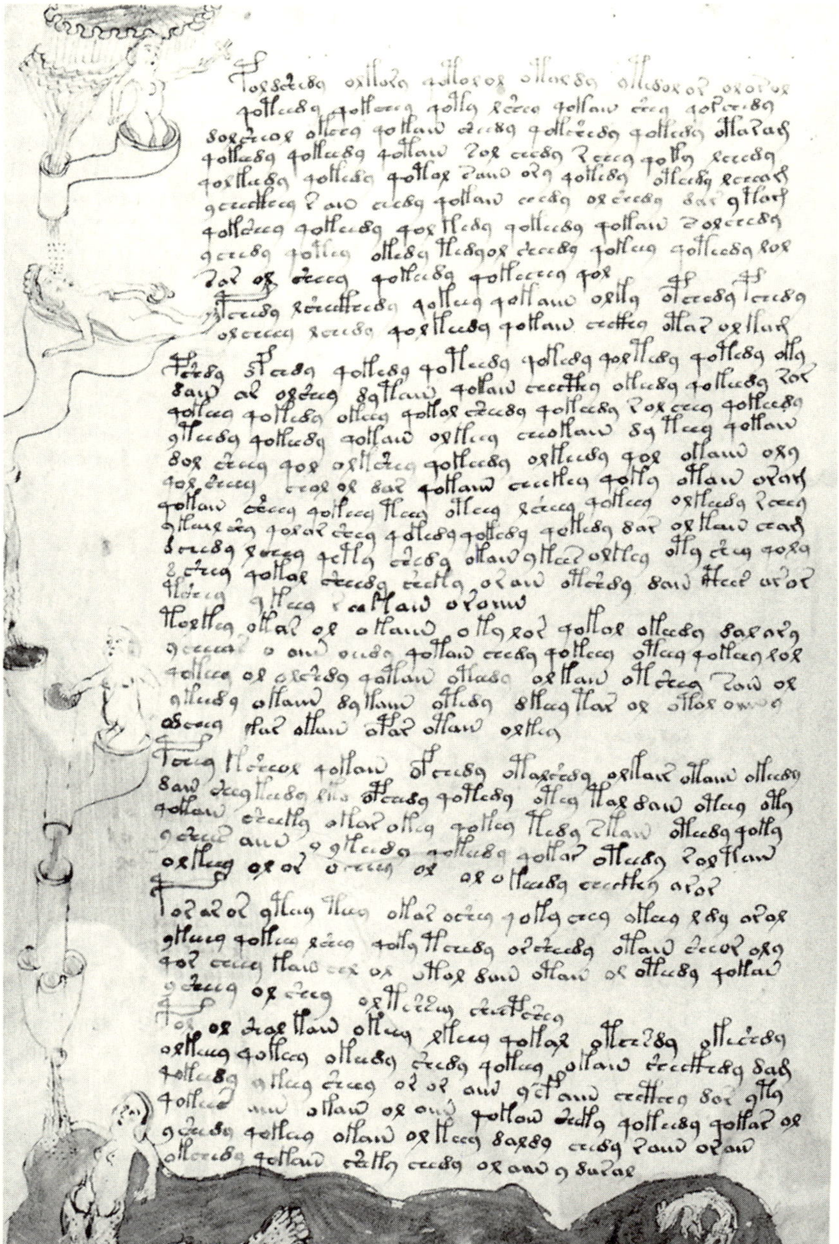

## Ebbe und Flut

Weil der Mond sich um die Erde und die Erde sich um die Sonne dreht, wirken auf unseren Heimatplaneten diverse Schwer- und Fliehkräfte. Dieses allgemeine Gezerre führt dazu, daß der Luftdruck der Atmosphäre schwankt, sich die Erdkruste hebt und senkt und der Meeresspiegel steigt und fällt. Bei Neu- und Vollmond kommt es – bedingt durch den Stand von Sonne und Mond zueinander – zu besonders starken Gezeiten, den Springtiden (rechts im Bild), und bei Halbmond zu besonders schwachen, den Nipptiden (unten im Bild).

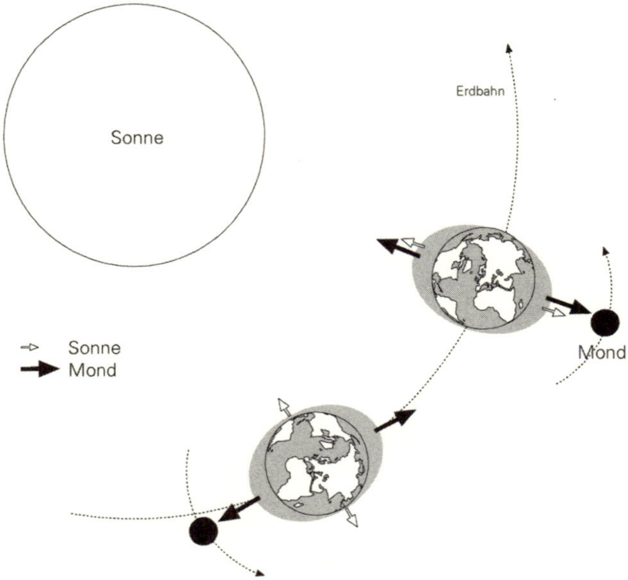


## Die Akupunkturpunkte des Ohrs

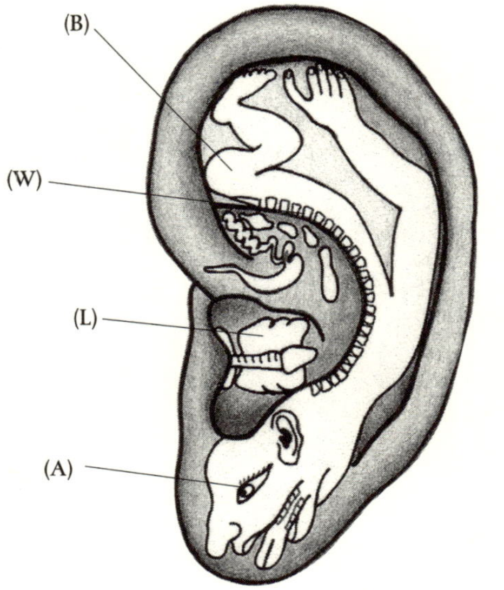


Bei der Akupunktur, einer traditionellen chinesischen Therapiemethode, wird an bestimmten Meridian-Punkten des Körpers eine Nadel (lat. acus) eingestochen (lat. pungere), um den Patienten zu heilen.
Zwischen der Einstichstelle und dem erkrankten Organ bzw. Körperteil können größere Distanzen bestehen. Die Illustration zeigt, welche Stelle des Ohrs mit der Wirbelsäule (W), dem Bein (B), der Lunge (L) und den Augen (A) korreliert. Die chinesische Medizin geht nämlich davon aus, daß das Ohr ein kleines Abbild des gesamten menschlichen Körpers ist.

## Einige Tiere Afrikas

1. Afrikanischer Elefant, 2. Schuppentier, 3. Marabu, 4. Krokodil, 5. Strauß, 6. Spitzmaulnashorn, 7. Kaffernbüffel, 8. Warzenschwein, 9. Erdferkel

## Multiplizieren mit Hilfe der Finger

Sollten Sie unter einer gewissen Multiplikationsschwäche leiden und gerade kein elektronisches Hilfsmittel dabei haben, hilft Ihnen vielleicht jene Rechenmaschine weiter, die Sie stets mit sich herumtragen: Ihre Hände. Diese Rechenmethode ist alt und noch heute in Indien, dem Irak, Nordafrika und Frankreich anzutreffen. Die Sache funktioniert so (leider nur für Zahlen von 6 bis 10):

Die Finger Ihrer beiden Hände repräsentieren Ziffern.

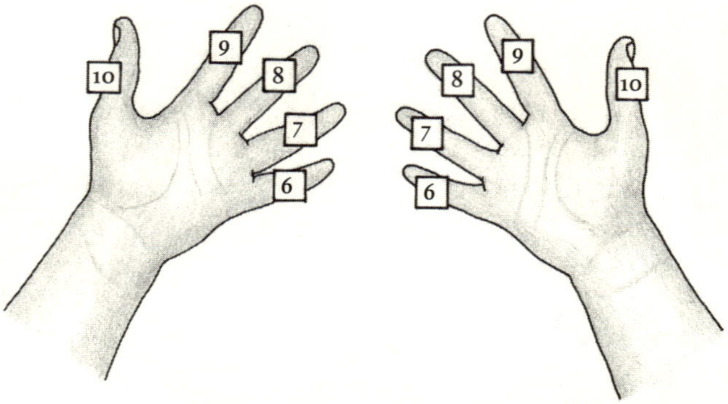


Wollen Sie nun z.B. 7 mit 8 multiplizieren, sieht das so aus:

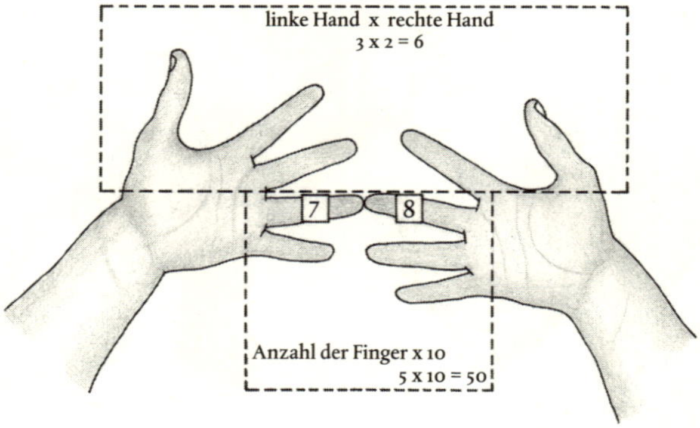


- Legen Sie die beiden entsprechenden Finger aneinander (7 und 8).
- Zählen Sie die Finger, die sich berühren, und jene, die sich unter den zusammengelegten Fingern befinden, als Zehner zusammen (20 + 30 = 50). Merken Sie sich das Teilergebnis I.
- Multiplizieren Sie die Anzahl der Finger miteinander, die sich pro Hand über den zusammengelegten Fingern befinden (3 x 2 = 6). Nunmehr verfügen Sie über das Teilergebnis II.
- Addieren Sie I und II (50 + 6 = 56).
- Geschafft! Das Resultat der Multiplikation 7 x 8 lautet also 56.

PS: Es gibt freilich Stimmen, die darauf hinweisen, daß es zielführender ist, das kleine Einmaleins auswendig zu lernen, als sich jedesmal in die eigenen Finger zu sehen.

## So entsteht eine Fata Morgana

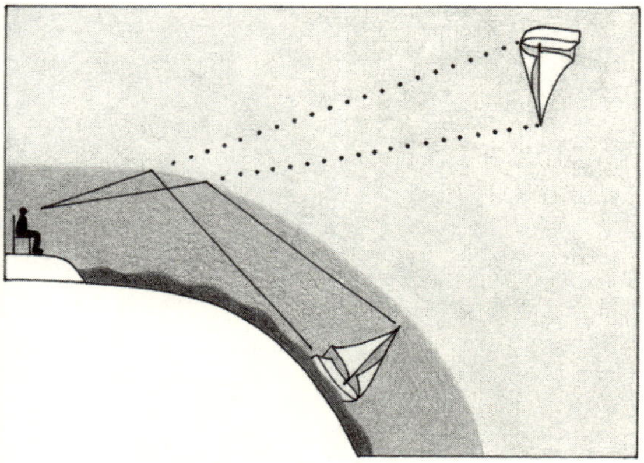

Eine wahre Abenteuergeschichte kommt ohne eine anständige Fata Morgana nicht aus. So lesen wir folgerichtig in KARL MAYS »Satan und Ischariot III«:

*»›Eine Fata Morgana!‹ rief Emery.*
*›Ja, das ist das trügerische Bild des Llano estacado, welches dem Stürme oft vorangeht oder ihm nachfolgt‹, sagte der Apatsche.*
*›Der Baum, an welchem wir vorhin vorübergekommen sind, steht verkehrt am Himmel!‹*
*›Das ganze Bild ist ein Deckenbild mit verkehrten Gegenständen. Wir erblicken die Gegend, welche südlich von uns liegt.‹«*

Dem ist eigentlich nur mehr hinzuzufügen, daß eine Fata Morgana entsteht, wenn unterschiedlich warme Luftschichten übereinander liegen – in unserem Falle warme Luft auf kalter. Da von unterschiedlicher Dichte, werden die Lichtstrahlen, die von einem Gegenstand ausgehen (dem Schiff), total reflektiert und in die Atmosphäre gespiegelt, wo wir das Objekt dann auf dem Kopfe stehend sehen.

## Spurweiten internationaler Eisenbahnen

Weil bestimmte Dinge von verschiedenen Ländern gerne immer wieder neu erfunden werden (Steckdosen, Schraubengewinde, Kleidungsgrößen), fahren die Eisenbahnen der Welt selbstverständlich auf verschieden breiten Geleisen. Die gängigsten Spurweiten und einige ihrer Anwender sind:

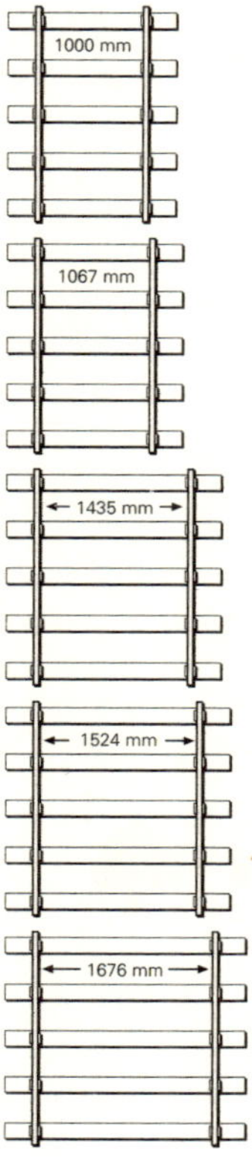


**1000 mm** (Burma, Indien, Kambodscha, Pakistan, Thailand, Südamerika, Westafrika)

**1067 mm** (Australien, Ghana, Indonesien, Neuseeland, Nigeria, Sudan, Taiwan, Süd- und Ostafrika)

**1435 mm** (Iran, Israel, Marokko, Mexiko, Saudi-Arabien, Uruguay, USA, fast ganz Europa)

**1524 mm** (Finnland, Panama, Rußland)

**1676 mm** (Chile, Indien, Pakistan, Sri Lanka)

## So bekämpfen Sie einen kleinen Brand

Sollten Sie einen oder mehrere Feuerlöscher zur Hand haben, empfiehlt sich folgendes Vorgehen:

1. Feuer stets in Windrichtung angreifen

2. Flächenbrand von vorne zu löschen beginnen

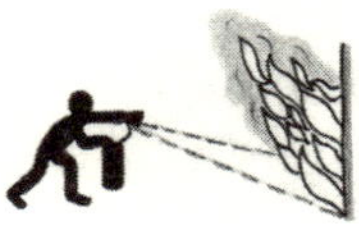

3. Stets von unten nach oben löschen

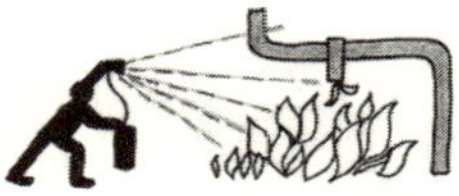

4. Einzige Ausnahme: Tropf- und Fließbrände von oben nach unten

5. Wenn mehrere Menschen und Feuerlöscher greifbar sind: alle gleichzeitig einsetzen und nicht nacheinander

6. Vorsicht vor neuerlichem Aufflammen des Feuers

7. Verwendete Feuerlöscher umgehend wieder befüllen lassen.

## Zwei Farbsysteme

Wer Spielkarten zur Hand nimmt, wird in der Regel das französische Farbsystem vorfinden. In Bayern resp. Österreich jedoch kann es geschehen, daß man sich mit dem bayerischen (bzw. »deutschen«) Farbsystem konfrontiert sieht, das vor allem bei jenen Karten Verwendung findet, die für Schafkopf, Schnapsen resp. Watten eingesetzt werden.
Hier die Übersetzung des internationalen französischen Farbsystems in die Lokalvariante:

Kreuz = Eichel
Pique = Blatt
Herz = Herz
Karo = Schelle

## Der ernüchternde Stammbaum des Menschen

Auf der Suche nach den Ursprüngen allen Lebens und den Vorfahren des Menschen glaubte der deutsche Zoologe und Naturphilosoph ERNST HAECKEL (1834–1919) klare Erkenntnisse gewonnen zu haben – und machte sie anhand einer alten Eiche sichtbar. Den Ursprung allen Lebens bildeten »Moneren« wie z.B. Bakterien, die aus anorganischer Materie entstanden seien, während zu den Vorfahren der Menschen (bereits ausgestorbene) Menschenaffen zählten, die »Anthropoiden«.
In seiner bedingungslosen Einbettung des Menschen in die Evolution wußte sich Haeckel eines Sinnes mit Charles Darwin, mit dem er freundschaftlich verbunden war und dessen Lehren er weiterentwickelte. Unserer Rolle als Krone der Schöpfung sind wir Menschen jedenfalls seit Darwin verlustig gegangen.

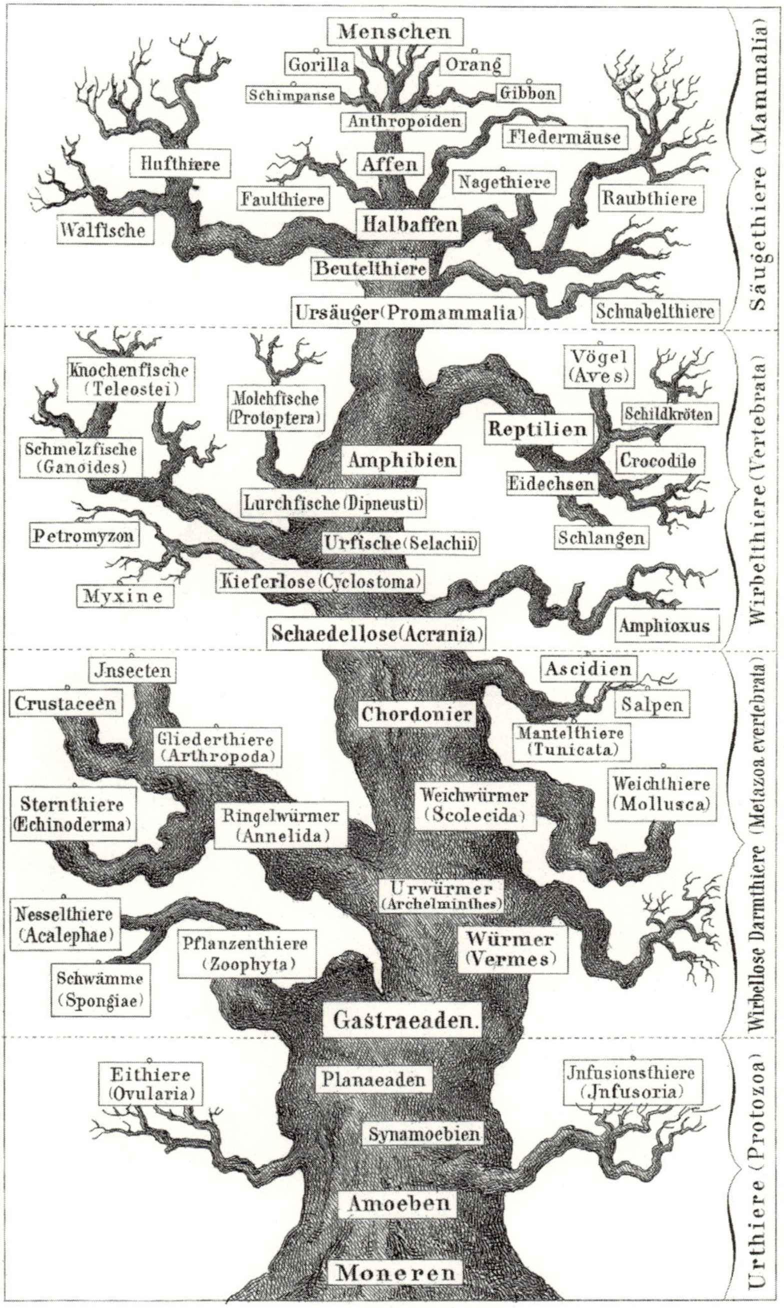

## Alpine Notsignale

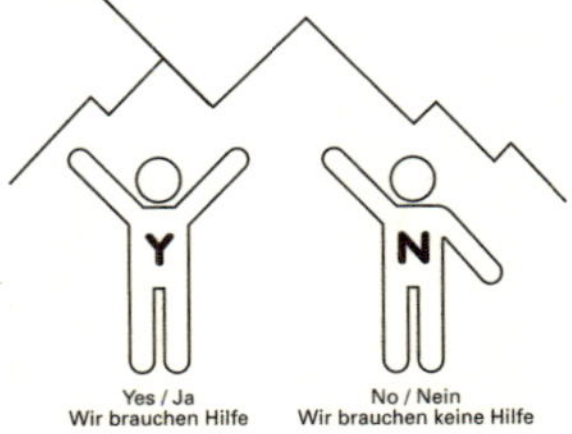


Wollen Sie sich in alpinen Grenzsituationen verständlich machen, sollten Sie nicht allzu viele Worte machen, sondern sich auf die beiden Kernaussagen beschränken: »Wir brauchen Hilfe« bzw. »Wir brauchen keine Hilfe«.
Wie Sie das anstellen, entnehmen Sie bitte nebenstehender Grafik. Im NEIN-Falle ist es übrigens gleichgültig, welchen Armen Sie heben und welchen Sie senken.

## Verschiedene Eiergrößen

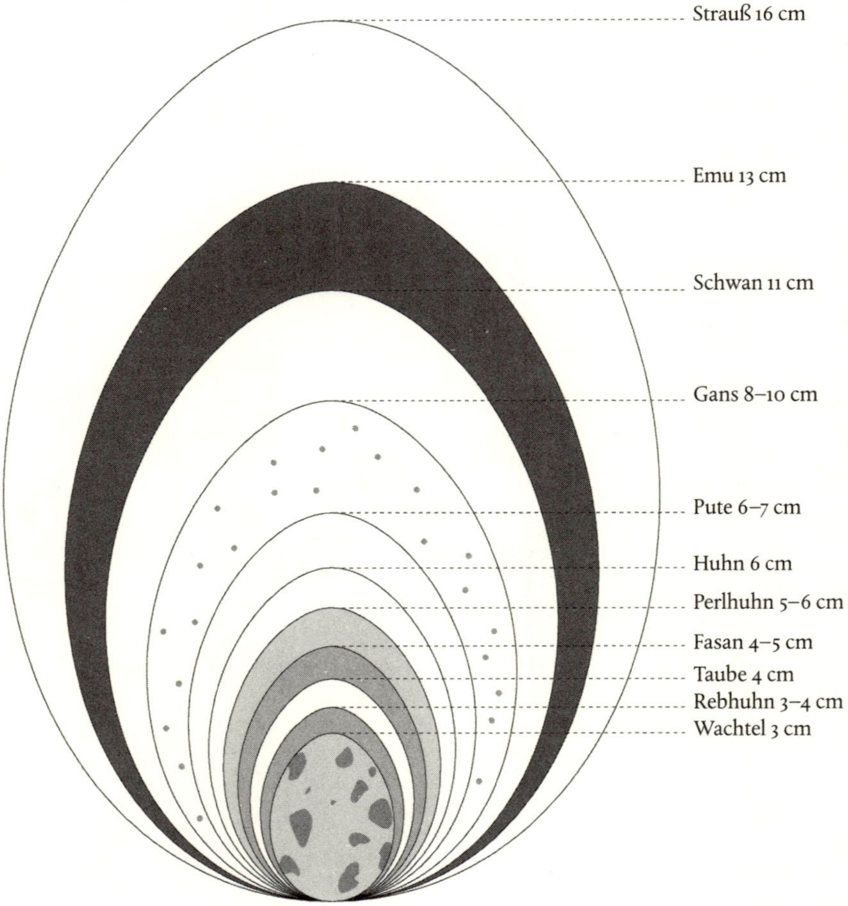

## Einmal Berlin - München

Was es Mitte des 19. Jhdts bedeutete, von Berlin nach München zu reisen, und in welchen Sprüngen sich unsere Mobilität entwickelte, zeigt diese Übersicht* (jeder volle Kreis steht für 4 Stunden).

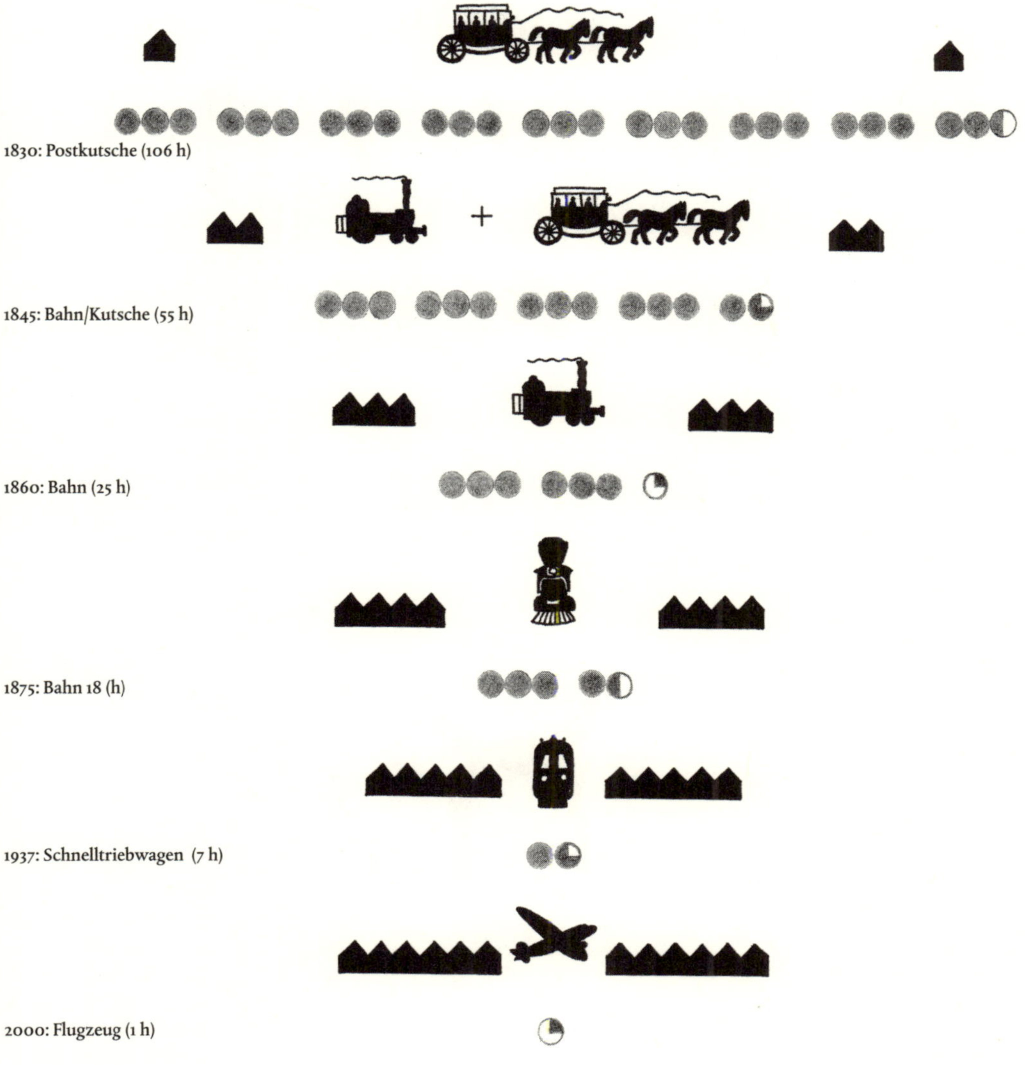


* Sie folgt einer Graphik aus dem 1937 erschienenen Buch »The United States. A Graphic History«.

## Tastarten

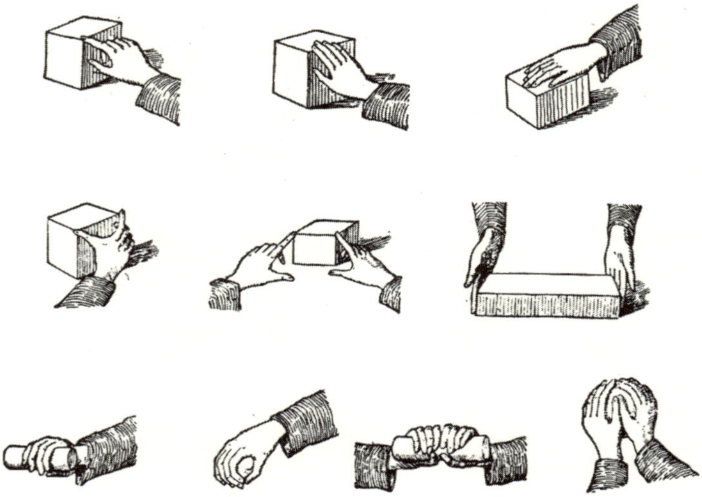

Der Berliner Psychologe Fritz Giese widmete sich einer Reihe ungewöhnlicher Forschungsfelder; so baute er u.a. in Stuttgart ein »Psychotechnisches Laboratorium« auf. In seiner Untersuchung »Psychologie der Arbeitshand« widmete er sich im Jahr 1928 der menschlichen Hand »als Gerät und mitschaffendes Werkzeug«, das sich »einfügt den kollektiven, aus den Zeitverhältnissen jeweils bedingten Schaffenszielen«. Die Veröffentlichung ist als 260. Lieferung des »Handbuchs der biologischen Arbeitsmethoden« erschienen; sie enthält rund 170 Abbildungen, eine davon zeigt verschiedene Tastarten der Hand.

## shiko dachi

Damit sie optimal angreifen bzw. sich verteidigen können, lehrt man Judokas, eine Grundstellung namens »shiko dachi« einzunehmen. Dabei weisen die in Schulterbreite postierten Füße in einem 45°-Winkel nach außen und tragen je zur Hälfte das Gewicht des Körpers. Diese Stellung wird auch als »Sumo« bezeichnet, nehmen doch die Ringer eine ähnliche Ausgangsstellung ein, die jedem empfohlen sei, der sich in einer vergleichbaren Situation befindet.

## Als Nachwort getarntes Vorwort – hierher verschoben aufgrund der Prominenz, die diesmal die Bilder genießen sollen und nicht die Texte

Als hielte die Welt nicht schon unzählige Wunder bereit, hat sie noch eine ganz besondere Eigenschaft: Wenn wir sie nur lange genug ansehen, schaut sie zurück. Und beobachtet, wie sie uns mit den alltäglichsten Dingen faszinieren kann. Versuchen Sie es einmal. Und schon werden Sie sich dabei ertappen, wie Sie sich in den Zeichnungen zweier einfacher Hagelkörner vom 27. August 1860 verlieren; wie Sie sich auszumalen beginnen, aus welchen Gründen die Menschen in der peruanischen Wüste vor weit über 2000 Jahren auf die Idee gekommen sind, riesige Scharrbilder anzulegen, die sie nie sehen konnten, weil sie nur aus der Luft ihre ganze Schönheit entfalten; und wie Sie das weitverzweigte Diagramm betrachten, das amerikanische Studenten durch ihre intimen Beziehungen bilden.

Bekanntlich sind es vor allem Bilder, mit denen das Staunen beginnt und die sich uns einprägen. Viele von ihnen haben wir im Illustrierten Hausbuch versammelt – dem Betrachter zur Freude, und zugleich als Anregung, bei nächster Gelegenheit die feinen Haarströme auf der Haut der Menschen zu entdecken, oder die unzähligen Formen, die die italienische Küche den Nudeln gegeben hat, oder die großen Augen des Tagpfauenauges, die manche Tiere in Angst und Schrecken versetzen.

Weil die Welt ein Durcheinander ist und uns damit herausfordert, daß sie keinen Unterschied macht zwischen Tragischem, Beiläufigem, Sensationellem und Geheimnisvollem, folgt auch das Hausbuch einer rein intuitiven Ordnung, für die es keine schlüssigere Rechtfertigung gibt als die persönlichen Vorlieben seiner Macher.

Noch viel mehr als seine beiden Vorgänger – »Dr. As Kleines Konversations-Lexikon« und »Dr. As Kleiner Universal-Handbuch« ist dieses Buch das Werk vieler, denen es an dieser Stelle herzlich zu danken gilt. Allen voran den Zeichnern und Graphikern und Zeichnungslizenzgebern: Von dem Schweizer Illustrator Chrigel Farner stammen die wunderbaren Farbillustrationen sowie die Gestaltung des Vorsatzpapiers, von der oberösterreichischen Künstlerin Eva Marschik genau 75 Zeichnungen, von dem Deutschen Oliver Schmitt 60 Informationsgraphiken und von Andreas Karner die bewährte Titelillustration. Besonders seien die Illustrationen und Aquarelle des Wieners Ernst Pacolt erwähnt: Sie begleiten den Autor des Hausbuchs seit seinen Kindertagen, hat Ernst Pacolt doch die beiden Bände »Die Kinderwelt von A bis Z« und »Die Welt von A bis Z« maßgeblich mitgestaltet. Der Autor ist glücklich, mit dem Illustrierten Hausbuch den Rahmen gezimmert zu haben, in dem er sie den heutigen Betrachtern wieder zugänglich machen kann. Dem Sohn von Ernst Pacolt, Udo Pacolt, gebührt der große Dank, sein Einverständnis zu einem Abdruck der Bilder gegeben zu haben, die im Original sämtlich verschollen sind.

Weitere große Verdienste um das Hausbuch hat sich das Leading Team erworben, das aus Elisabeth Gronau (Ideen und Recherchen), Cosima Schneider (Gestaltung und Optimismus) sowie Oliver Th. Domzalski (Lektorat und sensibles Autorenhandling) besteht. Ebenfalls zu danken gilt es für Mitarbeit, Recherchen, Korrekturen, Zwischenrufe, Gewährung von Abdruckrechten, Empfehlungen sowie das Verleihen wichtiger Bücher folgenden, in alphabetischer Reihenfolge genannten Personen: Maria Ankowitsch, Ulrike Fiebrandt, Wendelin Hess, Thomas Jürgens, Julia Klingsporn, Peter Krinninger, Oskar Negt & Alexander Kluge, Bettina Schneuer, Pit Stenkhoff, Renate Vasold, Kai Vermehr (eBoy), Christian Walther und Eva Wendel.

Der Autor hat alle Fakten und Behauptungen geprüft und für korrekt befunden. Gleichwohl kann es sein, daß sich die eine oder andere Unkorrektheit eingeschlichen hat, die er Sie zu entschuldigen bittet. Damit sie möglichst rasch korrigiert werden können, wäre eine E-Mail sehr hilfreich. Sie können diese Kommunikationsform auch nutzen, um dem Autor Ihre Meinung über das vorliegende Hausbuch zu schreiben bzw. Anregungen zu senden. Er sieht ihnen mit dankbarem Interesse entgegen.

Mit den besten Wünschen
Ihr
Dr. Christian Ankowitsch
drankowitsch@hausbuch.net
Berlin, am 28. Juli 2006
www.hausbuch.net

## Register

## Bildnachweise

Vorsatz (Anfang/Ende ): Chrigel Farner
5 (Weg eines Buchs): Ernst Pacolt
6 (Blickverlauf): Eva Marschik
6 (Handschattenspiele): Ernst Pacolt
7 (Hasente): Ludwig Wittgenstein
7 (Arche Noah): Eva Marschik
8 (Hot Spots): Oliver Schmitt
8 (Nahrung): Oliver Schmitt
9 (Buchkauf): Eva Marschik
10 (Eskimos): Ernst Pacolt
11 (Absatzzeichen): Oliver Schmitt
11 (Reitfiguren): Denis Diderot
12 (Fleischsorten): Ernst Pacolt
13 (Datumsgrenze): Oliver Schmitt
13 (Dorf): Ernst Pacolt
14 (Tour de France): Oliver Schmitt
15 (Zauberkunststücke): Ernst Pacolt
16 (Portrait): Georg Christoph Lichtenberg
16 (Wettersymbole): Oliver Schmitt
17 (Buchstaben-Tabelle): Oliver Schmitt
17 (verschlaf. Tiere): Eva Marschik
18/19 (Weltkarte): Martin Waldseemüller
20 (Eisenbahn): Ernst Pacolt
21 (Fensterputzen): Eva Marschik
21 (TV-Testbild): Quelle: hr Historisches Archiv / Fotograf Kurt Bethke
22 (Affensprache): Eva Marschik
22 (Schachnotation): Oliver Schmitt
23 (Marathon): Oliver Schmitt
23 (Autobahnknoten): Eva Marschik
24/25 (Genesis): © Juli Gudehus, Berlin
26 (Telephon): Ernst Pacolt
26 (Kreuze): Eva Marschik
27 (Wale): Eva Marschik
27 (Anführungszeichen): Oliver Schmitt
28 (Hamburger): Oliver Schmitt
28 (Zahlenstatistik): Oliver Schmitt
29 (Fußballstadien): Eva Marschik
30 (Hautstreifen): Eva Marschik
31 (Beziehungsdiagramm): Oliver Schmitt
32 (Sportarten): Ernst Pacolt
34 (Sitzplan): Abdruck erfolgt mit freundlicher Genehmigung der Wiener Staatsoper, Wien 2006
34 (Verkehrsschild): Oliver Schmitt
35 (Superhelden): Eva Marschik
35 (Rhinocerus): Albrecht Dürer
36 (Mensch & Eule): Tex Rubinowitz
36 (Weltraummüll): Oliver Schmitt
37 (Umgangsformen): Ernst Pacolt
38 (Geschlechtsmerkmale): Eva Marschik
39 (Röntgenbrille): Groschenroman unbekannter Herkunft
39 (Eßgewohntheiten): Eva Marschik
40 (Eierstatistik): Oliver Schmitt
41 (Gelehrtenrepublik): Arno Schmidt, Die Gelehrtenrepublik. (c) 1957 Stahlberg Verlag GmbH Karlsruhe. Alle Rechte vorbehalten S.Fischer Verlag GmbH, Frankfurt am Main
42 (Carnivoren): Ernst Pacolt
43 (Barcode): Eichborn AG
43 (Colaflasche): Oliver Schmitt
44 (WLAN): Oliver Schmitt
44 (Nudelformen): Eva Marschik
45 (Herz): Eva Marschik
45 (arab. Zahlen): Eva Marschik
46/47 (Fluggepäck): International Air Transport Association
48 (Schatzinsel): Robert Louis Stevenson
49 (Größenentwicklung): Oliver Schmitt
49 (Baum): Ernst Pacolt
50 (Bilderroman): Rodolphe Töpffer
50 (Tagpfauenauge): Eva Marschik
51 (Kamasutra): Eva Marschik
52 (Eisberg): Eva Marschik
53 (Handgriffe): Eva Marschik
54 (Peugeot-Logos): monochrom
55 (Apollo 11): NASA
55 (TAFKAP): Eva Marschik
56/57 (opt. Täuschungen): Oliver Schmitt
58 (Haarverlust): Eva Marschik
58 (Radfahrerunarten): Ernst Pacolt
59 (Temperamente): Eva Marschik
59 (Schal binden): Oliver Schmitt
60 (Filmeinstellungen): Eva Marschik
61 (Automobile): Ernst Pacolt
62 (Weltkarten): Pit Stenkhoff
63 (Buchstabendreher): Oliver Schmitt
63 (Schluckauf): Eva Marschik
64 (Bettenarten): Eva Marschik
65 (Hunderassen): Ernst Pacolt
65 (Bakteriengröße): Oliver Schmitt
66 (Billardstöße): Oliver Schmitt
66 (Saddams Versteck): Eva Marschik
67 (Thermometer): Oliver Schmitt
68 (Bauernhof): Ernst Pacolt
69 (Golfstrom): Ernst Pacolt
69 (Ertrinkender): Oliver Schmitt
70 (USA-Karte): Oliver Schmitt
70 (Salto): Ernst Pacolt
71 (Zunge): Eva Marschik
72 (unmögl. Figuren): Eva Marschik
73 (Ägypten & Babylonien): Ernst Pacolt
74 (Telegramm): Deutsche Post
75 (Jahresbilanz): Pit Stenkhoff
76 (Hagelkörner): Brockhaus', Konversations-Lexikon, 1894, Bd 8 (Seite 641)
77 (Pferde): Eva Marschik
78 (Tatort J.F. Kennedy): Eva Marschik
78 (Stereodreieck): Eva Marschik
79 (Nazca-Zeichnungen): Eva Marschik

81–83 (12 Aufgaben Herakles): Chrigel Farner
84/85 (Tiere): Chrigel Farner
86 (Rezept): Anton Ankowitsch
86 (Farbkreis): Oliver Schmitt
87 (Weltkarten): © SASI Group (University of Sheffield) and Mark Newman (University of Michigan) www.worldmapper.org
88/89 (Krankheiten): Chrigel Farner
90 (Stadtansicht): Ernst Pacolt

91 (Stadtansicht): eBoys
92/93 (Spiel): Chrigel Farner
94 (Bauanleitung): Lego Group
95 (Flugbewegungen): Abdruck erfolgt mit freundlicher Genehmigung der DFS Deutsche Flugsicherung GmbH, Langen 2006
96 (Schöpfungsmythen): Chrigel Farner

98 (Unfall): Eva Marschik
99 (Hl. Nikolaus): Oliver Schmitt
99 (Baumquerschnitt): Eva Marschik
100/101 (Größenordnungen): Eva Marschik
102 (Computersymbole): Oliver Schmitt
102 (Mondtäuschung): Oliver Schmitt
103 (Wolf-Ziege-Problem): Oliver Schmitt
103 (Federbreiten): Eva Marschik
104 (Haarströme): Eva Marschik
105 (Rotkäppchen): Oliver Schmitt
105 (Borneo): Oliver Schmitt
106 (Straßenszene): Ernst Pacolt
107 (Golfregeln): Eva Marschik
107 (Rennautobahn): Eva Marschik
108/109 (Billy): © Inter IKEA Systems B.V.
110 (Erdquerschnitt): Oliver Schmitt
110 (Fingerfood): Oliver Schmitt
111 (Ariane-Raketen): European Space Agency
112 (Sprechblasen): Eva Marschik
112 (Möbiusband): Eva Marschik
113 (Dodo): Eva Marschik
113 (Dirigent): Eva Marschik
114 (Kofferpacken): Eva Marschik
116 (Stuhl): Eva Marschik
116 (Wortspiele): Oliver Schmitt
117 (Körperwärme): Eva Marschik
118 (Bootsarten): Ernst Pacolt
118 (Atoll): Eva Marschik
119 (Pferdestärke): Ernst Pacolt
119 (Handzeichen): Eva Marschik
120 (Migration): Oliver Schmitt
121 (Quetschtechnik): Eva Marschik
121 (Serviette): Eva Marschik
122 (Computersymbole): Oliver Schmitt
122 (Weltkarte): Oliver Schmitt
123 (Dienstgrade): Polizei Bayern
124/125 (Warenkorb): Eva Marschik
126 (Berliner Mauer): Oliver Schmitt
126 (Skifahrer): Oliver Schmitt
127 (Atmosphäre): Ernst Pacolt
128 (Kurven): Brockhaus', Konversations-Lexikon, 1898, Bd 10 (Seite 839)
129 (Menschentypen): Eva Marschik
129 (Schubkarre): Eva Marschik
130 (Sonnenfinsternis): Eva Marschik
131 (Segelmanöver): Eva Marschik
131 (Psyche): Sigmund Freud, Abbildung aus Vorlesungen zur Einführung in die Psychoanalyse. Gesammelte Werke, Band XV. (c) 1940 by Imago Publishing Co., Ltd., London. Alle Rechte vorbehalten S. Fischer Verlag GmbH, Frankfurt am Main
132 (Fortpflanzung): Oliver Schmitt
132 (Signale): Oliver Schmitt
133 (Brückenarten): Ernst Pacolt
133 (Suchschema): Oliver Schmitt
134 (Staatsaufgaben): Ernst Pacolt
135 (Nigeria): Oliver Schmitt
135 (Tortengrafik): Eva Marschik
136 (Ampel): Oliver Schmitt
136 (Iglu): Eva Marschik
137 (Seelensitze): Eva Marschik
137 (Schuhsymbole): Eva Marschik
140 (Kommunikationsschema): Oliver Schmitt
140 (Elektrostecker-Typen): Oliver Schmitt
141 (Ritter): Ernst Pacolt
142 (Fußballaufstellung): Oliver Schmitt
143 (Kopf): Eva Marschik
144 (Spielschema): Eva Marschik
144 (Lasten heben): Oliver Schmitt
145 (Fußball): Oliver Schmitt
145 (Fesseln): Eva Marschik
146 (Diagramm): Oliver Schmitt
147 (Taufliege): Eva Marschik
147 (Wasserkreislauf): Eva Marschik
148 (Piktogramme): © 1976 by ERCO Leuchten GmbH
149 (Anziehpuppen): Eva Marschik
150 (Fabelwesen): Ernst Pacolt
151 (Tisch-Schema): Oliver Schmitt
151 (Hausrind): Oliver Schmitt
152 (Zügel): Eva Marschik
152 (Mäander): Eva Marschik
153 (europ. Distanzen): Oliver Schmitt
154 (Schwarzes Quadrat): Kasimir Malewitsch
154 (Wasserverteilung): Oliver Schmitt
155 (Luft-Diagramm): Ernst Pacolt
156/157 (Voynich-Manuskript): Yale University Library
158 (Gezeiten): Oliver Schmitt
158 (Ohr): Eva Marschik
159 (Tiere): Ernst Pacolt
160 (Handmultiplikation): Eva Marschik
161 (Fata Morgana): Eva Marschik
161 (Eisenbahnspurweiten): Oliver Schmitt
162 (Brandbekämpfung): Eva Marschik
162 (Spielkartensymbole): Oliver Schmitt
163 (Stammbaum): Ernst Haeckel
164 (Notsignale): Oliver Schmitt
164 (Eiergrößen): Oliver Schmitt
165 (Reisezeiten): Eva Marschik
166 (Tastarten): Prof. Fritz Giese
166 (shiko dachi): Eva Marschick
167 (Chamäleon): Ernst Pacolt

und wenn sie nicht gestorben sind

Die Komödie ist zu Ende (Ital: La commedia e finita)
Ruggiero Leoncavallo

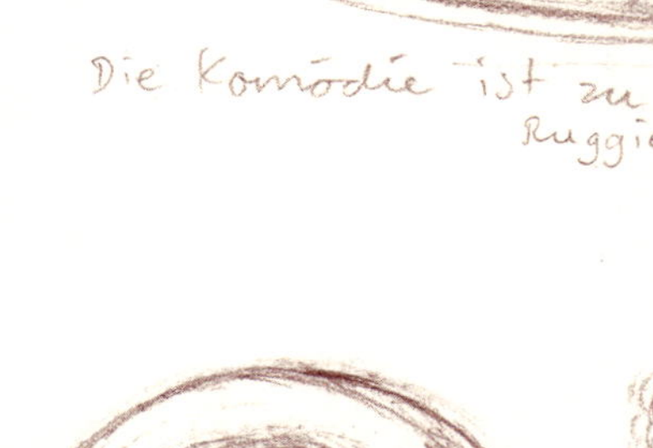

Ende der Autobahn